海老澤善一 著

ヘーゲル論理学と弁証法

梓出版社

本書は 2015 年度愛知大学出版助成金による刊行図書である。

はしがき

本書は、ヘーゲル Georg Wilhelm Friedrich HEGEL（1770–1831）の『大論理学 *Wissenschaft der Logik*』（第一巻有論は一八一二年、同第二版は一八三二年出版、第二巻本質論は一八一三年、第三巻概念論は一八一六年出版）を、その全体にわたって解釈し、また特にその方法である弁証法を理解しようとするものである。

『大論理学』は、自他ともに主著と目されており、その名が口にされることも多く、その一部分を取り上げて詳細に研究したものも少なくないが、それを全体にわたってヘーゲルの構想に従って概観したものは必ずしも多くはないように思われる。同じ著者の『精神現象学』（一八〇七年）が、はるかに多くの人びとに好んで読まれ、研究されてきたことを思うと、『大論理学』に特有な性格、そしてその理解の難しさについて、考えなければならないだろう。

『精神現象学』はわれわれひとりひとりの具体的経験と世界史に現れたいわば人類的経験とを素材にして、そこからさまざまの知識の形態を描き出すものであるから、その叙述はわれわれに身近で取り付きやすい魅力を持っている。それに対して、『大論理学』は、『精神現象学』において意識が辿り着いた地点、存在と知識とが一致した場（これをヘーゲルは「絶対知」と呼ぶ）に立って、具体的経験と人間の歴史を離れて、知識と存在の全体を鳥の目をもって俯瞰しようとするものであり、その抽象性が際立っている。両者の関係は、次のようにイメージすれば、分かりやすいだろう。『精神現象学』は最も素朴な知識の在り方（感覚的経験）からより豊かな知識へと一歩一歩険しい山道を登って行き、最後に頂上に至る。その頂上は、知るものと知られるものとの差違がなくなった世界、すべてを見霽かす絶対知の境域であり、この頂上に立って知識と存在の全体を鳥瞰するものが『大論理学』である、と。

『大論理学』のテーマは「存在とは何か」であり、存在論すなわち形而上学である。それは、『精神現象学』のように経験を素材にするのではなく、経験の到達点、言葉であるとともに存在でもあるロゴス（ヘーゲルはそれを「概念」と言う）を素材にして、概念同士の関係を明らかにしてゆくものである。その概念同士の関係、ある概念から次の概念がいかにして生まれてくるか、それを導く方法が弁証法と呼ばれる。ヘーゲルの弁証法は、存在するものが持たざるを得ない否定性を存在するもの自身が自らの力で超えてゆこうとする、彼の言葉で言えば、存在の「衝動」を描くもののことである。したがって、存在そのものの欠性を明るみに出すこの弁証法は、存在と知識とが一つであることを前提とする『大論理学』において初めてその十全な働きを見出しうるものなのである。

「一形而上学と弁証法」は、『大論理学』の序論や緒論などを読みながら、形而上学（存在論）と弁証法との必然的な関係を明らかにするものである。

「二無限概念の形成」は、『大論理学』以前のヘーゲルの思索の内に、ゆくゆく弁証法の核となる無限についての思索の変遷を辿るものである。

三から七は、『大論理学』の内容を解釈するものであり、「三存在のはかなさ」は第一巻有論全体の解釈である。「四微分」は特にその量篇にあるヘーゲルの微分論を批判的に検討するものである。ヘーゲルが当時最先端の微分論といかに格闘したかを描いたつもりである。

「五現実との和解」は第二巻本質論全体の解釈である。本質論の中心は現実篇にあるから、「現実」の概念を基盤にして本質論を解釈するが、それとともに若きヘーゲルが彼を取り巻いていた生きた現実といかに向かい合っていたか、をも明らかにした。

「六目的論」と「七理念と方法」は第三巻概念論の内、第二篇客観と第三篇理念の解釈である。第一篇主観については、拙著『ヘーゲル論理学研究序説』（二〇〇二年、梓出版社）の「Ⅱ大論理学を読む8概念の推理的構造」を参照していただきたい。

八と九は、ヘーゲルが『大論理学』を書くに至るまでの青年時代の思索の記録である。「八実定性と愛と死」は、ベルン時代からイェーナ時代の初めにかけて、ヘーゲルが共同体の原理としてイエスの像を描くなかで、次第に神学徒から哲学者へと成長してゆく過程を描いたものである。「九狂気と絶対知」は、フランクフルト時代のヘルダリーンとの交流を通して、ヘーゲルが、ヘルダリーンの「全一哲学」の影響を受けつつ、その難点を克服して「絶対知」の立場に立つまでの思索を描いたものである。

目次

凡例

一　『大論理学 Wissenschaft der Logik』からの引用はすべて左記の「哲学文庫」版による。引用に際しては、『有論』には有 Sein の頭文字Sを付け（S39）のように記す（特に本書の一、二、三、および四において）。同様に『本質論』は本質 Wesen の頭文字Wを（特に本書の五において）、『概念論』には概念 Begriff のBを（特に本書の六と七において）、ページ数の前に付ける。なお、『有論初版』を引く必要がある場合はS^1を付け、（$S^1$39）のように記す。

S……『有論第二版』Die Lehre vom Sein (1832). Neu herausgegeben von Hans-Jürgen Gawoll. Hamburg, Meiner, 1990 (Philosophische Bibliothek ; Bd.385)

S^1……『有論初版』Das Sein (1812). Neu herausgegeben von Hans-Jürgen Gawoll. Hamburg, Meiner, 1986 (Philosophische Bibliothek ; Bd.375)

W……『本質論』Die Lehre vom Wesen (1813). Neu herausgegeben von Hans-Jürgen Gawoll. Hamburg, Meiner, 1992 (Philosophische Bibliothek ; Bd.376)

B……『概念論』Die Lehre vom Begriff (1816). Neu herausgegeben von Hans-Jürgen Gawoll. Hamburg, Meiner, 1994 (Philosophische Bibliothek ; Bd.377)

一　その他のテクストからの引用はそのつど明示する。

一　『……』は書名を示すが、ヘーゲルの主要著作である、大論理学、精神現象学、エンチュクロペディーなどは『　』を省略した。

一　引用ページを示す（S39f.）は『有論第二版』の三九ページと四〇ページに跨がるの意。（S39ff.）は同じく三九ページ以降に続くの意。

一　引用文中の傍点は、原文においてヘーゲルが隔字体やイタリックによって強調している個所である。

一　引用文中におけるカギ括弧［　］内の語や文は、訳者（本書の著者）による補足ないしは言い換えである。

一　本書の著者の注は、分かりやすいように直近の箇所に、例えば各章の小区分である節（算用数字で示す）の末尾に、小さい活字でまとめてある。

初出一覧

本書のすべての論考は、『愛知大学文学論叢』（愛知大学文学会）に掲載したヘーゲル論理学関係の論文をまとめたものであり、その多くは愛知大学文学部西洋哲学専攻などの授業で講義したものである。本書に収めるにあたって、論旨を変えない範囲で補筆し、明らかな誤記を訂正した。以下の初出記事には、『愛知大学文学論叢』の輯号と発行年月、それから講義科目名と学期が記されている。

一　形而上学と弁証法
　原題「形而上学と弁証法――ヘーゲルの無限概念（三）」第一四四輯（二〇一一年七月）、二〇一〇年度秋学期西洋哲学特殊講義

二　無限概念の形成
　原題「ヘーゲルの無限概念（一）」第一四〇輯（二〇〇九年八月）

三　存在のはかなさ――有論
　原題「存在のはかなさ――ヘーゲルの無限概念（四）」第一四五輯（二〇一二年二月）、二〇一一年度春学期西洋哲学特殊講義

四　微分――比と極限
　原題「微分――ヘーゲルの無限概念（二）」第一四二輯（二〇一〇年七月）

五　現実との和解——本質論
原題「現実との和解——ヘーゲルの無限概念（五）」第一四六輯（二〇一二年七月）、二〇一一年度春学期西洋哲学特殊講義及び秋学期文学研究科欧米文化専攻ヨーロッパ近代哲学研究講義

六　目的論——概念論客観篇
原題「目的論の弁証法——ヘーゲル論理学研究Ⅴ」第一三五輯（二〇〇七年二月）、一九九六年度及び一九九七年度文学研究科欧米文化専攻演習講義

七　理念と方法——概念論理念篇
原題「理念と方法の問題——ヘーゲル論理学研究Ⅵ」第一三六輯（二〇〇七年九月）、一九九八年度文学研究科欧米文化専攻演習講義

八　実定性と愛と死——若きヘーゲルの共同体倫理
原題「若きヘーゲルの共同体倫理」第七二輯（一九八三年三月）、一九八二年度教養部哲学講義

九　狂気と絶対知——ヘルダリーンとヘーゲルの別れ
原題「狂気と絶対知——ヘルダリーンとヘーゲルとの差異」第一三八輯（二〇〇八年八月）

ヘーゲル論理学と弁証法

一　形而上学と弁証法

はじめに

ヘーゲルは大論理学第二版（第一巻有論のみを改訂したもの）の序文を一八三一年十一月七日に書き上げた。その一週間後（十四日）、彼は「急性コレラ」（死後の診断であり死因は確実ではない）によってこの世を去った。享年六十一。その序文の最後に、彼はプラトンが『国家』を七回推敲した故事を挙げ、より複雑になった今日では大論理学を七十七回推敲する閑暇が欲しかったと言い、それが叶わなかった無念さを次のように記している。

耳を聾するばかりの今日の喧噪と時代の風潮に虚しくも汲々としているうぬぼれ屋たちの麻痺した饒舌が、はたして思惟に専念する認識に対して泰然とした静寂な場を与えてくれる余地を残してくれるものかどうか、

心許なかったので、……著者はこの出来上がったもので満足するほかなかった。（S23）

それでも我が意を十分に尽くしきれないと思ったのか、彼は死の前日、印刷屋のシュタルケに急遽、タイトルの裏面に置く次のモットーを送った。

哲学ハ少数ノ審判者ニ満足シ、大衆カラハアエテ身ヲ隠シ、大衆ニハ疑念ト嫌悪ノマナザシヲ向ケルモノデアル。（S2）

この文はキケローの『トゥスクルム荘談議』第二巻一にある。後に彼の全集を編纂した弟子たちはなぜかこれを削除した。

ヘーゲルのこの悔いと諦観とはただ哲学と論理学の無力さを嘆くものではなかったであろう。むしろ彼は哲学の力を信頼し、大論理学に時代を変革する力を、あるいは新しい時代を読み取る力を期待していたのであり、だからこそ無念が一層募ったにちがいない。その期待は「今日の喧噪」に掻き消され、ナポレオンの没落とともに押し流されてしまった。では、彼が大論理学に期待したものは何であったか、それの主題としたものは何か、そのための方法は何であるか。これについては、第二版出版の二十年ほど前に書かれた初版にある「緒論」と「序文」が明らかにしてくれるであろう。(1)

論理学の死んだ骨を、精神によって実質と内容を与えて、甦らせるためには、その方法は論理学を純粋学 die reine Wissenschaft とする方法以外にはない。……これまで哲学はまだその方法を発見していない。（「緒論」S37）（斜め字は第二版における追加、以下同じ）

例えば、国民にとって国法の学が不要になり、生きる智慧、人倫の習慣、美徳が用済みにでもなったならば、大変なことであるが、同じように、国民が自分の形而上学を失い、自分の本質を追究する精神がもはや国民のあいだに無くなってしまったならば、それも見過ごすわけにはいかない。……このように学問と常識とが手に手を取って形而上学の没落に力を尽してきたので、形而上学を持たない教養ある国民という珍奇な光景を目にするようになった。――それはまるで、ゴテゴテといろいろ飾り付けられてはいるが本尊のいない寺院のようなものである。（「初版序文」S3f.）

ヘーゲルは大論理学に形而上学 Metaphysik すなわち存在論 Ontologie を新たに確立する役割を期待した。そしてその方法はその学の性格からして必然的に弁証法 Dialektik となると理解したのである。

残念ながら、ヘーゲルは最後の形而上学者となった。彼が最も心血を注いだ形而上学は後継者を見出すことができなかったのである。そればかりか、ヘーゲルは形而上学を断固として否定した、あるいは少なくとも彼の体系の内に入れることはなかった、という誤った解釈が流布されてきた。しかし、ヘーゲルは形而上学の復権をこそ自らの哲学の課題としたのである。またヘーゲル哲学の中心は精神現象学にあるという主張も同じようにヘーゲルの意図をつかみ損なっている。精神現象学は形而上学としての大論理学への導入にすぎないのであり、大論理学こそ彼の哲学の中心に据えられなければならない。
ヘーゲルの死後、弟子たちは、特に愛弟子ガンスに顕著に見られるように、「時代の風潮」に翻弄されて、政治と宗教の時局的問題についての回答をヘーゲル哲学に期待し、その結果彼らは党派的に対立し、ヘーゲル哲学の実質を形づくっていた思弁的な形而上学の問題は閑却されていったのである。現代に続く時代の趨勢もまた経験を重視する実証主義や意識の分析に固執する現象学、実体を忘れた言語分析へと流れ、形而上学は人間の有限性を無視した妄想とすら見なされるようになった。

　形而上学の没落はヘーゲル弁証法の本質を見失わせる結果を生んだ。「これまで哲学はまだ発見していない」方法、すなわち弁証法とは何よりもまず形而上学に固有の方法であった。形而上学の衰退は弁証法を産んだ母体を見失わせることになったのである。その結果、弁証法の本質は矛盾にあると、矛盾のみが強調されることになる。けれども矛盾はヘーゲル弁証法にとって本質的なものであるとはいえない。矛盾を容認するからといってヘーゲル哲学の学問性に不審の目を向け批判することも、また矛盾の実在を明らかにするものとしてその論理を高く評価することも、いずれもヘーゲル弁証法の真の意味を正確に把握していない。弁証法は形而上学の方法であり、「思惟に専念する静寂な場」すなわち「純粋学」においてこそ働く論理である。「純粋学」については後に述べるが、それは感覚や意志を含まない思惟の場を意味する。思惟はそもそも矛盾することはあり得ない。無矛盾であることが思惟の必要条件であるからである。もちろん矛盾という事態はあり得る。それは、思惟が感覚や意志の対象に関わるとき、対象が——思惟ではなく——矛盾しているかのように受け取られる場合である。ヘーゲル弁証法の本質は、思惟を通して存在の自由を明らかにする建設の論理であることにある。

思惟によって自由な世界を建設するというヘーゲルの大論理学、その形而上学と弁証法の本質が忠実に継承されたのは、意外なことに十九世紀中葉のアメリカにおいてである。例えば、靴職人ブロックマイアー Brockmeyer は、大論理学の主題が、硬直化した（実定的な）カテゴリーをいわば溶解し、新しい共同生活のための概念を繰り返し鋳直す試みであることを正しく理解して、独力でその翻訳を試みた（後にその原稿はハリス Harris によって編集され出版された）[2]。しかし、遠く離れたこの新世界に大論理学の継承者を見出したのは意外なことではないのかもしれない。大論理学はフランス革命後の自由な世界のための新しい存在論を建設することを意図していたのであるから、その期待は、ウィーン体制下の「反動」ヨーロッパにおいては実らず、新世界の地にそれは継承されたのであろう。

小論は、大論理学の主題と方法を、主にその「緒論」「初版序文」「第二版序文」を読みながら明らかにして、ヘーゲルの形而上学と弁証法に対する誤解を正すことを目的にしている。その際に注目すべき重要な概念は「純粋学」である。形而上学の主題と弁証法の方法とを固く結びつけるものが純粋学の場である。そこで、まず純粋学とは何かについて述べ、次に形而上学を、そして最後に弁証法について考えることにしよう。

注

（1）「緒論」、「初版序文」、「第二版序文」、これらが書かれた経緯を記しておこう。

「緒論 Einleitung」は音楽では序奏に当たり、本論を書く前に、その主題と方法について構想を述べるものである。「緒論」の執筆日は一般に記されない。以下は私の推測である。大論理学の前に書かれ一八〇七年に出版された精神現象学の「序文 Vorrede」（「前口上」）を意味するが、本論を書き上げた後に書かれるものであり、わが国の慣例では「あとがき」に当たる）は、その内容をよく吟味してみると、そのとき書き上げ擱筆した精神現象学の内容に関わるものであるよりは、次に出版を意図していた大論理学の構想を述べたものと考えるべきものである。したがって、この時点ですでに大論理学の主題と方法の輪郭がヘーゲルの脳裏にはおおよそ固まっていたであろう。では、精神現象学の「序文」はいつ書かれたか。その原稿は、ナポレオンのイェーナ侵攻を避けながら、一八〇六年十月二十日に出版社に送られた。翌年三月、ヘーゲルはイェーナ大学を離れバンベルクで新聞編集者になる。その仕事は「新聞‐ガレー船」と形容されるほど多忙なものであったから、この間、彼には大論理学を執筆する余裕はなかったであろう。そして、一八〇八年十一月から、彼はニュルンベルクのギムナジウム校長となり、哲学の専門教師として「論理学」を教えている。その内、「一八一〇／一一年の中級用論理学」のノートは大論理学と酷似している（詳しくは後述）。したがって「緒論」の執筆時期、つまり大論理学の執筆開始時期に関して、次のように推測できる。一八〇六年には大論理学の構想は固まっており、早く見積もれば、一八〇八年春には執筆に取りかかろうとしたが（バンベルクからニートハマーに宛てた手紙に「私の論理学は今やっと手を付け始めたばかりです」という文がある。一八〇八年五月二十日付け、Briefe von und an Hegel, Hrsg. von J. Hoffmeister, S.230, Meiner）、本格的にその内容を推敲し始めたのはニュルンベルクに移ってからであり、授業のなかで試行錯誤を重ねて（六篇の授業の内容、それらの対照に関しては、拙編訳『ヘーゲルの「ギムナジウム論理学」』を参照されたい。梓出版社、一九八六年）、一八一〇年にはわれわれの見る大論理学の構想はほぼ完成し、緒論の執筆にとりかかった、と。「初版序文 Vorrede zur ersten Ausgabe」は一八一二年三月二十二日の日付を持つ。これは大論理学第一部第一分冊「有論」のみを完成したときのものであり、第一部第二分冊「本質論」は翌一八一三年に、第二部「概念論」は三年後の一八一六年秋に、それぞれ序文を置かずに出版された。

ヘーゲルは一八一一年九月十六日、ニュルンベルクの貴族の娘マリー・フォン・トゥハーと結婚する。彼には思いもよらなかった幸福な生活が始まるのである。しかしその幸せは経済的困窮と心痛の始まりを告げるものでもあった。マリーは一八一六年までに五回の妊娠を経験し、無事に育ったのは二人の息子だけである。彼はまたイェーナ時代にこしらえた庶子（一八〇七年二月五日生まれ）の処遇も気にかかる。さらにこれまで亡き母の代わりに自分の面倒を見てくれた妹クリスティアーネの恩に報いようとして、彼は新婚家庭に彼女を呼び寄せる。クリスティアーネは年下の義姉に激しく嫉妬し、ヘーゲルの家を出奔し、ヴュルテンベルクの国中を彷徨い歩く（彼女はヘーゲルの死の翌年自ら命を絶った）。大論理学はこのような幸せな新婚生活と、それにもかかわらず重なる心労のなかで書かれたのである。

初版が出版された一八一二年はナポレオンのロシア遠征の年である。彼は冬将軍に敗れ撤退する。ヘーゲルの弟も出征したがロシアの土となった。翌年秋、ナポレオンはライプツィヒの戦いに敗北し、一八一四年四月に皇帝を退位する。秋にはナポレオン後のヨーロッパ体制を決めるウィーン会議が始まる。精神現象学（一八〇七年出版）はナポレオンの絶頂期に書かれたのだが、大論理学は彼の没落と歩調を合わせるようにして書かれたのである。「自由な君主という概念」を教えてくれ、「国法の偉大な教師」であったナポレオンは倒れた。ヘーゲルはそれを「悲劇」と見る。彼にとってフランス革命とナポレオンは「自由」のシンボルである。自由とは思惟と存在が一致していること、すなわち思惟が現実を作る原理となることを意味するからである。バイエルン王国のギムナジウム校長であったヘーゲルが最も警戒したのはナポレオンの没落に伴う「反動」であった。バイエルン（ニュルンベルクはそのなかに含まれる）はモンジュラ首相の親ナポレオン政策のもと、中央学務局にいたヘーゲルの盟友ニートハマーによって積極的に教育の近代化が図られた。彼によってギムナジウム校長に抜擢されたヘーゲルは、哲学（その実質は論理学であり週四時間）と古典語学習（週二十七時間の内の半分以上）を重視する新人文主義の理念を生かすべく、カトリックの聖職主義とバゼドウの実利的な汎愛主義的教育に対抗した。ヘーゲルとニートハマーは一八一六年、ナポレオンの没落とともに始まった「反動」との闘いに敗れる。「初版序文」を丁寧に読み始めていただきたい。多くの読者は、理由も定かでないのに、ヘーゲルの攻撃的な苛立ちに付き合わされていると感じるに違いない（例えば、上記引用文にある「形而上学を持たない教養ある国民」という言葉など）。その焦燥感は「反動」との闘いに敗北したことから生まれたものである。（拙著『ヘーゲルの「ギムナジウム論理学」』一九八六年、梓出版社の「解説2ギムナジウムでの教育活動」を参照）

「第二版序文 Vorrede zur zweiten Ausgabe」はそれから十九年の後、「有論」のみの改訂を終えて書かれたものである。「初版序文」がはなはだ戦闘的であったのに対して、「第二版序文」を濃く彩るものは諦念である。それにもかかわらず世の喧噪に惑わされずに、「思想の王国」（S9）を建設することが自らに課せられた仕事であると心に期しているのであるが、特徴的なことに、ヘーゲルはもはや近代哲学者の名を一人として挙げることはない。その代わりに、プラトンとアリストテレスの名を何度も口にしている。「思想の王国」の住人たり得るのは、形而上学と弁証法の創始者であるこの二人と、そして自分のみである、ということだろうか。

（2） Hans Fiedrich Fulda: G. W. F. Hegel (Beck, 2003) S. 314f. 拙訳『ヘーゲル――生涯と著作』梓出版社、二〇

一三年、三七五ページ

1　純粋学

ヘーゲルは「緒論」で大論理学を「純粋学 die reine Wissenschaft」と称している。

> 純粋学の概念とその演繹は本書においては前提されている。精神現象学がすでにその演繹にほかならなかったからである。……純粋学は［思惟が］意識の対立から解放され自由になっていることを前提する。純粋学は思惟を、それが事柄そのものでもある限りで、含んでいる、あるいは事柄を、それが純粋な思惟でもある限りで、含んでいる。……論理学は純粋理性の体系として、純粋思惟の国として、把握されるべきである。この国は、いかなる肉も持っておらずそれ自身で即かつ対自的に［独立に］存在している真理である。それゆえ、それの内容は、自然と一人の有限な精神［アダム］を創造する以前におのれひとりで永遠なる実在の内に安らっている神の語りである、と表現することができよう。（S33f.）[1]

> 論理学の体系は、影の国であり、一切の感覚的具体物から解放されている単純な諸実在からなる世界である。（S44）

純粋学という語は、形而上学が論理学として成立する、そのためのいわば場《エーテル》を表現している。その場は意識の対立から、一切の感覚的具体物から、解放された思惟が、自由に活動するところである。私はかつて大論理学を純粋学としてとらえ、その構造を考えたことがあるが、[2]純粋学という思惟の場がどのようなものであるかを十分に理解することができなかった。最近ある文章を読み、そこから純粋学のイメージをつかみ取ることができた。感覚から解放されて思惟が自由に働くとはどのような場においてのことか。そこに存在するものは何か。そしてその場から何が生まれてくるのか。

今、私は目を固く閉じ、両耳を強く手で覆ってみる。何も見えず、何も聞こえない。闇と無音の「影」の世界である。それでもそこに何かが確かに存在している。それは見えるものでも聞かれるものでもない。無音と闇の世界に存在するものは三つある。一つは私あるいは自己、それからその自己の純粋な思惟の動き、そして三つ目にその思惟の表現である言葉。影の世界のなかで、私は言葉によって「新たな思想と知の世界をくみ上げていく」のである。私の思考実験などすぐ潰えてしまい、感覚の雑然たる世界に引き戻されてしまう。それほどに感覚と意識の世界は誘惑的である。私に純粋学の場を想像させてくれたのは、光と音を失い全盲聾者となった人物の次の文であった。――「私が幽閉された『暗黒の真空』から私を解放してくれたものが『言葉』であり、私の魂に命を吹き込んでくれたものも『言葉』だった。私は今、『言葉』によって組み立てられたさまざまの概念と、多様で複雑な現実の諸事象との相互作用のなかに生まれる、新たな思想と知の世界をくみ上げていく仕事に就いている。[3]」

意識の対立や感覚物から解放され、言葉によって存在をつかむ、このことが思惟の活動にほかならない。しかし、これがいかに難しいことであるか、そのことを私は学生たちと精神現象学の「感覚的確信」章を読んでいるときに強く感じた。ヘーゲルは「これは何か」と問う。例えば、ある人は「これは樹である」と答えるであろう。しかし後ろを振り返れば、「これは家である」。つまり「これ」は樹でも家でもある。すべての事物が「これ」である。最も具体的に思われるものが「これ」という言葉（概念）によって表現されるとき、それはすでに「普遍」なのであり、最も具体的なものが最も抽象的なものであり、最も貧しいがゆえに最も包括的なのである。「存在」という概念がすべての事物を受け入れるように。ヘーゲルが哲学の場で問うているのは「これ」という概念（言葉）の意味するものである。ところがわれわれは一般に「これ」の概念をではなく、「これ」が指す対象を考えてしまう。ヘーゲルはこのような思惟を「表象的思惟」と呼ぶ。そうして学生たちは、感覚された対象の実在と自分の感覚の固有性を主張し、自分の感覚の質にこだわり、私の見ているものは他の人と見え方は違うかもしれないが、その独自性は私にとって厳然として存在している。その質は言葉に表現できないかもしれないが、私がそれを明確に感覚していることは揺るぎない、いやむしろ言葉は感覚されるものより貧弱であって、私は言葉で表現される以上のものを見ている、と主張する。――しかし言葉に表現できないものはそもそも存在していないのである。それが存在しているというのは「思いこみ」なのである。ヘーゲルの「このものと思いこみ」の議論が主張することは、言葉すなわち普遍こそが存在するのであり、言葉によって表現できないもの、単に感覚されただけのものは存在しないということである。これが純粋学の場である。とは言ってもこの「思いこみ」はなかなか解消されない。その理由は「存在」の語が多義的であるからであろう。ヘーゲルの言う「存在」は現実的であることである。われわれは感覚しているときにこそ自分が最も現実的に存在していると考えがちである。しかし、私が現実的に存在しているとは私が私であることにほかならないのであるが、ところが私が何かを感覚しているときは私はその対象に呑み込まれてしまっており、私は現実に存在してはいないのである。事物もまた思惟され言葉で表現されるときにのみ現実的に存在する。「事物はその概念〔言葉〕の内においてのみ現実性を持っている」(S34)のである。

精神現象学はこの純粋学の場を作るものであり、したがってわれわれを大論理学へと導くものである。ヘーゲルは精神現象学のなかで、意識の経験すなわち感覚から始まって意識が自らを純化して reinigen 純粋な思惟へと至る道程、魂 Seele が浄化《カタルシス》されて精神 Geist へと上昇する道(プロティノスの「一者」への帰還の道に似ている)を描く。その最終地には意識の対立から解放されて自由の場にある思惟、絶対知 das absolute Wissen がある。それぞれの意識は存在を確実にとらえていると思いこんでいる。しかしその確信が「思いこみ」であり、「錯覚」であり、また「自己欺瞞」であり、そして最後に(宗教的意識において)真理ではあるが概念ではなく「表象」としてとらえているにすぎないことを知り、そうして絶対知に辿り着くのである。絶対知とは、それまで他者(対象)についての知と思いこんでいたものが実はすべて自分についての知であったことを悟ることである(ヘーゲルの絶対的 absolut の語は自己関係的を意味する)。こうして意識の単なる確信は知の真理となる。さまざまの意識の確信とその崩壊を描くこの長い旅路は、「このものと思いこみ」の例で述べたように、言葉(普遍)を判定者として辿られてきた。したがって、対象についての知が絶対知、自己知になったことは、言葉の側からいえば、他のものを指し示すだけのものであった言葉、指示するための道具としての言葉が、自らを表現するものに、「自己についての行為」になったことを、つまり言葉が概念Begriffとなったことを表している（ヘーゲルのBegriffの語は自らを表現する生きた言葉を意味する）。言葉は初めは概念を不完全に表現するものであったが、言葉が概念となることによって、言葉を形成していた二つの要素、知るもの（知）と知られるもの（対象）の区別はなくなったのである(4)。

絶対知のモデルとなったのはアリストテレスの「思惟の思惟」(5)である。ヘーゲルはエンチュクロペディーを、アリストテレスの『形而上学』第十二巻第七章（1072b20-）の次の文をギリシャ語のまま引用して終えている（五七七節）。

> 理性《ヌース》が自分自身を認識するのは、思惟し得るものを共有することによってである。なぜなら、理性は、思惟し得るものに接触しそれをつかんでいるとき、自らが思惟し得るものになっているからであり、そうして理性と思惟し得るものとが同じものとなる。というのは、理性は思惟し得るものと実体を受容する能力を持っているが、それが現実《エネルゲイ》に活動するのは、それが思惟し得るものを所有するときであるから。

しかし、アリストテレスの「思惟の思惟」（神のごとき思惟）は思惟が自分自身を思惟するものではなく、思惟に先だって存在している最も優れた理性的なものを前提して、それを思惟することである。そのような「永遠で不動で、感覚的事物から離れて独立している実在」（1073a4）を所有する状態の内に

「神は常に永遠にいる」のに対して、「われわれはほんのわずかしかいられない」(1072b25)のである。この点では、ヘーゲルの絶対知はアリストテレスの「思惟の思惟」とは異なる。絶対知は永遠の実在についての知ではない。それは自己についての知であり、したがって「ほんのわずかしか」その場に立てないのではなく、理性が「現実に活動する」限り、人間に現実に約束されている状態である。自己知としての絶対知はアリストテレスの神的な知(思惟の思惟)に近代の主観性の反省(自己意識)の働きを結び付けて考え出されたのである。この点については「弁証法」の箇所で述べる。

注

(1) ohne Hülle を「いかなる肉も持たずに」と訳した。Hülle を単に「覆い」と訳しても意味は通らないであろう。また、vor der Erschaffung der Natur und eines endlichen Geist の ein endlicher Geist はアダムのことを指していると考えたい。

(2) 「純粋学としてのヘーゲル論理学」(『理想』第五四〇号、一九七八年五月)、拙著『ヘーゲル論理学研究序説』(梓出版社、二〇〇二年)に所収。

(3) 福島智「光、音、言葉」(『先端研ニュース』二〇〇一年七月号)

(4) 絶対知は一見すると東洋の涅槃《ニルヴァーナ》や悟り(ヘーゲルは「専心 Vertiefung」と訳す)に類似している。しかしその違いについて、ヘーゲルは、インドの叙事詩『ヴァガバッド-ギーター』を論じたW・v・フンボルトの書物を書評するなかで、大略次のように言っている。涅槃や悟りも一切の感覚や欲望を止揚するものであるが、そこでは思惟は運動することなく、言葉も廃棄されている。ところが、純粋思惟は内面的対象(言葉)

を持っており、自ら運動している。それに対して、「専心」とはブラフマンを追究することだが、ブラフマンと一体になってしまっており、そこでは主観と客観との対立は消滅している。主観と客観との対立を通して到達する統一すなわち純粋思惟はヨーロッパ近代の「思惟する反省」が発見したものである、と。拙訳編『ヘーゲル批評集Ⅱ』（梓出版社、二〇〇〇年）三七ページ以下参照。

（5）「理性は、最善のものであるのだから、自分自身を思惟する。そして、思惟［理性の知］は思惟の思惟である。」（『形而上学』第十二巻第九章、1074b34）

2　形而上学

ヘーゲルは形而上学（存在論）を論理学に変えた。このことがヘーゲル哲学の核心であるが、それは次の意味を持っている。存在とは論理的なものであること、つまり理性によってのみつかみうる。そして「理性的なもの、それは現実的であり、現実的なもの、それは理性的である」[1]のだから、理性によってつかみ取られた存在こそ現実的なものである。つまり、現実は思惟によってのみ理解されうるのであり、存在の現実性は論理（ロゴス）によってのみ把握できると考えたのである。論理学としての形而上学は純粋学であるとともに、純粋であるがゆえにこそ現実の学なのである。大論理学の正式のタイトルは「論理学の学」であり、「重言」であると批判されたが[2]、そうではないことは、形而上学を主語にして形而上学は「論理学の学」である、つまり（思惟の学である）論理学によってのみ形成されうる学である、と読めば、容易に理解できるであろう。ヘーゲルは形而上学を定義していないが、アリストテレスの「第一の学」（存在論）の定義、「存在をただ存在として研究すること、存在の何であるかを研究し、また存在に存在として属するその諸属性をも研究すること」（『形而上学』第六巻第一章、1026a30）を前提している。「緒論」には次のように書かれている。

この点に関しては、古代の形而上学は近世において習慣になっているものよりもはるかに優れた概念を持っていた。つまり、古代形而上学の根底にある考えは、事物に関してまた事物に即して、思惟を通して認識されるもののみが、その事物の本当の真理であり、したがって事物は直接の在り方においてではなく、思惟の形式へ高められ思惟されたものとなったときに初めて真である、ということである。したがって古代形而上学は、思惟と思惟の規定は、対象にとって疎遠なものではなく、対象の本質である、あるいは、事物と、それについての思惟とは即かつ対自的に一致する、思惟に内在する規定と事物の真の本性とは全く同じ内容である、そう考えたのである。（S28）

引用文にある「この点に関しては」とは、近世の哲学が主観と客観、形式と内容、すなわち思惟と対象とを、分離し対立させている弊を言っている。ヘーゲルは形而上学の学問性を否定することはない[3]。彼が批判する形而上学はカント以前の啓蒙主義の哲学、ヘーゲルの言う「以前の〔少し前の〕vormalig形而上学」、ヴォルフとその後継者たちの哲学に限られる。それは「理性の対象についての単なる悟性的見方」にすぎないからである（エンチュクロペディー§27）。彼が模範としたのはプラトンとアリストテレスの「古代の［もっと昔の］älter 形而上学」であった。それは思惟と思惟によってのみ理解されるものを事物の本質としたからである。では、カントはどうであるか。ヘーゲルはカント哲学を、「以前の形而上学」を克服して理性と理念の新たな形而上学を作る努力である、しかし不十分な試みである、と理解した。カントの『純粋理性批判』は、そう考えられがちではあるが、決して形而上学を否定するものではない。それは「古代の形而上学」とは異なる形で、近代の経験論の主張を取り入れて、すなわち経験可能な対象に限ってその認識と存在についての新しい形而上学を作るものである。このように考えれば、ドイツ観念論もまたカントの志を受けて新しい形而上学の建設を目指していたと言える。フィヒテは自我の働きを原理として形而上学を「知識学」に変え、シェリングは主観と客観との「同一性（無差別）の形而上学」を作り、そしてヘーゲルが形而上学を論理学に変えたことによって、新しい形而上学が最終的に完成されたのである。

ヘーゲルは一八一二年十月二十三日付けで（このとき大論理学の「有論」は既に出版され、「本質論」は印刷中であった）、上司であるニートハマーに哲学授業に関する報告書を提出している[(4)]。

私の論理学観からすれば、形而上学は完全に論理学に含まれます。このことについては、カントを先駆者にして権威者として挙げることができます。彼の批判はそれまで形而上学といわれていたものを悟性と理性の考察に還元しました。それゆえ、論理学はカント的意味においては、いわゆる一般の論理学のありふれた内容の外に、彼が超越論的論理学と名づけた論理学がそれと結びつき、それに先行しているのです。

カントの最大の功績は形而上学を論理学に変えたことにある。思惟の学すなわち悟性と理性の考察（論理学）が存在の真理（形而上学）を明らかにすると考えたのである。ヘーゲルはこの点でカントの忠実な後継者である。そして、カントはいわゆる特殊形而上学（霊魂論、宇宙論、神論）についてはその学的真理性を疑い（弁証論）、一般形而上学すなわち存在論にのみ学的真理性を与えて、その学を超越論的論理学と呼んだ。この点すなわち存在論にのみ学問性を認める、これについてもヘーゲルはカントの相続人である。ただしその根拠は二人の間で異なる。カントが特殊形而上学に学問性を与えるのを拒んだのは、その対象が認識の基盤である感覚によっては経験され得ぬものであり、したがってそれに関しては人間の認識が必然的に誤謬に陥ると考えたからである。他方、ヘーゲルがそれらを形而上学から排除した理由はより単純である。つまり、霊魂・宇宙・神は純粋学の対象とはならないからである。ヘーゲルにとっては、それらが学の対象から排除されるのは、カントのようにそれらが認識不可能であるからではなく、それらが概念ではなく、表象にすぎないからである。もしそのような表象が純化されて思惟規定となるならば、それは論理学の対象となるであろう。しかしその場合、それは単なるカテゴリー（例えば「神は有る」の述語「有」）としてあるにすぎない。ここで二人は別の道を歩み始める。カントは経験可能なものについての存在論を構想しそれを超越論的論理学と呼んだ。一方、ヘーゲルも存在論を新たに作り上げたが、それは思惟についての自己反省の学であり、それを純粋学と呼んだのである。そして、カントの超越論的論理学の構想を支える内容は、ヘーゲルでは、純粋学への導入である精神現象学が担うことになる。

> カント哲学の関心は思惟規定のいわゆる超越論的なものに向けられていたので、思惟規定そのものの研究は疎かにされてしまった。……思惟規定の本性に関する認識はこの哲学によっては少しも前進しなかったのである。……そこで［大論理学の内の］客観的論理学が以前の形而上学の代わりになり、……そうして初めて、それは直接に存在論、……存在一般《エンス》——存在は有と本質をともに含んでいる——の本性を探究するとされていた、形而上学の一部門、となる。」（「緒論」S49f.）

ところで、形而上学を論理学と見なすヘーゲルの大論理学の構想は一挙に成立したのではない。それまでに彼は論理学と形而上学の組み合わせをさまざまに試みている。その試みをイェーナ時代（一八〇一年から一八〇七年）とニュルンベルク時代（一八〇八年から一八一六年）に分けて概略的に見ていこう。[5]ここにヘーゲル哲学の誕生を理解する鍵がある。それにしても、ヘーゲルが教育活動の全期間、つまり一八〇一年から一八三一年まで、「論理学と形而上学」の講義を二十一回も行った（ニュルンベルクのギムナジウム教師時代は除くが、後述するようにその時期にも論理学の授業がなされ、それが大論理学の素地を作った）ことは、驚くべきことである。彼の他のいかなる講義もこれほど継続的かつ多数回行われたものはない。この点からしてもヘーゲル哲学の中心が形而上学にあったことが理解されるであろう。

イェーナ大学における講義で考えなければならない講義は三つある。それらはいずれも論理学と形而上学とを截然と分かち、論理学を形而上学の予備学、「哲学への導入」とする点に変わりはない。これは当時の一般的考え方に従ったものであり、そこにヘーゲル独自のものを見出すことはできない。ただし注目すべきものは、Reflexion（三つの講義の順に、絶対者からの「反射」、われわれ認識者の「反省」、論理規定そのものの「反照」と訳し分ける）の概念である。その微妙な用法の変化の内に、論理学によって形而上学を形成するという大論理学構想に向かう胎動を見て取ることができる。

第一回の講義は一八〇一／〇二年冬学期になされた。「論理学と形而上学」という学科目は当時一般的なものであり、イェーナ大学においても少なくとも五人の講師が、聴講生の獲得をヘーゲルと競っていた。ヘーゲルは論理学を形而上学への導入とするこの科目構成に疑いを抱いていない。第一回の講義については概略を述べたメモが残されているだけである。それによれば、論理学はⅠⅡⅢと三部に分けられている。Ⅰは「有限性の普遍的な形式あるいは法則」を扱うもので、要するにカテゴリー論である。シェリングに倣ったのであろうか、予め絶対者が直観によって理解され得ることが前提されており、Ⅰの主題である「有限性」すなわちカテゴリーはその「絶対者の反射 Reflexion」であるとされる。Ⅱは「有限性の主観的形式あるいは有限な思惟、悟性」を扱うものであり、その内容は形式論理学の概念論、判断論、推論論にほかならない。最後のⅢは「理性を通して有限な認識を止揚する」とされ、推論（三段論法）を思弁的に考えることによって、理性（推論の主体）の否定的な側面から、本来の形而上学に移行するとされるのである。一八〇二年春には、この講義用の教科書であろうか、哲学の方法についての本をコッタ社から冬学期に間に合うように出版すると約束しているが、これは果たされなかった。一八〇二年春学期は「論理学と形而上学、あるいは反射（反省）の体系と理性の体系」のタイトルで講義はなされたようだが、その資料は残っていない。形而上学が「理性の体系」であるのに対して、それへの導入である論理学は「反射（反省）の体系」と呼ばれたのである。

トルソーではあるが資料が残っている一八〇四／〇五年冬学期の講義においても、論理学が形而上学の導入であることに変わりない。変化した点は、論理学が「反射（反省）の体系」ではなく「弁証論 Dialektik」と呼ばれるようになったことである。カントの弁証論を取り入れ、それを特殊形而上学のみならず、存在一般の規定性に拡張したのである。そのことは次の意味を持つ。有限な規定性は絶対者からの「反射」によって成立するものではなく、規定性同士の関係を考察の対象とすることによって、有限な規定性が必然的にその反対に移行すること、すなわち規定性自身に内在するアンチノミーが明らかにされるのである。しかしこの講義では、移行の必然性は規定性自身によるものではなく、「われわれの反省」がそれを見抜くものとされる。ここに出てきた「反省」は第一回講義の「絶対者」の「反射」ではなく、「われわれの」思惟の働きになっている。しかしそれはまだ大論理学におけるような規定性自身の「反照」であると理解されるには至っていない。

イェーナ時代末期の「論理学と形而上学」講義は資料も少なく、容易にその輪郭を浮かび上がらせることはできない。しかしその他の講義に目を向けることによって、次のように推測することができるであろう。一八〇五／〇六年冬学期に初めて「哲学史」が、一八〇五年夏学期には初めて「精神現象学」に関する講義（タイトルは「すべての哲学の学即ち思弁哲学（論理学と形而上学）」）が行われた。哲学史ではプラトンとアリストテレスが講義されたから、ヘーゲルが模範とする形而上学と弁証法が熟考されたことであろう。また精神現象学の講義では、形而上学への導入がもはや論理学の任務ではなく、意識の経験を積み重ね感覚を純化して絶対知（純粋学の場）を生み出す精神現象学の仕事であることが初めて述べられたであろう。

これらの講義に見られるイェーナ時代の論理学と形而上学の構想は失敗であった。その最大の理由は、弁証法の建設的側面が理解されなかったことにある。それは規定性を解消する否定的活動（弁証論）としてのみ考えられ、規定性を創造する働きを持たされていなかった。弁証法の否定的側面を懐疑主義の徹底的遂行としての精神現象学に委ねることによって初めて、肯定的活動としての本来の弁証法が、形而上学（存在論）を論理学に変えることによって、現れてくるのである。したがって、大論理学は精神現象学の成立と切り離すことができない。

ヘーゲルはニュルンベルクのギムナジウムで、校長兼哲学専門教師として、「規準」で指定されたカリキュラムにある「哲学入門」（ほとんどは論理学の授業に当てられている）と「宗教・法・義務の理解」の二科目を担当した。一八〇七年には既に精神現象学が出版されているから、「哲学入門」の授業は、イェーナ大学におけるように「論理学と形而上学」の枠組においてではなく、「精神現象学と形而上学としての論理学」という構成になっている。そこで、ギムナジウム論理学についてはごく簡単にその変化を指摘するにとどめたい。

最初の授業「中級用意識論・論理学」（一八〇八／〇九年）では精神現象学の理性章までが簡単に講義された後、「理性は真理を認識する」（§33）とされて、真理の学である論理学に移ってゆく。そして「論理学は客観的なものの論理学、主観的なものの論理学、理念の論理学に分かれる」（§34）とされる。「客観的なものの論理学」は大論理学の有論と本質論の内容を概略的に述べたものであり、二番目の「主観的なものの論理学」は形式論理学（概念論第一篇主観）である。最後の「理念の論理学」（概念論の第二篇客観と第三篇理念に当たろう）は講義されなかった。

一八〇八年からは継続して上級で「エンチュクロペディー」が講義される。その内の論理学は、「第一章存在論的論理学」、「第二章主観的論理学」、「第三章理念論」に分かたれている。大論理学の有論と本質論は「第一章存在論的論理学」で扱われ、概念論に当たるのは第二章と第三章である。この授業においては形而上学は明確に論理学の内に吸収された。最後の授業「一八一〇／一一年の中級用論理学」は大論理学の構成と完全に一致している。

注

（1）周知のように、この文は『法の哲学綱要 Grundlinien der Philosophie des Rechts』の「序文」にある。この序文は『法の哲学』という最も現実的な学についての方法が大論理学の純粋学の方法であること、そしてその方法こそが現実的であることを、大衆の「浅薄さ」と現実逃避に対抗しながら、繰り返し述べている。「哲学は、理性的なものを究明するものであるから、現にあるもの、現実的なものをつかむものであって、彼岸的なものを持ち出すものではない。」私たちは理想を現実の内に織り込みがちなのである。本文中の引用文も含めて、『法の哲学』はHegel Werke Bd7, Suhrkamp, 1970 S.24（以下、Werkeと略し、この選集からの引用は巻数とページを記す）による。

（2）大論理学の出版はほとんど黙視されたが、おそらくクルーク W. T. Krug が書いたものと思われる書評には、「著者はたぶんどこかの予備学校の教師だろうが、「論理学」の語源も「学」の意味する本質も理解していない（タイトルはひどい重言だから）」とある。拙著『ヘーゲル論理学研究序説』九四ページ。

（3）形而上学に対する反感は今も昔も変わらない。「大衆」が形而上学を抽象的思惟として毛嫌いする様子を、ヘーゲルは、新聞編集者時代の戯文のなかで形而上学をペストに擬えて、「何しろ形而上学というやつは、抽象だとか思惟だとかと同じで、ペスト患者から逃げるように、そこから逃げるための言葉だ」と書いている（Werke Bd.2 S.575）。またその難解さを「形而上学の茨と棘」（Werke Bd.19 S.68）と表現し、その手強さをどんなに堅い素材をもかみ砕く「ダイヤモンドの網」（エンチュクロペディー§246）と表現している。

（4）Werke Bd.4 S.406　拙著『ヘーゲルの「ギムナジウム論理学」』二七四ページ

（5）イェーナの論理学については拙著『ヘーゲル論理学研究序説』の「イェーナ論理学の方法」を、ニュルンベルクの論理学については、拙著『ヘーゲルの「ギムナジウム論理学」』にその翻訳（五つの論理学を共観できるようにしてある）と解説がある。

3　弁証法

本章の冒頭で、「これまで哲学はまだその方法を発見していない」というヘーゲルの文を引いた。それに続けて、彼は自分が発見した方法を次のように説明している。

学を進展させるために必要な唯一のこと、そしてそれは本質的にはごく単純な洞察によって身につくものであるが、——それは、次の論理命題を理解することである。否定が肯定的なものでもあること、……結果の内には本質的に、それを生んだ原因が含まれていること。（「緒論」S38）

概念の体系というものはこのような道程の内で作られるものである——そして、外部から何一つ取り入れることなく止まることのない純粋な歩みによって完成されるものである。私がこの論理学の体系において従う方法は——否むしろ、この体系自身が自ら従っている体系は——、さらに多くの点で改良が、個々の点では多くの推敲が必要であろう、そのことを私は知らないわけではないが、私は同時に、この方法のみが唯一正しい方法であることを知っている。それは、この方法がそれの対象や内容と何一つ異なることがないということからしてすでに自ずから明らかである。——なぜなら、内容を前進させるものは内容自身であり、内容がそれ自身において持っている弁証法であるからである。（「緒論」S39）

概念そのものを先に進めさせるものは、概念が自分自身の内に持っている上述の否定的なものである。これが真に弁証法的なものを形成しているのである。（「緒論」S40）

弁証法という方法は、存在を載せた「概念」といういわば乗り物を前へ進める駆動力と言えよう。それは「外部から何一つ取り入れることなく」進むものであり、そのエネルギーに当たるものが「概念が自分自身の内に持っている否定的なもの」である。

弁証法の本質は「否定が肯定的なものである」と表現されている。この「否定」は考える働き、思惟一般のことである。感覚は対象を受容するだけであって、対象を否定する力を持ってはいない。それに対して、思惟は対象を、そのままにしておかず、抽象し分析する、すなわち否定する。しかし、思惟の否定が「肯定的なもの」であるということは、思惟が自分自身を思惟するときに限られる。もし思惟が自分以外の対象に向けられるのであれば、その対象は消滅してしまうのであって、そこに肯定的なものは残らない。したがって、この命題が唯一意味を持ち得るのは、純粋学の場である思惟の思惟においてである。思惟は自らを規定することによってそれ自身が規定されたもの（実在するもの、肯定的なもの）となる。その思惟の規定性（カテゴリーと反省規定）は思惟の活動の「結果」であるから、思惟にとって他者であるかのように見える。しかし、純粋学においては思惟の外には何も存在しないのであるから、それは思惟自身の他者である。言い換えれば、この他者は何か（自分とは別のもの）の他者ではなく、自分自身の他者、それ自体が他者であるものである（プラトン『ソピステス』の「異」のイデアに当たろう)。この自分自身の他者であるものが「弁証法的なもの」、「否定的なもの」にほかならない。思惟の活動の結果である思惟の諸規定(概念の定在)はこのようにしてそれ自身が他者であるもの(いわば虚像)である。したがって、思惟規定(例えば「有」というカテゴリー)は自分であることにおいて自分ではない、存在することにおいて存在しない。それゆえ、先の命題「否定が肯定的なものである」はその換位命題「肯定は否定的なものである」を含んでいる。規定性は何らかの意味を持ち、肯定的なものであり、存在するのであるが、それは自分自身の他者であり、その意味で否定的なものである。概念(規定性)自身に含まれるこの「否定的なもの」が「弁証法的なもの」である。「弁証法」とは「内容」(論理学の主題である論理的規定性)が「自分自身の内に持っている」ものであり、内容の進展は「外部から何一つ取り入れることのない」ものであるから、「純粋」であり「止まることのない」すなわち必然的な歩みである。

暗闇のなかを進むデカルトの方法的懐疑は「明証的なもの」の光を頼りにして歩んでゆく。「影の国」に分け入るヘーゲルの方法は「否定的なもの」すなわち「弁証法的なもの」が必然的に歩を進めてゆく道を追跡するものである。その歩みに著者は容喙せず、「内容がそれ自身において持っている」のであるから、それは「唯一正しい方法」である。

ヘーゲルの弁証法は、厳密に考えれば、純粋学に固有のものである。すなわち、感覚から解放され自由になった「思惟の思惟」においてのみ働く方法である。この純粋学の場は精神現象学が到達した絶対知である。その意味では、大論理学は精神現象学を前提している。しかし、大論理学は純粋学であり、思惟の思惟であるから、いかなる他者も必要とせず、思惟はただ自分自身に関わるのであり、その意味では独立している。精神現象学は、それが魂を浄化するものであり、感覚を、そして対象に捕らわれている意識一般を、廃棄するものであるから、われわれを大論理学へ導くものとして存在するのである。

一般に弁証法は矛盾を容認する論理であると言われる。この通説に対しては、一方では矛盾律を認めないような論理学は論理学の名に値しないと批判され、他方では矛盾の現象を特定の領域（精神の領域）に限って認めてそれを救おうとする。しかしいずれも正しくないであろう。ヘーゲル弁証法は矛盾を容認するという前提がそもそも誤っている。ヘーゲル弁証法の本質は矛盾にあるのではない。いわんや正—反—合の気の抜けた図式にあるのではない。その本質は、否定性と呼ばれる、存在に内在する生命を、懐疑と虚無への誘惑に打ち克って、とらえることにある。大論理学において「矛盾」という規定は「本質論」にある実在的対立を示す一つの反省規定であるにすぎず、それはもちろん矛盾律を犯してはいない。最初のカテゴリーである「有」と「無」を見てみよう。両者は矛盾しているのではない。「有」は「無」を内に含んでおり、それが「自分自身の内に持っている否定的なもの」によって必然的に「無」という規定性に進展することを示しているにすぎない。この場合、何かある事物xを前提した上で「xは有り、かつ無い」と言うならば、それはたしかに矛盾している。しかし、大論理学は純粋学であるから、感覚的なものであれ思惟されたものであれ、前提された対象を認めないのである。思惟は対象xに向かうのではなく、自分自身に向かうのである。

思惟が前提された対象に関わることを弁証法は認めないのであるが、この点を理解するには精神現象学の「序論」にある思弁命題 der spekulative Satz の考えが参考になる。実際、学の方法について述べているこの「序論」の後半は、もはや精神現象学の方法論を超えて大論理学の方法の説明になっている。(1)思弁命題とは、絶対知は命題形式（文の形式）「SはPである」では表現できないこと、「概念」によってあるいはより正確には概念の自己関係によって表現されること、このことを強調するものである。われわれは一般に知というものを、主語Sに述語Pが結合される形式すなわち命題で表し、そのSが真であるか偽であるかを判定するものだと考えている（名辞はそれだけでは真でも偽でもない）。ところが、ヘーゲルの「思弁命題」は形而上学的知識に関して――もちろん記述的知識のような思弁命題以外の知を否定するものではない――、命題という形式を否定せよと迫るものである。彼は「神は有である［存在する］」（PhB46）という例を挙げている（神でなくても、りんごでもどんな例でもよい）。普通の思惟（「表象的思惟」）ならば、主語（神）を固定しておいて、それにさまざまの述語（有・無限・永遠・愛など）を付与してゆき、そうして神について多くの知識を得たと考えるであろう。つまり、主語はそのままにして、それと結びつく述語をいわば横並びに探索しようとする。しかし、思惟は実際にはどのように、どの方向に動いているか、そのことを注視すれば、表象的思惟が間違いであることが分かる。「神は有である」と言明すると、思惟は「神」を離れて述語の「有」へ移っており、思惟のなかでは主語（神）は「溶けてなくなっている」（PhB46）。「思惟は主語の内に有していた確固たる対象的基盤を失い」、対象へと向かっていた自分の歩みが「阻止され」、そうして自分自身へ投げ返される（反省する）のを知る（PhB47）。

この「阻止」が純粋学の場を作るのであるが、これはわれわれに困難を強いる。「哲学書は難しいという苦情の大部分はこの不慣れな阻止に原因がある」（PhB47）。しかし主語「神」は単なる名前あるいは感覚的表象にすぎないのであって、思惟はそれから解放され自由にならなければならない。感覚的なものへの歩みを阻止された思惟は自分に戻らざるをえないのであり、「概念が自分の内へ帰って行くことが描き出されねばならない」（PhB48）。この「描き出」しが弁証法なのである。「真なるものは本質的に主体である。主体であるものとして真なるものは弁証法の運動にほかならず、自分自身を生み出して、前に進んでゆき、そして自分に帰ってゆく歩みにほかならない」（PhB48）。

ヘーゲルがカントの形而上学（超越論的論理学）を評価しても、弁証論（特殊形而上学）を高く評価しないのは、このことから理解できる。カントの弁証論は無限なるものについての表象的思惟の誤謬を指摘するだけの消極的なものにすぎないのであって、「自分自身を生み出す」という積極的な側面は持っていないのである。たしかにイェーナ時代やニュルンベルク・ギムナジウム時代という初期には、ヘーゲルは、「規準」の指定に従って、カントの弁証論を授業に取り入れていた。しかし、ヘーゲルは「弁証論」から「弁証法」へと歩を進めるのである。それはどのようにしてなされたか。カントの弁証論は特殊形而上学にのみ関わる。感覚と悟性がとらえ得ぬもの、（悟性と感覚にとって）無限なるもの、理性的なるもの、霊魂・宇宙・神について、それらを表象的思惟によってとらえようとする限り——すなわち霊魂・宇宙・神という超越的な主語にこだわる限り——、その思惟は必然的に矛盾に陥ることを指摘したものである。ヘーゲルはカントのこの弁証論の本質が思弁的命題にあると気づき、命題形式は否定されるものであり、その上で述語自身の運動が始まると考えたのである。しかし、この運動すなわち弁証法は特殊形而上学の対象に限られるものではない。存在に関するすべての規定が自分の内に弁証法的なものすなわち否定的なものを持っているからである。こうしてヘーゲルは一般形而上学（存在論）を構成しうる論理として、弁証法を肯定的にとらえ得たのである。

ヘーゲルに弁証法を述語同士の関係と考えるきっかけを与えたのは、ギリシャの哲学である。彼の弁証法の母型はカントの弁証論ではなく、プラトンのイデア論にある。ヘーゲルは「哲学史講義」のなかでプラトンの『パルメニデス』の「純粋なイデア論」にふれ、プラトンの「弁証法は自己自身の内で自己‐自身を‐思惟する思惟の活動にほかならない」と言う。(2) そして、『ソピステス』はヘーゲルに純粋学の構想と思弁命題の思想を示唆したであろう。ヘーゲルは次のように言う。「経験的に具体的なものは抜きにして、善や真をそれだけでつかまえなければならない。それだけが存在するものなのであるから。」また、「諸規定を述語として持っている主語を考察してはいけない。そうではなく、そのような表象や直観の内で述語として現れ出てくるものをそれだけ取り出して受け取らなければいけない。これが絶対に真なるものなのであるから。(3)」

しかし、ヘーゲルはプラトンのイデア（理念）は思惟の現実態ではないと批判する。プラトンの弁証法は人間の有限な表象を混乱させ分裂させて、真に存在するものへの希望を喚起させるものではあるが、真なるもの、普遍的なものは神話として語られ、ただ表象されるものにとどまっており、したがってその弁証法は消極的なものにとどまっており、積極的なものを見出すに至っていないからである。それに対して、アリストテレスはすでに述べたように「思惟の思惟」という思惟の現実態、ヘーゲルの言う概念の否定性としての弁証法的なものをとらえたのである。ヘーゲルの弁証法はこのアリストテレスの「思惟の思惟」、形相がそれ自身の内容規定を自ら生み出すという思想を受け継いでいるのである。

注

（1） Philosophische Bibliothek. Bd. 414（Neu herausgegeben von Hans‐Friedrich Wessels u. Heinrich Clairmont, Meiner, 1988）の三五ページ以下。引用は PhB と略す。
（2） Vorlesungen über die Geschichte der Philosophie II (Hegel Werke Bd19, Suhrkamp, 1971) S.82
（3） *ibid.74*

二　無限概念の形成

はじめに

ヘーゲルは、大論理学の「緒論（論理学の一般概念）」において、論理学を改革する必要性についておおよそ次のように述べている。

カントは、論理学がアリストテレス以来一歩も前進しなかったのは、それが完全無欠だったからだ、と言うが、二千年にもわたって変わらなかったのであれば、それだけ改革が必要なはずである、なぜなら、その間に「思惟の本質に関して高次の意識が生み出された」（S35）のだから、と。ヘーゲルの言う「高次の意識」とは無限 die Unendlichkeit に関する近代の新たな知識のことである。アリストテレスは可能的無限を思惟することは認めたが、現実的無限の存在は拒否した。それに対して、ヘーゲルは現実的無限、彼の言葉では「真無限」の論理学、すなわち実在する「運動と変化の原理」（W2-454）[1] を捉え得る論理学を作ろうとするのである。無限という概念は魅力的ではあるが、捉えがたいものである。なぜなら、概念であるからにはそれは限定されねばならぬが、無限とはそもそも限定を超えるものであり、概念化からこぼれ落ちるものだからである。概念化され得ぬものをいかにして概念化するか、論理の捉え得ぬものをいかにして論理化するか、ここにヘーゲルの努力が傾注されたのである。

私はヘーゲルの無限概念と近代数学の無限概念との比較、すなわちヘーゲルの無限概念が近代数学から見て意義を持ちうるのか、ということを考えるために、本章の準備を進めていたのだが、むしろヘーゲルにとって、無限は、規定性（カテゴリー）として捉えられる以前に、いわば彼の論理的衝動として、その体系形成において見過ごすことのできぬ役割を果たしていることに気づいた。そこで、数学的無限とヘーゲル哲学との関係を論じることは四の「微分——比例と極限」にまわし、本章では、彼のフランクフルト時代と、特にイェーナ時代の、つまり一七九八年（二十八歳）から一八〇五年（三十五歳）ころ迄の、草稿、論文、著書を対象にして、ヘーゲルの無限概念の形成を論じることにする。ヘーゲルは、一八〇五／〇六年の冬学期からイェーナ大学において「純粋数学」の講義を開始するのであるが、これによって論理的衝動としての無限はカテゴリーとしての形を整えたと思われる。したがって、本章は、それ以前のヘーゲルの思索を対象としており、時期的には、ヘルダリーンとヘーゲルとの思想交流とその別れを主題にした九の「狂気と絶対知」に続くものである。

無限への着目は、明らかにヘルダリーンの方がヘーゲルよりも早かった。ヘルダリーンは無限を「親密性 die Innigkeit」（主観と客観との内的同一性）の概念によって理解しようとする。ヘーゲルは一七九八年以前には無限を論じていないのに対して、ヘルダリーンにはすでに一七九五年に、シラーへの手紙のなかに、「主観と客観との合一は……円の面積を求めるために［長方形を重ねて円周に］接近するように、無限の接近によってのみ可能である」（本書二七一ページ）という表現が見られるのである。ヘルダリーンが無限をこのように極限として捉えていることはきわめて近代的かつ数学的であった。それに対して、ヘーゲルは初めは無限をただ有限者を全体的に包括するものとして理解しているにすぎない。

ヘルダリーンは、この極限としての無限を、三つの概念によって論理化しようとした（九を参照）。まずヒュペーリオンとディオティーマとの愛における「親密性の過剰」（愛における合一と分離との緊張状態）、次にエムペドクレスの悲劇における「親密性の交換」（内面的対立において二つの対立項が直接に同一性へと転換する動き）、そして第三に、近代を時間論的に意味づけた詩論における「親密性の転移」（瞬間における存在から非存在へ直接的に移行する動き）である。結局、ヘルダリーンにとって、無限なるものは、存在から無への転移すなわち亡びの瞬間（極限）において、否定的な姿で現象してくるものとなり、詩人の方はその無限なるものに意識の否定、すなわち意識の非存在（狂気）を通して反復的に触れ得るしかなかったのである。以下に述べるが、ヘーゲルはヘルダリーンのこの論理、無限の現れを直接的転換や移行の内に見る論理を、自らの無限概念にまず取り入れて行くであろう。

ヘーゲルの無限概念の形成を理解するには、次の三つの概念に依拠すべきである。まず全体性 die

Totalitätとしての無限、次に極限 die Grenze としての無限、以上二つは現実的無限であるが、第三に反対者への直接的移行としての無限である。

全体性としての無限とは一と多あるいは全体と部分との同一性を言い、その根底には、生命的な全体像を仮定するロマン主義的な考えがある。極限としての無限は、ある規定性がその限界において他の規定性に転換する（無限定なものになる）事態を指し、ニュートンやライプニッツらの無限小論すなわち微分学に由来する。それらに対して、反対者への直接的移行は現実的無限ではない。それは無限な反復が生み出す可能的無限であり、そこにヘルダリーンの親密性の概念を見ることができる。

私はヘーゲルの無限概念の形成とその完成（完成とは無限をカテゴリーとして規定することであるから、そこにおいて概念化への衝動は終熄する）の過程を、次の三段階に分けて考えていきたい。

1、否定を含まぬ全体性としての無限。ヘーゲルはこの無限を「生命」ないしは「水」と呼ぶ。

2、対立を含みかつその対立同士を直接に（非媒介的に）一致させる否定性としての無限。これは「死」あるいは「夜」と表象される。

3、極限としての無限、及びそれと全体性としての無限との合一としての、真無限。これは「個体（不可分割体）」と呼ばれる。

こうして生命は死を含むことによって個体となるのであり、この個体がヘーゲル哲学の主体である精神となる。個体概念の成立によって無限性の論理的役割は終わり、体系が成立する。

以下で考察するヘーゲルのテクストを予め記しておこう。［　］は通称。執筆年代はシューラー Giesela Schüler（Hegel-Studien Bd.2）及びキマーレ Heinz Kimmerle（Hegel-Studien Bd.4）の推定に従い、その番号を Sch84、Kim15 のように記す。引用箇所は本文中に略称とページ数を W1-248 のように記す。

1 水と生命

1. ［愛］［Die Liebe］一七九八年の秋から冬（Sch84）、G. W. F. Hegel Werke 1. Frühe Schriften（Suhrkamp, 1971）、W1 と略記。
2. ［キリスト教の精神とその運命］［Der Geist des Christentums und sein Schicksal］一七九八年から一七九九年（Sch82）及び一七九九年（Sch89）、W1
3. ［一八〇〇年の体系断片］［Systemfragment von 1800］一八〇〇年九月十四日以前（Sch93）、W1
4. ［キリスト教の実定性（初めの部分の改稿）］［Die Positivität der christlichen Religion. Neufassung des Anfangs］一八〇〇年九月二十四日（Sch95）、W1
5. フィヒテとシェリングの哲学体系の差異 Differenz des Fichteschen und Schellingschen Systems der Philosophie 一八〇一年五月から七月（Kim15）、G. W. F. Hegel Werke 2. Jenaer Schriften 1801-1807（Suhrkamp, 1970）、W2
6. ［バウターヴェークの思弁哲学の初歩］［Bouterweks Anfangsgründe der spekulativen Philosohpie］一八〇一年八月十六日もしくはそれ以前（Kim17）、W2
7. 惑星軌道に関する哲学論文 Dissertatio Philosophica de Orbitis Planetarum 一八〇一年八月二十七日以降一八〇一年十月十八日以前（Kim20）、Übersetzt, eingeleitet und kommentiert von Wolfgang Neuser（VCH, 1986）、VCH

2夜と死

8. 信仰と知 Glauben und Wissen 一八〇二年六月以前（Kim36）、W2
9. 自然法の学問的取り扱い方について Über die wissenschaftlichen Behandlungsarten des Naturrechts 一八〇二年十一月以前（Kim37）、W2
10. ［人倫の体系］［System der Sittlichkeit］一八〇二年冬から一八〇三年初冬（Kim47）、Philosophische Bibliothek Band 144a（Meiner, 1967）、PhB

3個物、意識、精神

11. ［思弁哲学の体系。一八〇三／〇四年冬学期のための自然哲学と精神哲学の講義草稿断片（いわゆるイェーナ体系構想Ⅰ）の内、Ⅲ精神の哲学］［Das System der speculativen Philosophie. Fragmente aus Vorlesungs-manuskripten zur Philosophie der Natur und des Geistes（1803/04）（Jenaer Sysetementwürfe I）III.Philosophie des Geistes］一八〇三年夏から秋（Kim50–66）、G. W. F. Hegel Gesammelte Werke 6（Meiner, 1975）、GW6
12. ［イェーナ論理学、形而上学、自然哲学（イェーナ体系構想Ⅱ）］［Jenenser Logik, Metaphysik, Naturphilosophie (Jenaer Sysetementwürfe II)］一八〇四年夏から〇五年冬（Kim72）、GW7

終わりに

13. ［一八〇五／〇六年冬学期の自然及び精神の哲学のための講義草稿（イェーナ体系構想Ⅲあるいはイェーナ実在哲学）］［Vorlesungsmanuskripten zur Philosophie der Natur und des Geistes von 1805/06（Jenaer Sysetementwürfe

III oder Jenaer Realphilosophie)〕一八〇五年秋から冬（Kim77）、GW8

注

（1）Wは G. W. F. Hegel Werke zwanzig Bänden, Redaktion E. Moldenhauer u. K. M. Michel（Suhrkamp, 1970）の略、2-454はその巻数とページ数を示し、「ヘーゲル二十巻選集」第二巻四五四ページの意である。

1　水と生命――否定を欠く全体性としての無限

ヘーゲルが無限概念を初めて思索の対象にしたのは「差異」論文（上掲5）においてであり、それ以前のフランクフルト時代には無限を概念的に考察することはなかった。例えば、「愛、第二稿」（上掲1）にある「生命のこの富を愛〔恋人たち〕は魂のすべての区別とすべての多様性を交換しながら学び取る。愛〔恋人たち〕は無限の区別を求め、無限の合一を見出す」（W1-248）の文にある「無限」は、単に「切りがない」という通常の意味にすぎない。しかしまた、ヘーゲルは「キリスト教の精神とその運命」（上掲2）を推敲する内に徐々に無限（神）についての言及を増していった。ただし無限なるものはあくまでも哲学の対象ではなく、宗教の対象であり、したがって表象としての無限であった。

「キリスト教の精神とその運命」の内では、無限なるものは三つの表象（客体と生命と憧憬）によって描かれている。第一に、ユダヤ教の精神（律法主義）が捉える限りでの「無限な［超越する］客体」（TW1-283）としての神である。第二に、ヨハネ福音書の「ロゴス」を「無限な生命の木」として捉える、次の文にあるものである。

個別的なもの、制限されたものは、対立の内にあり、死せるものであるが、同時に、それは無限な生命の木の一本の枝でもある。全体は部分の外にあるが、同時に部分は全体であり、それは生きている。（W1-374）

同種の表象は、洗礼者ヨハネの洗礼の儀式について次のように語られる。

自分の精神にまで育て上げた者たち［弟子たち］を水に浸すという、ヨハネの習慣（イエスについてはこのような行動は知られていない）は、意味深く象徴的なものである。溢れる水に身を浸したいという欲求ほど、無限なるものを求め無限なるものの内に流れ込みたいと望むのに似た感情はないだろう。水に入る者はそこに疎遠なものを感じるが、ただちにそれが彼を浸し、身体のあらゆる箇所でそれに触れることになる。彼は世界から離された、世界は彼から離れた。彼は彼が居るところで彼に触れてきて感じられる水と化した。彼はただ彼が水を感じるところにのみ存在するのである。（W1-391）

ではイエスについてはどうか。これが第三の無限である。

現実の［人としての］イエスが聖化され神とされたことによって、宗教を求める［使徒たちの］衝動は満たされた。しかしその衝動は現実においては達成され得ず、それは消しがたく癒しがたい無限の憧憬［の対象］となった。（W1-417）

なぜ達成され得ぬ憧憬となったのか、その原因を、ヘーゲルは使徒たちがイエスを「個体 Individuum」すなわち客体として遇した点に見ている。「個体は彼らといつまでも対立し続け、永遠に彼らの意識の内に消えずに残り、宗教を完全なる生命にすることを妨げている。」（*ibid.*）（「個体」概念は後に新たな意味を担うことになるが、ここでは単に「個人」の意味である。）

超越的な客体としての無限、水や生命によって表象される無限、已みがたい憧憬としての無限、これら三つの無限の内、第二の無限のみが、この時期にヘーゲルが肯定的に捉えていた無限である。それは無限を、部分と全体とが合一するあるいは部分はただ消えてゆくなかでの全体性として、すなわちそれ自体は否定を含まぬ全体性として理解することである。それに対して、無限を、生命としてではなく、意識の内で、到達し得ぬ超越的な客体として捉える、またそれに向かう主体の際限のない憧憬として捉える、第一と第三の無限は、彼の脳裏から排除されている。

フランクフルト時代の最後の年、ヘーゲルにとっては無限なるものの理解がますます大きな課題となってくる。「実定性論文」を改稿する過程で（上掲４）、永らく理解できなかった実定性の根拠が、人間と神とを絶対的に区別する点にあったことに気づき、彼は実定性を解消するためには「有限なるものと無限なるものとの関係の形而上学的考察」（W1-225）が不可避であることに気づく。「形而上学的」とは宗教的と対比される語であり、反省的思考による哲学的考察を意味する。しかし、彼はこの考察を先延ばしにしたのであり、この主題は後に「差異」論文において論じられることになる。そしてほぼ同じ頃、彼は無限を再び生命概念の省察を通して理解しようと試みる。それが「体系断片」（上掲３）である。

この論考では、生命はもはや単に部分と全体との合一としてのみ考えられているのではない。合一している一つ一つのいわば小生命体（有機体）が多数あり、それらが互いに対立していることを考慮すれば、小生命体の「無限の多」（W1-419）を包括するいわば大生命が考えられねばならない。したがって生命は合一と対立とのさらなる合一と考えられねばならない。部分と全体とが合一している一つの全体としての各々の生命が、同じく全体である他の多数の生命との対立の内では部分となり、そうしてそれらが全体と合一しなければならないのである。彼の課題であった「有限なるものと無限なるものとの関係」は「有限なるものから無限なるものへの高揚ではなく……有限なる生命から無限なる生命への高揚」（強調は本書の著者）（W1-421）と理解し直される。前者の高揚では有限と無限が絶対的に分離されているのに対して、後者の高揚は生命から生命への高揚であり、いわば分母を同じくしており、その分母「生命」が真の全体と考えられるに至る。「有限なるものが生命であること、このことによってのみ、それは自らを無限な生命に高める可能性を持っている」ことになる。しかしながら、この時期のヘーゲルにとっては、哲学が反省によって分離を固定するものである限り、「哲学は宗教が始まるときその役割を終えざるを得ない」（W1-422）ものである。

イェーナ時代の「差異論文」（上掲5）においては、無限は「主観と客観との同一性」として捉えられている。同一性とは反省的な表現であるから、「体系断片」では拒否され、「実定性の改稿論文」では先送りにされていた、無限についての哲学的反省的考察が、ここで初めて主題となるのである。問題は、反省の論理がいかにして無限を捉えうるかであって、もはやここに宗教的考察の入る余地はなくなる。そして、宗教ではなく、哲学こそが無限なるものの認識に与るとされるとき、そこには二つの前提がある。一つは、絶対者（無限なるもの）がすでに現実に存在していること、これは宗教でも同じであろう。もう一つは、「意識が全体性の外に歩み出てしまっており、存在と非存在、概念と存在、有限性と無限性、これらが二つに分裂していること」（W2-24）である。この分裂の事態こそ、哲学及び反省に固有の前提であり、「哲学の課題は、この二つの前提を一つにすること、すなわち、存在を非存在の内に――生成として――、分割されたものを絶対者の内に――絶対者の現象として――、有限なものを無限なものの内に――生命として――、措定することにある。」（W2-25）

この課題を遂行する「道具Instrument」が「哲学的反省」である（*ibid.*）。ヘーゲルは反省の働きを二つ考えている。一つは規定する（限定する）こと、これは悟性の本質である。しかし、規定する働きの内には規定されぬものが常に残されており、両者は対立し、したがって規定の働きは、通常の意味における無限、切りがなく、完結しないのである。もう一つの反省の働きは自分自身を対象とすることである。これが理性的な反省である。「反省が自分自身を自分の対象としているとき、理性から反省に与えられそうして反省をして理性となさしめる、反省の最高の法則とは自分を破棄すること［矛盾律］である。」（W2-28）そこで、無限なるものは反省に対してはアンチノミーとして現象してくる、言い換えれば、反省は無限なるものをただアンチノミーとしてのみ把握しうるのである。カントのアンチノミーは現実的無限（定立）と可能的無限（反定立）との対立であるが、ヘーゲルは、反省が無限を捉える際のこの対立を、理性的反省によって矛盾に陥らせ、それを全体性（生命）の内に措定しようとするのである。

バウターヴェークについての短い批評（上掲6）は、それ自体は重要なものではないが、次の文に注目すべきである。

> 絶対者は著者［バウターヴェーク］には次の事柄を指摘する以上の役には立っていない。つまり、実在原理としての意味における絶対者の概念によってわれわれは客観的で完結した geschlossen 全体ないしは総体を考えており、また、理想原理としての意味においては絶対者の概念は超越論的に無限なるものの概念でありかつ決して完結することのない ungeschlossen 諸概念の系列における無限の懐疑の概念でもある。（W2-152）

ヘーゲルはここで二つの無限、つまり、全体性としての無限（完結した全体）と極限としての無限（完結することのない系列）を指摘している。ヘーゲルはバウターヴェークの二元論を批判して絶対者を両者の一致したものとして考えようとしているのだが、この時点では極限としての無限を十分理解しているとは言えない。

この極限としての無限が初めて語られたのは、教授資格論文「惑星軌道論」（上掲7）においてである。一つは、ニュートンの「力の平行四辺形の法則」に関連して、ニュートンが無限に多数の辺を持った正多角形から円の面積を計算しようとすることに対して、彼は「無限と究極の比の概念 notio infini et ultimae rationis」によって多角形そのものを止揚してしまっている、と批判するときである（VCH-85）。もう一つもおそらくニュートンの流率法（微積分）に対する批判と思われるが、「この数学は非通約的なもの incommensurabilius の同一性を無限なるものの概念の下に隠している tego」（VCH-130）という文である。「非通約的なもの」とは、例えば線と面、空間と時間のように、互いに比を構成することができないもののことである。このように次元を異にする二つのものの同一性を問うことは、一つの次元（線）の極限で他の次元（面）へ移行することを問題にすることであるから、この場合の「無限なるもの」は極限の意味で使われている。

2　夜と死――自分自身の直接的反対としての無限

次に一八〇二年ころに書かれた三つの論文を見てみよう。これらに一貫する執筆動機は哲学の方法論の確立にある。それとの関連で、無限は、上述の水や生命で表象される否定を欠いた全体性から、夜や死によって理解される非媒介的な否定性（思惟そのものが持つ否定性）へと変わっている。「信仰と知」（上掲8）は「差異」論文を承けて、「反省哲学」（「主観性の哲学」あるいは「有限なるものの観念論」と呼ばれる）と特徴付けた、カント、フィヒテ、ヤコービの哲学を批判するものである。ヘーゲルは批判の基準を無限の概念に置き、ここで初めて無限の分類を企てている。しかし、彼はまだ真の無限を捉えるに至ってはおらず、無限は有限なるものが死する所、夜としてのみ表象されるのである。

これらの哲学は無限を絶対者とすることによって「かえって」有限との対立から抜け出せない原理となってしまっている。つまり、それらにおいては思惟が無限すなわち絶対者の否定的側面として認識されている。――絶対者の否定的側面とは、対立しているものすなわち有限なるものを純粋に無化することであるが、それは同時に永遠の運動の源泉でもある、あるいは、無限であるとは永遠に自分を無化することであるが、それはそのような有限性の源泉でもある。この無、無限性の漆黒の夜、この真理の誕生の地、秘められた深淵から、

真理は立ち昇ってくるのである。（W2－431）

無限は思惟のことである。それを絶対的なものとなすことによって観念論としての哲学は成立するのであるが、そのことがかえって有限との対立を引き起こす。これが「反省哲学の一般的性格」（W2－332）となる。

ヘーゲルはここで無限を三つの形式にまとめている（W2－352）。

1．真の無限 das wahrhafte Unendliche あるいは絶対理念。有限なものと、無限なもの（有限なものと対立している限りの無限、次に述べる2）、これら二つのものの同一性。

2．有限なものと対立している限りの無限。上述の反省哲学の無限、思惟である。

3．経験的な無限あるいは構想力 Einbildung の無限。

以上三つの無限は＋A－A＝0と表記される。左辺＋A－Aは経験的無限（スピノザの表現では構想力の無限）を意味し、無限なるもの（A）が有限なるものの形式を取って対立の内に現象していることを示す。右辺0は反省的思惟の否定の力を、すなわち「漆黒の夜」を表す。反省哲学は右辺に留まっており、左辺との対立を免れ得ないのである。等号＝が現すものは真無限であるが、ヘーゲルがこの時期にその例として考えていたのはスピノザの「実体」、「ある本性の現実存在の絶対的肯定」、すなわち、「絶対的で、自己同等的で、分割されぬ真の概念であり、それは特殊なものあるいは有限なものをその本質からして同時に包括しており、唯一にして分割され得ぬもの」（W－345）である。このようにヘーゲルはスピノザに倣って真無限を肯定的な全体性と考えている。しかし他方で、無限は反省哲学における否定性とも考えられているのであり、ここに見られる無限性の二つの形式——全体性と否定性、理念と思惟——、その両者の関係が未だ明確になっていないのである。

「信仰と知」から半年ほど後に書かれた「自然法」論文（上掲9）が扱うのは自然法であるが、その主題は「学」がいかにして成り立つか、「学問性」の検討にあるから、無限概念の形成を考えるわれわれにとって逸することのできない重要な視点を与えてくれる。ヘーゲルは「自然法の学的取り扱い方」として「経験的」と「観念的」の二つを挙げる。観念的取り扱い方とはカントの超越論的観念論の方法であり、これこそが学問に不可欠な「絶対否定性すなわち無限性」（W2-437）とされる。こうして「信仰と知」における反省哲学批判はさらに進んで無限性そのものの論理を明らかにするものになってくるのである。

ヘーゲルは、「無限性の本性とその多種多様な変遷を述べることはここでの課題ではない」と断ったうえで、無限性の本質を次のように明らかにする。「ここでの課題ではない」と言明することは逆に、その検討が避けられない課題となったことを意味している。その検討は次の3の「イェーナ論理学」においてなされる。

無限性は運動と変化の原理であるから、その本質は、［自分が］自分自身の非媒介的な反対 das unvermittelte

> Gegenteil seiner selbst であることにほかならない。言い換えれば、無限性は否定的な絶対者であり、形式［規定性］を無視するもの die Abstraktion der Form である、つまり、それが純粋な同一性であることにおいて直接に unmittelbar、純粋な非同一性ないしは絶対的対立であることであり、純粋な観念性であることにおいてやはり直接に、純粋な実在性であることであり、無限なるものであることにおいて絶対的に有限なるものであることであり、無規定なものであることにおいて絶対的に規定されていることであることである。対立するものへ絶対的に移行することが無限性の本質なのである。（W2－454）

反省哲学の思惟は無限性であるが、そのことによって有限なものとの対立に巻き込まれ、それ自身有限なものとなった。その論理自体がここで絶対者の否定的側面として明らかにされているのである。ここにはクザーヌスの「対立物の一致 coincidentia oppositorum」（本章末尾参照）とともにヘルダリーンの「親密性の転移」の影響を見ることができよう。そして「反対」となること、「移行」が、非媒介的に、直接的になされることに、注意しなければならない。媒介の論理に思い至らないというのではない。「直接 unmittelbar」の語には既に「媒介 Mittel」が含まれているのであるから、「非媒介 unvermittelt」という表現は媒介を拒否しようとするヘーゲルの強い意志を示している。媒介や中間者の存在は無限なるものの否定の力を殺いでしまうからである。しかし他方で、無限なるものの直接性は学問そのものの存立を否定してしまう。したがって、思惟には肯定的な内実を、規定性には自己止揚の力を与えねばならないだろう。そのことがヘーゲルの次の課題となる。

無限性の本質である非媒介性は、自然法の領域では、カントの道徳性やフィヒテの合法性と対立する、人間の自由の問題として現れる。自由とは、対立する＋Aと－Aを前にしてどちらを選ぶかという意志の選択の問題ではない。そうではなく、その対立そのものを無視する（捨象する）ことあるいは観念化してしまうこと、つまり、どちらでもないこと（排中律の否定）、＋Aが直接に－Aへ移行する可能性を取り出すことにほかならない。規定性（＋Aと－A）が無限性の下で考えられるとは、つまり自由を問題にするとは、＋Aが措定されればただちに止揚されることを知ることである。ある規定性を捨象していくという行為は際限がないのであって、自由な行為とは、規定性それ自体がそれであって同時にそれでないこと、無限であることを示すことにある。主体の自由は一切の規定を免れ外部からの強制を受けないこと、「否定的に絶対的な無限性、純粋自由」であり、主体の「死」（W2－454）として現象する、とヘーゲルは言うのである。

「人倫の体系」（上掲10）は「自然法」論文でなされた学問的検討を承けて、ヘーゲルが自らの社会哲学を構想した草稿である。無限概念に関しては、無限の本質であった「自分自身の非媒介的な反対」が「相関（比）Verhältnis」における「中間者 die Mitte」の内で存在的に考えられ、また非媒介的反対は規定性の本質であるとして論理の場面で考えられるに至る。つまり、ヘーゲルは社会理論の体系化のために、無限を単に絶対的な否定としてではなく、相関（二者の間の関係）における中間者として捉え、現れてはただちに消えて行くその中間者の展開過程を無限なるものの現象と見なし、その現象の段階的展開を通して人倫の体系化を試みるのである。中間者とは、例えば自然的人倫（家族のこと）を例に取れば、父と母によって生み出された子供のことである。

> 中間者は絶対概念の無限の内に消滅しつつ自己を現す現象にすぎず、形成されると同時に消えてゆく軽いエーテル的な物体であり、［カントやフィヒテのような］主観的知性ではなく、またそれの偶有物でもない。そうではなく、中間者は理性的なものそのものであって、実在するのであるが、その実在性それ自身は観念的であり無限的であって、その存在において直接にその反対、つまり、存在しないものでもあるようなものでなければならない。（PhB－21）

「現象」は「現れと消滅との直接的な接合物 Aneinandergeknüpftsein」とも表現される。そのような中間者は「語ること die Rede」（*ibid.*）の在り方を考えると分かりやすい。語ることは理性的な行為であり、音声として実在するが、現れるや否や消えてゆく、その意味で無限なるものである。無限なるものは、それの現象においては、自らの「他在 das Anderssein」（*ibid.*）（他なる在り方）として捉えられ、そして無限なるものの他在であることが規定性 Bestimmtheit 一般の本質である、言い換えれば、規定性そのものが無限なるものの現象であると考えられるに至るのである。

主観的観念性［知性］は、無限性を多様な在り方から取り出し純化させ、この無限性に統一の形式を与えて、自分の外部にある客観的なものの内では他在として現れている無限性を規定性と結合せしめるのである。
(PhB－40)

或るものの規定性＋Aは他のものの規定性－Aとの区別（比）の内で成立するが、－Aもそれ自体或るものであるから、－Aから見れば＋A自身が他のものである。したがっていかなる規定性も「自分自身の直接的反対」、自分の他者である。無限性は一切の規定性を廃棄する漆黒の夜であるのみならず、規定性自身が自らを廃棄するとされるのである。つまり、規定性は無限なるものとして、存在することにおいて存在しないもの、すなわち、体系のモメントと見なされるのである。

しかし、ここに出てきた中間者は未だ推論（三項論理）の媒辞ではない。あくまでも二項対立、比におけるものである。この比及び規定性の自己否定としての無限性が、次に論理学と形而上学の体系において論理化されてゆくことになる。

3　個物、意識、精神――極限としての無限及び真無限

ヘーゲルは一八〇三年以降、イェーナ大学における講義のなかで「体系」の構築に努める。それらの草稿は年代順に「イェーナ体系構想Ⅰ、Ⅱ、Ⅲ」と呼ばれる。体系構築の過程で無限はそれまでとは異なった意味を担うことになる。体系構想Ⅰ及びⅡにおいて、無限はもはや否定を欠いた全体性ではなく、

また「否定的に絶対的なもの」、観念的にすぎないものでもなく、実在する無限すなわち真無限となる。この真無限は論理的には「個物 Individualität」（不可分割体、分割の極限にあるもの）と表現されているが、真無限がこのように理解されたのは、無限概念が全体性としてのみならず、極限として理解されるに至ったからである。ところが、体系構想Ⅲにおいては無限の語は突然用いられなくなる。代わりに、先に「自分自身の非媒介的反対」であった「中間者」が推論における「媒辞」として実在化され、無限の論理に代わって推論 Schluß の論理が登場することになる。

体系構想Ⅰ（上掲11）は自然哲学と精神哲学からなるが、ここでは精神哲学を中心に考えよう。精神哲学は未完だが、その冒頭（断片15）においてヘーゲルは意識の生成と本質について次のように述べている。

> 意識 Bewußtseyn は単一なものと無限との一如の概念 der Begriff des Einsseyns des Einfachen und der Unendlichkeit である。ところで、精神の内では無限は自分自身に対して für sich selbst 実在している existiren、言い換えれば、無限は真の無限 wahrhaffte Unendlichkeit として実在している。この［真の］無限の内で［その無限と］対立的に措定されているものは両者そのもの［単一的なものと無限］の絶対的な単一性にほかならない。このような精神の概念こそ意識と呼ばれるものである。［意識にとっては］自分に対立的に措定されているもの［対象］さえもこのように単一的で即自的に無限なものであり、つまり、概念なのである。かくて、いず

れのモメントもそれ自身において完全に自分自身の単一的で直接的な反対となっている。(GW6-266)

この文章には無限性が二つ現れていることに注意しなければならない。一つは以前「自分自身の直接的反対」(夜としての無限)といわれ、ここでは「単一なもの」(全体としての無限)に対比されているものである。この否定的な無限を無限Nと呼ぶことにしよう。もう一つは、実在する「真の無限」すなわち意識である。これを無限Wと呼ぼう。意識(無限W)は、無限Nと「単一なもの」との一如である。単一なものという表現はここに初めて現れたものであり、次の体系構想Ⅱにおいて重要な意味を担うことになる。単一なものは、精神哲学の前にある自然哲学では、「エーテル Äther」と呼ばれ、存在の普遍性(われわれの言う「否定を欠く全体性としての無限」)を意味していた。そしてそれと対比して、無限Nは「大地 Erde」と呼ばれ、生成(われわれの言う「非媒介的な反対」としての無限)を意味していた。この両者が一つになって、意識としての無限Wが実在するに至ったのである。ヘーゲルの構想では、自然哲学そのものもまた単一的なものと無限Nとの一如の諸段階を体系的に叙述するものであって、自然においても例えば一匹の犬のように一如である個物が存在するのである。しかし、(人間の)意識は犬とは異なって「自分自身に対して」実在しているものであって、その違いが自然と精神とを分かつのである。この意識は後に精神現象学の主体となる。

意識の「一如」性は何か二つのものの同一性であるのではない。一如とは点であり、分割の極限において現れてくるものである。ここにおいて対立と同一性(との対立)という反省論理は放棄されたのである。意識はコギトあるいは統覚と見なしうるものであり、それの働きを、ヘーゲルは感覚や悟性との関連で次のように述べている。

悟性概念は名辞から戻って来て意識が作り上げた統一にすぎず、それは個別的なものに関係しているだけであって、それゆえそれはある規定された概念であるから、意識の絶対的統一ではない。概念は絶対に「自己に」戻っているものでなければならない。つまり、概念は、例えば、［いくつかの］色の関係であるのではなく、関係が根絶された絶対に無規定な規定性、純粋な関係、無限なるものの有する絶対的な空虚性、理性的であることの有する形式的なもの、統一の単一的で絶対的な抽象的在り方、要するに、点としての反省 die Reflexion als Punkt でなければならない。意識は、このように絶対的に抽象的なものであるから、自己との否定的関係の内で絶対的なものとなっており、すべての規定性を根絶して、全く自己自身と等しくなっている。（GW6-294f.）

色の例が出されているが、悟性概念とは、例えば青が他の色との関係によってのみ規定されるように、他のものとの関係において定義されるものにすぎない。それに対して、意識が絶対的な空虚、点とされるのは、他のものとの関係を根絶しており、関係というならば自己関係としてしか考えられないからである。ヘーゲルはこうして意識を、点すなわち無限分割の極限として理解したのである。

体系構想Ⅱ（上掲12）は一般に「イェーナ論理学、形而上学、自然哲学」と呼ばれる。まず「イェーナ論理学」について述べよう。この草稿には冒頭を含めていくつかの欠損箇所があるが、その構成は[I. 単一な関係]（[A. 質] B. 量、[C. 分量]、D. 無限）、II. 比、III. 比例であったと推測できる（[ ]のタイトルは筆者の推定）。この論理学には二つの無限が存在する。一つは「D. 無限」節において扱われる無限である。いやむしろ、この無限は、質、量、分量というそれ以前の規定性の矛盾を明らかにして、規定性そのものを止揚するものとしての無限、先に述べた否定的な無限Nである、と言うのが正しい。もう一つは、「II. 比」章の最後に推論の主語（実体）、「このもの」、「個物」として現れ、それを承けて「III. 比例」章において「認識する者」と呼ばれる「実在化された無限」、すなわち無限Wである。これが、先には「意識」とされ、次の「形而上学」では「自我」と呼ばれるのである。

ヘーゲルはイェーナ論理学を、後にその構想は放棄されるが、関係の論理学として構想していた。その単一関係は大論理学では「有論」の内容を含み、比は「本質論」に、比例は「概念論」に当たるであろう（その詳細については拙著『ヘーゲル論理学研究序説』を参照されたい）。

ここには三種の関係がある。比（相関）Verhältnis は例えば〈原因〉:〈結果〉のような a : b の二項関係を意味するものであり、比例 Proportion とは a : b = c : d のように二つの比（ヘーゲルの場合、存在の比と思考の比）同士の比のことである。そして最初の単一関係 einfache Beziehung とは規定性のことにほかならず、規定性あるいは規定されたもの a を関係として、すなわち、自己自身への関係、一項関係として表したものである（したがって、einfach は「単純」ではなく「単一」と訳すべきである）。先に「単一的なもの」と呼ばれたものがここ論理学では関係として考えられるに至ったのである。論理学を関係として構想しようとするヘーゲルの脳裡には数学を模範としようとする意図が働いていたのであろう、単一関係は加減算、比は乗除算、比例は累乗算のように。

存在や規定性をそれ自身との関係（単一関係）の内で考えるとは（他者との関係ならば「比」になる）、規定性の内容が明らかになるのは自己の限界において以外にはない、と見ることである。先の「単一なもの」は単に否定を欠く全体性であったが、この単一関係においては、規定性自身の「反省」の本質として、規定性自身の限界すなわち極限の考えが導入されている。規定性はそれの本質の現れである限界において次元を異にする他の規定性に転換するのである。そして、諸規定性の自己止揚は大略次のように述べられる。質はその極限において量となり、量はその極限において分量（質を伴った量として定在するもの、大論理学においては度 Maß と呼ばれる）となる。規定性がこのように自分の反対となることはすでに先に述べた否定性としての無限であるが、ここではそれが非媒介的（直接的）にではなく、極限を通して行われるのである。極限を介して自分の反対となる、量、質、分量（度）という規定性の、その本質を表すものが、四番目の無限のカテゴリーである。

> 単一関係は次のようにして分量の内で実現される。単一関係の概念をなすところの質は限界であり、限界であるから「他の」諸規定性を排除するのだが、「すべての」［という量の最後のカテゴリー］においてその反対になった、つまり諸規定性と関係することになった。そして、その反対のものから自分自身［単一なもの］に戻って全体性となり、全体性として分量につまり限界の下で「すべて「のもの」」を集約するものになっている。

分量は一と多との関係だが、同時にその関係は（関係しないものを排除することによって）一と多との非関係にも関係している。ここ分量の内にこそ、絶対矛盾すなわち無限があり、かくしてここで単一関係が真に実現されているのである。……単一関係はその本質において矛盾していること、このことがいま単一関係が行った自己自身への反省の結果、絶対的に弁証法的な本質として、無限として、措定されたのである。……規定性の本質は自分を絶対的に［無限に］止揚する［自己否定する］こと、規定性は存在することにおいて存在せず、存在しないことにおいて存在する、という矛盾としてある。（GW7－29）

さて、このように単一関係（規定性）が無限となるつまり自己矛盾に陥ると、規定性は崩壊し、それを構成していた二つのものの比となる。比の両項はともに無限なものつまり観念的なものであって、それの真理は、両項にではなく、比という関係の内にのみある。そうして比の最後の「推論」において、真無限、実在する無限が、次のように、推論の主辞（小名辞、第一実体）として現れるのである。

このもの dieses（個物 das individuelle とも呼ばれる）として無限に規定されているものである主辞、これが現実の内に歩み出てくる。それだけではない、現実的なもの［存在するもの］それ自体が普遍的なものとして歩み出てきたのである。このものとしての現実的なもの［意識］はそれに対立しているものに規定性を通して端的に関係するところの否定的統一である。……推論の主辞は……否定的な一として、即かつ対自的に見て絶対的に規定されているものとして存在している、言い換えれば、それの規定性において絶対的であり、多くのしかも無限に多くの規定性の統一である。（GW7－97f.）

次の「イェーナ形而上学」の主題は、この真無限が「精神 Geist」としていかにして生成するか、を明らかにすることにある。「形而上学」の冒頭に次の文がある。

論理学は、比が終了し、比の両項が独立してばらばらになったところで、終わる。つまり、自己自身への反省である認識者 das Erkennen［意識］が自分自身を自分の最初のモメントとすることによって、論理学は終わるのである。この［対象としての］モメントは、認識者の外部に受動的に独立して存在しており、自己自身への反省が展開するもう一つのモメントであり、認識者自身でもある認識者の他者 das Andere であって、こうして認識者は自分自身でもある他者へ関係することになる。（GW7－126）

形而上学は論理学と異なって、内容を持つものであり、その内容が他者であって、他者を自分自身として認識することが精神であることにほかならない。

形而上学は、精神の生成を、理念としての精神の生成を語るものである。精神は絶対的な精神として存在し、ている。つまり、［対象である］他者を自分自身として措定して、［そこから］自分に戻ってくる無限である。（GW7－177）

この「他者」はどのようなものであろうか。精神は、意識にとっては単に「外部に受動的に対立している」だけであった他者を、自分自身として理解するのであり、他者を無限なるもの（自己否定するもの）と知ることなのである。このように他者を理解するとき、精神は「自分自身を概念把握しているbegreifen。概念把握とは自分を他者と関係しているものとして措定することであるから。」（GW7－173）

では、精神はどのようにして他者の内に自己を直観（概念把握）するのか。

精神は他者を他者そのものとして見出す。絶対的な他者［他者の他者、他者であることを止揚する他者］として、自己を止揚するものとして、つまりは、自己自身として見出す。言い換えれば、精神は単に自己を自己として直観するだけではない。他者をもまた、他者そのものとして、自己［精神］であるものとして直観するのである。精神は自己に等しく、かつ他者に等しい。（*ibid.*）

以前「自分自身の直接的反対」と呼ばれた否定的な無限性が、ここでは「他者」と呼ばれ、精神は他者を措定しつつ、その他者が無限であるがゆえに、それが精神の自己であることを直観するのである。このように精神の自己直観は客観をも知る知的直観となるであろうが、ヘーゲルはそれを「概念把握」と呼ぶのである。分割の無限可能性（可能的無限）を否定して分割の極限として取り出された不可分割体、「このもの」、すなわち意識は、他者を含むことによって、全体性としての無限すなわち精神となったのである。こうして極限として無限と全体性としての無限が合一し、真無限が現れてくる。

この真無限は「絶対者」とも呼ばれる。それは他者を自分自身として直観するものであるのだから、再び「自分を認識するためには、あるいは、自分の他者から出て自分となるために、他者を必要とする。この他者が自然である。」（GW7-177）こうして成立した絶対者は、真の絶対者となるために、自然を自らの他者として措定して、自然の内に再び自己を直観する必要がある。その直観の内容が次の自然哲学となる。

「イェーナ自然哲学」はⅠ．太陽系、Ⅱ．地球系、そしてⅢ．有機体の三部から構成されるはずであったが、Ⅲは書かれなかった。自然とはヘーゲルによれば、精神が自ら他者となったものであるから、「捕らわれている befangen 精神」（GW7-179）と呼ばれる。自然哲学は、精神がこの捕らわれから解放される過程、自分の他者（自然）すなわち無限性の内で自分を絶対精神として再び見出す過程、を展開するものである。自然を構成する質料は「エーテル」と呼ばれ、「エーテルは自分を自己同等的なものと無限なものとの統一として認識する」（GW7-190）ものである。「無限なもの」は時間であり、「自己同等的なもの」（先に「単一なもの」と呼ばれたもの）が空間である。

無限なもの〔時間〕は、自己同等的なものに対立するモメントであるから、否定的なもの〔差異を有するもの〕であって、それの有する諸モメント（無限なものはそれ自身に即して全体性を展開するものであるからいくつかのモメントを持っている）の内で、排除するもの、点、あるいは限界である。（GW7-194）

時間のモメントとは過去、現在、未来という時間の様相のことであり、時間はこれらを含む全体性としての無限なのではあるが、しかし自己同等性と対立するとされる限り、自己自身の直接的反対としての無限であり、限界として、つまり、「今 Jetzt」（*ibid.*）としてのみ存在するのである。ヘーゲルはこの瞬間としての「今」を起点にして、今の否定（非存在への意志）として未来を、次にその未来の否定（非存在の否定すなわち存在の固着）として過去を導き出している。さらに、過去においては時間が止まっているのだから、それは「麻痺した時間」（GW7-197）であり、したがって時間の無限性は自己同等的なものすなわち空間に移行する、このように時間のモメントを展開することによって、時間から空間を導き出している。この体系構想Ⅱに見られる「時間-空間論」は次の体系構想Ⅲでは逆転して、空間から時間が導き出されることになる。この転換はおそらく無限概念の変質によってもたらされたものである。この点については、精神哲学における無限概念の変化を見ることによって何らかの示唆が与えられるであろう。

終わりに――無限概念から推論へ

最後に、体系構想Ⅲ（上掲13）の精神哲学を見てみよう。まず著しく目に付くことは、体系構想Ⅲでは無限の語が激減していることである。無限はその論理的役割を終えたと考えざるを得ない。そこで精神哲学の二つの体系、体系構想Ⅰと体系構想Ⅲについて、両者の無限概念の違いを考えてみよう。両者が比較可能なのは「相互承認」すなわち自然状態の克服によって社会状態が生成することを論じている箇所である。

先に体系構想Ｉの精神哲学において「意識」すなわち極限としての無限が考えられていたことを述べた。この意識同士の関係が承認であるが、承認には矛盾が含まれている。承認とは他者に対して自分を全体性として認めさせることであり、そのためには、自分の生命（全体性）を賭け、他者の死（全体性の否定）を目指して戦わざるを得ない。そのとき、「私が自分を個別性の全体性として措定するならば、私は自分自身を個別性の全体性としては廃棄するに至る。」（GW6－310）したがって「死」はもはや「自然法論文」のように単に自分の死を言うのではなく、ここでは他者の死をも目指すものとなり、闘いがより実在的に考えられている。また「人倫の体系」で二者を結合するものと考えられた「中間者」（言語）はその観念性が強調され、言語による社会契約は実在的な承認とはならないとされる（*ibid.*）。にもかかわらず、体系構想Ｉにおける承認論は未だ不十分である。承認が、ルソーのように、個別性の「犠牲」あるいは「断念」によって可能だとされるにすぎないからである。

個別的な全体性は、それがそのものとして自分を保持し存在しようとするとき、自分自身を絶対的に犠牲にし自分を廃棄し、それによって自分が目指していることと反対のことを行っているのだということを反省する。……自分を断念した全体性として存在する意識のこの存在は、自分を断念したというまさにその点において、自分を他者の内に直観し、直接にそれ自身の反対、対自的に他の意識として存在することになる。（GW6－

312f.)

ここには、未だ自己自身の直接的反対としての無限が残っている。

個別性は絶対的な個別性であり、無限性であり、自分自身〔個別的であること〕の直接的な反対すなわち精神の本質である。このことは単一的な仕方で無限性を自分の内に持つことであり、このために反対項はただちに廃棄されている。（GW6－313）

ところが、二年後に書かれた体系構想Ⅲでは、承認は個人の「犠牲」や「断念」によってなされるのではなく、自立した（観念的でなく、実在的な）個人の間の推論によってなされる。

〔承認の〕運動は、自分を他者の内に知り、それによって他者の自己否定を直観するという肯定的なもので始まっているのではなく、反対に、自分を他者の内で知ることなく、むしろ彼のつまり他者の対自存在を他者の内に見ることをもって始まる。それゆえ推論は両極の対自存在の自立性から始まる。（GW8－218）

単に「自分を他者の内に知る」こととは、例えば性愛におけるような幸福な合一の体験であろう。また「他者の自己否定」とは上述のように個別性を犠牲に供する「断念」のことであろう。それに対して、ここではもはや他者は観念的なものではない、自己をそこに直観しうるような非自立的な存在ではない。そうではなく、個人は互いに自立した対自存在として対決する。したがって両者の承認の運動は、後に精神現象学で描かれるように、「生死を賭けた闘い」（GW8－221）となるのである。この対自存在同士の関係すなわち推論の一般的構造についてはこの断片の「知性」の章に書かれている。

［対立する］二つのものはそれぞれが自分とは異なるものであることにおいて、それら二つのものを関係づける中間者［を措定するもの］でもある。両者の推論が措定されている。つまり、両者は対立する限り、第三者の内で一つとなるのである。（GW8－199）

理性は無限性の内にある推論である。つまり、推論とは自分を二つの極に分割するものであり、両極はそれが存在することにおいて直接にまた他の極を自分の即自として持つものなのである。（GW8－200）

こうして自分自身の直接的反対としての無限の概念は論理化され、推論における中間者ないしは第三者として実在的なものとなり、無限の論理は推論の論理に取って代わられるのである。

三　存在のはかなさ――有論

はじめに

本章では、大論理学第一巻「有論」を正確にそして簡潔に描いてみよう。大論理学は「有論」「本質論」「概念論」の三巻からなる。ヘーゲルは一般に「存在」と呼ばれているものを有 Sein と本質 Wesen の二つに分ける。有《う》とはそれが存在することの根拠を持たずにただ在るもの、直接的な存在をいう。それに対して、本質論で扱われる存在は、媒介されて在るもの、根拠が現象したものとして在るもののことである。その根拠が本質と呼ばれるのであり、本質は「否定的なものを自分の外部に持っているのではなく、自分自身の内に持つ、すなわち、絶対的否定性〔自己へ関係する否定性〕を持つものである」(S'272)。「否定的なものを自分の外部に持っている」ものとは有のことであり、有は否定的なもの（自己）を外部（他者）に求めることによって自己を見失い、悪無限 die schlechte Unendlichkeit（無限定と無際限）に陥ってしまう。それに対して、本質は否定性を「自分自身の内に持つ」すなわち自己否定的（絶対的否定）であるから、自らの内で自分との対立（実在的対立としての矛盾）に陥るのである。有論においては、存在の否定性が自己から他者への移行として働くのであり、そこでは無限（悪無限）の論理が展開される。一方本質論においては、否定性は自己と他者（自己である他者）との相関、媒介として働き、対立（相関）の論理に従う。したがって有論を扱うここでは、まず移行という否定性が何であるかを明らかにしなければならない。

私は「世界の存在のはかなさ die Nichitigkeit des Seins der Welt」（エンチュクロペディー§50注）というヘーゲルの言葉に注目したい。この語が彼の存在論の鍵であると考えるからである。われわれの誰一人としてこの言葉を認めない者はいないであろう。生命あるものは死ぬ、美しい花もいつかはきっと萎む。しかし、死とは生命を外部から襲う否定の力ではない。生きるとは死に向かって生きることであり、死を含まない生はありえない。したがって、存在のはかなさ（死）とは存在（生命）自身が内包している否定的なもののことである。

存在の無常感は、超越的なもの、絶対的なものへの憧憬を生む。存在の虚しさに耐えきれず、われわれはかすかな希望を世界の存在を超えた彼岸の国に投影するのである。あるいは、彼岸という欺瞞を良しとしないのであれば、世界の存在の無意味さにも耐えうる心を養わねばならないだろう。あるいは、世界の存在の悪意を人類の行為の疎外の結果と見なし、世界を変革しようとすることもあるだろう。

しかしヘーゲルは違った。彼は存在のはかなさを概念的に理解しようとした。概念的に理解するとは、存在の持つ否定性を概念（言葉）によって思惟しうるものとなすことである。そこで、思惟とは何か、概念とは何か、特にそれは言葉とどう違うのであるか、を考えなければならない。しかしその前に、存在のはかなさについて、ヘーゲルが二つの意味をこめていることを、指摘しておきたい。

ヘーゲルにとって存在のはかなさとは、第一に、世界の存在すなわち有限な存在は支えるものなく流れ去る（移行する）虚しいものにすぎないということである。川に打たれたいかなる杭も水の流れを留めることはできないのである。しかし第二に、存在のはかなさは神の現れ（啓示）の場であり、ここ以外に神の存在する場はない。キリスト教の神というものを、私は宗教として十分に理解する能力を持っていない。しかしヘーゲルにとってもまた、神はもはや宗教的な表象としてとらえられるものではなくなっている。彼は神を、表象としてではなく、精神としてあるいは論理学においては概念としてとらえているのである。神が表象でないのであれば、われわれの前に直接に姿を現さないのであれば、神は隠れつつ（姿を見せずに）現れるしかない。神は、存在のはかなさの内に、否定的にのみ自らを現すのである。有限な存在の絢爛と多彩ははかなさの纏う衣裳であるが、それは神の与える「善意」であり、そしてそのめまぐるしい変化のなかで存在が没落してゆくこともまた、同じ神の下す「審判」である。

有自身は神の否定性を知らない。有は無常であり、果てしない変化に翻弄されるのであり、その果てしなさつまり悪無限の内に、神は隠れつつ働いている。悪無限は存在のはかなさと神の隠れた働きとが切り結ぶところである。したがって、有論の三つの章（質、量、度）を解釈するとは、悪無限の三つの姿を理解することにほかならない。

ところで私には、「存在のはかなさ」は、ヘーゲルのように、変化と悪無限としてのみ描かれるものとは思われない。その変化はまた有が無となり、無が有となる瞬間として、悪無限は存在の悲しみとして、描くこともできるであろう。存在のはかなさを瞬間と悲しみとしてとらえたのはヘルダリーンである。二人の違いは、有論冒頭の、有—無—成の弁証法に即して明らかにすることができるであろう。

私は「一　形而上学と弁証法」において、ヘーゲル論理学は形而上学（存在論）であり、存在論としての論理学は言葉（概念）のみを対象とし、思惟の思惟という場（純粋学）において成立するものであること、そしてその方法が弁証法であることを述べた。私が強調したかったのは、ヘーゲル弁証法は、一般に考えられているように実在物の矛盾を指摘するものではない、ということである。ヘーゲル弁証法は純粋学としての存在論に固有の方法であり、実在物ではなく言葉（概念）を対象とする思惟の思惟においてこそ働くのである。そこで、ヘーゲルにおいて言葉あるいは概念とは何か、また思惟とは何かについてここで補足しておこう。

ヘーゲルは純粋学を「影の国」と表現している。影の国とは感性的なもの（空間と時間も感性の形式である）を排除する領域である。シラーの詩「理想と人生 das Ideal und das Leben」（一七九五年）のなかで「影の国 Schattenlande」と言われるのはイデアの国である。では、形と色を持たない純粋思惟の世界には何も存在しないのか。そうではない。影の国には言葉 Sprache が存在する。言葉はまず表象 Vorstellung である。表象は普遍化（抽象化）の力を持っている。その力は庭に咲く可憐な花を「青い」と形容し「朝顔」と呼ぶことである。表象は存在の個別性ではなく、普遍性をとらえるのであり、そのことによって、時間と空間を超えて存在をとらえることができる。かつてかしこにあった存在、あるいはいつかどこかにあるであろう存在をも、今ここにあるかのように存在せしめる力を、表象は持っている。

ヘーゲルの考えでは、表象によって普遍性をとらえるものは宗教である。それは絶対者を「神」や「イエス」と名づけ表象する。しかし、表象によってとらえられた絶対者は対象の形式をとらざるをえないのであり、神は世界のはるか彼方にわれわれの到達しえぬ対象として表象される。また、イエスの死と復活は遠い過去のこととして、彼とわれわれとの和解は遠い将来として、表象されるのである。ヘーゲルは、宗教（キリスト教）と哲学は同じ内容を扱うのであるが、宗教は哲学がなくても成立するが、哲学は宗教なしには成立しない、と言う。彼にとって哲学の内容はキリスト教から借りてきたものである。しかし、宗教の形式が表象であるのに対して、哲学は概念としての言葉において真理を明らかにする。純粋学としての存在論は言葉を地盤とするが、その言葉は表象の持つ対象性にとらわれることはないのである。では、対象を持たない言葉とは何であろうか。言葉とは、たしかに自分とは異なる事柄や対象について語るものである（名指しの言語）。しかしその際、言葉が対象について何かを語っているとき、あるいは語ることを通して、言葉は語っている言葉自身について語っていることを見逃してはならない。さもなければ、言葉は交通信号のような単なる記号になってしまうであろう。目はものを見るものであるが、何も見ていない目がある。ボッティチェッリのヴィーナスは何も見ていない。何も見ていないことによって、ヴィーナスの内面が現れ出てくる。肖像写真の人物の目は何も見ていない。何も見ないことによって、その人の人となりが映し出されるのである。言葉も何も名指さないことによって、その内面が、概念が、自己反省としての言葉の側面が現れ出てくるのである。

自己反省あるいは自己経験という働きを持つ言葉を、ヘーゲルは、表象としての言葉とは区別して、概念der Begriffと呼ぶ。概念は後に第三巻概念論において、自らを普遍と特殊と個別とに分け、それらの関係を展開しつつ、それらとの同一性を保っている具体的普遍（理念と呼ばれる）として、明らかにされる。しかしその前に、概念は、有論では有の規定性として、本質論では本質内部において対立する二つの規定の関係として定在しているのである。概念は、自らとなる前に、存在のはかなさの内に現れ、存在するものの限界と欠陥を明らかにする、概念が有するこの否定的な働きが弁証法と呼ばれるのである。

同じことは思惟についても言える。「思惟の思惟」というヘーゲルの表現は決して分かりやすいものではない。思惟とは普通自分とは異なったものを考えることであり、自己を思惟するものではない。しかし、思惟が何かを考えているとき、それの対象とともに、そこには同時に思惟の活動の形式が現出しているはずである。それゆえ、思惟が対象を考えることの内にすでに思惟自身の活動が関与していることを認めれば、思惟が自らの活動を思惟するという事態が認められるであろう。このことこそ近代哲学の原理にほかならないのである。

ものを考えるとき、ものが何らかの形で考えること自身に含まれているとは、思惟が（あるいは意識や精神と言ってもよい）、ものを認識する場に常にすでに居合わせていてdabei sein、もの（対象）の存在に深く関わっていることを意味している。このように思惟が認識の場に居合わせることの確認こそ、近代哲学を生んだ原理である。この原理は経験die Erfahrungと呼ばれる。ヘーゲルの精神現象学はそのような「意識の経験」を叙述したものであるが、彼は経験の原理がルターから始まったと考える。ルターは真理（神）を対象としてではなく、人間の心の内部へと移し入れたのであり、神は表象から人間の経験の内に移されたのである。この経験は近代哲学に共通している。デカルトの方法的懐疑は意識が真理を形成する場に居合わせていることの実験であり、コギト（我思う）は、その実験から導き出された「我」が存在の場に居合わせていることの直観を表現したものである。経験はまた感性的経験にも当てはまり、ロックの経験experienceは外部知覚と内省について、意識が存在に居合わせていることの確認である。カントの超越論的統覚もすべての認識に私（意識一般）が居合わせていることの発見である。

　ヘーゲルがアリストテレスの存在論を高く評価することは前々章において述べた。アリストテレスが真理を客観的に存在するものと考え、存在と思惟との一致を存在論の基盤としたからである。「思惟の思惟」という表現もまたアリストテレスから借りたものである。しかし、アリストテレスの「思惟の思惟」は思惟に先立ってすでに存在している最も優れた理性的なものを思惟することであって、思惟が自らを思惟することではない。そこには、広く経験という側面、思惟が存在の場に居合わせること、思惟の自己媒介の契機が欠けている。ヘーゲルは思惟の思惟を経験として、思惟の自己反省として考えているのであり、それは、思惟が表象から「自分自身へと戻るzu sich selbst kommen」ことによって初めて可能になるのである。思惟の思惟とは思惟の自己還帰の運動にほかならない。

ヘーゲル存在論は、概念としての言葉の内にある思惟（思惟の規定性）が同時に自己反省するものであり、思惟が自らについての思惟であることによって成立する。そのことは存在の側からいえば、「存在をただ存在として研究する」ものである存在論は、存在を活動するものとして描くこと、存在の自己運動を叙述すること、存在自身が自らについて語ることにほかならない。存在論 Ontologie は、詞華集 Anthologie が詩の花の集成 antho-logia であるように、さまざまの存在の集成 Onto-logia であり、しかも存在は、認識の対象としてではなく、常に運動の主体として受け取られねばならないのである。言うならば、大論理学は存在を旅する思惟（概念）の旅の記録である。

1　区分論と始原論

ヘーゲルは「緒論」の最後で論理学の区分について論じている。しかし、区分 Einteilung という語は、全体がすでに目の前にあって、まるで西瓜を真二つに割るように、部分に分割すること、を予想させるから、全体は運動の結果として初めて現れてくると考えるヘーゲルにとっては、適切な表現とは言えない。それゆえ、彼は学の区分を「暫定的」と見なすのであるが、それは後に修正され変更されうるという意味ではない。区分は、目次と同じく、あくまでも読者に対する便宜にすぎない。存在が自らを展開するというヘーゲル存在論は、すでに目の前にある存在を分類するものではない。存在が自らを展開してゆく様子を、いわば系統的な発生を叙述するものである。周りの食べ物をむさぼり食う芋虫（有）が、内に閉じこもる蛹（本質）を経て、空を自由に舞う蝶（概念）になるように。

存在論を構成するモメントは存在と思惟（概念）の二つである。そこで全体は「存在の論理学」と「思惟の論理学」に、あるいは「存在としての概念の論理学」と「概念としての概念の論理学」に二分される。前者は「客観的論理学」、後者は「主観的論理学」とも呼ばれる。これまでの存在論が扱ってきたカテゴリーや反省規定は「客観的論理学」で論じられる。ヘーゲルは、存在 ens が有と本質という二つの意味を持つと考えるので、客観的論理学はさらに有論と本質論に二分される。思惟の論理学（第三巻概念論）は、概念（思惟）がその客観的な在り方から自己に戻ってきて、自らを主体的に自由に展開するものである。そこで叙述されるのは、ヘーゲルの体系書エンチュクロペディー（論理学—自然哲学—精神哲学）で詳述される内容を先取りした見取り図である。

有論の初めに「学は何から始まらねばならないか」という文章（一般に「始原論」と呼ばれる）が置かれている。このような問いが立てられねばならず、始まりについて反省がなされるのは、近代に特有のことだ、とヘーゲルは考える。先に述べたように、近代哲学は経験すなわち主体が事象に居合わせることを原理とするからである。始まりには原理としての始まり principium と、人間の意志としての始まり initium の二つの場合がある。古代や中世の哲学ならば、内容そのものから、原理としての始まりから出発すればよいであろう。しかし、居合わせることが真理の条件であるならば、始まりは客観的原理ではなく、思惟にとっての初め、経験としての始まりでなければならない。そのような反省が始原への問いを立てさせたのである。あえて思惟の始まりを問うということは、原理は永遠に残るのに対して、思惟の始まりは乗り越えられ、終わることの始まりであることを知っているからであり、したがって思惟された存在の始まりは、手つかずの永遠不変の始原ではなく、ただちに変化と運動に組み込まれてゆくのである。

存在の始原は何かと、表象的に問うならば、それは、水、空気、混沌、神などと答えることができよう。しかし、存在の始まりを概念的に問うならば、それはただ「直接的なもの das Unmittelbare」としか答えようがない。ヘーゲルの思惟は対象の内に自己を再発見して自己へ帰りゆく過程をたどるものであるから、「円」を描くものである。思惟が円の内を動くものであるならば、それはどこから始めてもよい。しかしどこから始まろうとも、それは始まりであるのだから、直接的なものである。そして、存在論においてはその始まりは存在の始まり、「純有［ただ在る］das reine Sein」としか名づけようがないのである。

ヘーゲルは、始まりが有であることの根拠を、初版では、精神現象学と大論理学とを連続させたから、精神現象学の成果である「絶対知」の内に求めた。絶対知は自己についての知であり、有と同じく直接的なものであるからである。それに対して、第二版では、精神現象学を大論理学に始まる体系の外部に位置させたので、始まりの根拠を端的に純粋学を始めようとする思惟の意志に求めている。意志もまた自ら働き出すもの、直接的なものであるからである。

2 有—無—成

第一章「有」の冒頭にある「A.有、B.無、C.成」論はさまざまの解釈が出されしかも厳しい批判にさらされてきた箇所である。私も機会を与えられ拙文を書いたり発表してきたので、ここでは詳しくは書かない[1]。有と無との同一及びそれらの真理である生成（成）の記述は最も単純であるがゆえに、その特徴が如実に現れているヘーゲル弁証法の典型である。

ヘーゲルは、有と無とは同じものである、と言う。もし、この有と無とが、実在物について、それの有ることと無いことは同じである、という意味ならば、例えば、このリンゴは有りかつ無い、と言うならば、この言明はあまりにも理不尽であり、明らかにわれわれの認識に反している。しかし、純粋学は思惟についての思惟であり、存在するのは思惟である。その思惟は始まりに有るのだから、「規定されていない直接的なもの」であり、ただ「自己と等しいもの」である。自己に等しいものは空虚であり、何を思惟しているのかと問えば、思惟されるものはまだ無いのであって、思惟は無を思惟しているとしか言えない。したがって、有は無である。

ここまでの道筋、有である純粋思惟が無であること、これは論理的に無理ではない。純粋思惟はいわば無念無想の境地にある。無念無想とは思惟の活動が止んでいることではない。それは無を思惟しているのである。したがって無もまた思惟の内に有る。それゆえ、無は有である。

有と無とが同じであると思惟するのはもちろん純粋思惟である。ただし、有と無は思惟の対象であるのではない。思惟は自己を思惟する直接的なものとして存在している、すなわち有である。思惟が自己の存在について反省することが、思惟が有について思惟していることを明らかにするのである。それはそれ自身が直接的な思惟であることにおいて、直接的なものについての思惟となる。それ自身有であるところの思惟が、有は無である、自分は無である、と知るのである。この思惟の自覚は、ある規定された概念（ここでは「有」）はそれ自身の内にその反対（無）を含まざるをえないことの認識である。自らの内にその反対を含んでいること、これが概念の持つ否定性にほかならない。そしてまた、第二にその無が有であるということは、有という概念は自分の反対（無）の内で自分であることを意味しており、これが概念の持つ同一性である。

以上が「A.有」と「B.無」のテクストの要約である。重要なことは、有とは何か、無とは何か、ということではない。有と無とが同じでありながら区別される、この「同じ」と「区別」は何によって可能か、この点を見失ってはならない（ここにすでに二つの反省概念が現れている）。同じであるならば区別される必要はなく、区別されるならば同じであることはない。同一でありつつ区別されるということが意味を持つのは、有と無とはそれぞれ独立に存在するものではなく、有と無との同一と区別を担うものが有と無とは別にあって、有と無はそれの単なるモメントにすぎないという場合のみである。

ヘーゲル存在論の始まりは有でも無でもない。有と無に意味を与えるもの、成（生成）Werden が存在するものとしての真実の始まりである。有論は、存在が生成するもの、移ろいゆくもの、その意味ではかなきもの、無限（定めなきもの）であることを叙述するのである。有と無は成から論理的に分析されたものにすぎず、存在しているのは生成あるいは変化の運動である。そこで、「C．成　1．有と無との統一」を引用して、成の意味を考えよう。

> それゆえ純粋な有と純粋な無とは同じものである。真理であるものは、有でも無でもなく、有が無へ、無が有へ――移りゆくのではなく［――］、移り行ってしまっていることにある。しかし同様に、真理は両者が区別されていないことではなく、両者が同じものでないこと、両者が絶対に区別されてはいるが、しかし同様に［分離されておらず、分離されえず］、直接にその各々が自分の反対のものの内で消滅していることである。それゆえ、両者の真理は、一方が他方の内で直接に消滅するというこの動き、すなわち成である。それは、両者がそこにおいて区別される動きであるが、しかしその区別は同様に直接に解消されてもいる。（斜字体は第二版の付加）（S72）

このテクストについて私は解釈したことがあるので、ここではただ次のことを指摘するにとどめる。「有が無へ、無が有へ――移りゆくのではなく［――］、移り行ってしまっている」とは何を意味するのか。なぜヘーゲルは、「移りゆく übergeht」という語を嫌って、その完了形である「移り行ってしまっている übergegangen ist」と言い換えるのであろうか。私はこの語に、存在論としての大論理学から時間を排除しようとするヘーゲルの強い意志を感じる。私は、ヘーゲルが「絶対知」を生成させるために精神現象学の最後で「時を抹殺」させていることを、後の「九狂気と絶対知」において論じよう。時を抹殺した結果、大論理学は創造以前の永遠の神の語りとなり、感覚（時間もまた感性の形式である）を持たない影の国となるのである。けれども、絶対知の成立は意識と精神の経験（時間的発展）を通して可能になったのであって、経験、居合わせていることが絶対知成立の条件であるはずである。この「移り行ってしまっている」という表現も時間の排除を目指しているに違いないが、この完了形による時間の排除の試みは、かえって時間の滞りを生み、そこに存在としての淀み（ist によって表現されている）が現れている。ヘーゲルは成の運動を消して、概念に「定在 Dasein」を与えようとしているのである。

しかし、成を「移り行ってしまっている」ことととして無時間的にとらえることができるだろうか。そのことは、成の内容をとらえる次の文から明らかになる。ヘーゲルは、成は具体的には二つの規定された在り方の内にある、と言う。

　一方の規定においては、無が直接的なものである、すなわち、その規定は無から始まり、その無は有に関係する、すなわち、有に移りゆく。もう一つの規定においては、有が直接的なものである、つまり、その規定は有から始まり、無に移りゆく。――前者が生起 Entstehen であり、後者が消滅 Vergehen である。（S99）

万物は生じては滅する。成とはこの生滅《しょうめつ》のことである。朝になる（朝が生じる）ことは、朝はなかった、しかし今は朝がある、ということであり、夜ではなくなった（夜が滅する）とは、夜はあった、しかし今はない、ということである。両者は同じ事態を言っている。生《しょう》と滅は、過去と現在を対照させ、生《しょう》は現在においてものの有を語ることであり、滅は現在においてものの無を語ることである。いずれにおいても時間を取り払うならば、生滅の概念は意味をなさない。冒頭にある議論のように、有と無の同一と区別との同一から成を導き出すことは、「移り行ってしまっている」として時間を消すこともあるいは可能かもしれない。しかし、生《しょう》と滅は時間を抜きにして考えることは不可能である。

有と無は同一でありながら区別されている、あるいは、有と無は分離されておらず分離されえない、ヘーゲルの言うこの始原の事態は、成とは異なった仕方でとらえられることも可能ではないか。つまり、始原を、有から無へのまた無から有への移りゆきあるいは移り行ってしまっていることとしてではなく、有にして無であること、在るとともに在らぬこととしてとらえるのである。在りかつ在らぬとはこの今、瞬間Augenblickのことである。瞬間において有と無とは並び立ち激しく交錯する。そこにおいて移ろいゆくものとしての世界の時間は一瞬停止し、そこに永遠が現れる。こうすれば、生滅の持つ時間性はむしろ瞬間においては離脱されるはずである。

私は後に、ヘルダリーンとヘーゲルとの思惟の違いを「九狂気と絶対知」において比較するつもりである。有と無のとらえ方に関して二人は異なっている。ヘーゲルは有と無の同一性を成として、さらに定在としてとらえた。一方、ヘルダリーンはそれを「存在と非存在との間 zwischen Seyn und

Nichtseyn」[2]、すなわち瞬間として、そして瞬間において亡びゆくものとしてとらえた。ヘルダリーンにリュネヴィルの和約（仏墺の和約）を寿ぐ「平和の祝い Friedensfeier」（一八〇二年）という詩がある。[3]

神々しいものはすべてつかの間のものだ。しかしそれは意味のないことではない。
すなわち、つねに適度ということを知って、いたわりながら、
人の住《す》み家《か》に、神なるものは、ほんの一瞬
触れるのだ、予知されずに。そして何びとも知らない、それがいつであったかを。

「つかの間のもの vergänglich」、「神々しいもの」とは「神なるもの」、イエス・キリストのことである。それが世界に触れるのは「ほんの一瞬 nur einen Augenblick」である。

ボルドーに出立する前に構想され、帰国後の一八〇二年秋に書かれたと推測される「唯一者第一稿 Der Einzige. Erste Fassung」には、世界の存在（現世）に触れるこのほんの一瞬が、詩人とイエスに悲しみをもたらすものであることが、歌われている。[4]

わたしの主《あるじ》、
おお　わたしの師！
どうしてあなたは

遠く離れていたのか。
……
なぜ　あなたは姿を現さなかったのか、そしていま
わたしのこころは悲しみにみちている。
……
そしてかれを見た多くの者は、
畏怖した、父が
その力の極限《きわみ》をつくし、
その所有に属する最善のものが
人間たちの世で真実のはたらきを現したからだ、
しかもその子なるひとも
天界に召されるまでは
悲しみの絶えるときがなかったのだ。
それとひとしく英雄たちの魂も囚えられている、
詩人、精神の世界の住者も、
現世的でなければならぬ。

「悲しみ Trauer」とは神が存在しながら「姿を現さない ausbleiben」ことである。有でありつつ無であることに対する感情である。悲しみは、有から無へのそして無から有への移ろいを見るものではなく、

在ることと在らぬこととの消え去ることのない不一致、存在に内包されている違和を見ることである。

ヘーゲルにおいても存在のもつ違和は悪無限として語られている。しかし、移ろいが移り行ったものとして時間を止揚されて滞って定在となるように、悪無限はそれが含んでいる有限と無限との違和を止揚されて真無限となる、と言う。したがって、次に悪無限の概念に注目して、有論の全体を簡潔に解釈していこう。

注

(1)『ヘーゲル論理学研究序説』(梓出版社、二〇〇二年)の、Ⅰの１「純粋学としての論理学」、Ⅱの２「始まり」において述べた。また、「始原考」(『愛知大学文学論叢』第五三、五四輯、一九七五年三月、七月)において、始原の構造を明らかにするとともに、K・フィッシャー、鈴木権三郎、N・ハルトマン、高橋里美、武市健人、C・L・ミシュレ、K・ヴェルダー、西田幾多郎、田辺元、酒井修、A・トレンデレンブルク、D・ヘンリッヒ、樫山欽四郎、その他の方々の解釈を説明し、批判した。

(2) Friedrich Hölderlin Sämtliche Werke und Briefe. Bd.2 Hrsg. von Jochen Schmidt, Deucher Klassiker Verlag, S.447

(3) Friedrich Hölderlin Sämtliche Gedichte. Hrsg. von Jochen Schmidt, Deucher Klassiker Verlag, S.340

(4) a.a.o.S.344f.

3　質（規定性）

第一巻有論の第一編は「規定性 Bestimmtheit（質 Qualität）」という表題を持ち、有 Sein、定在 das Dasein、対自有 das Fürsichsein の三章からなる。これらはそれぞれかつて超越的カテゴリーと呼ばれていた、存在 ens、或るもの aliquis、一《いつ》 unum のことである。ものが存在するのは一つの或るものとしてであるからである。この三つのカテゴリーは有そのものと完全に周延が重なっている。それらの総称である「質」は、「花が赤い」の「赤い」のように事物の性質を意味するものではない。質とは、一つの或るものが存在すること、それが「……デアル」と表現されることの必須の条件、つまり「規定性」一般を意味するものである。したがって、一つの或るものガアルことと、それが「……デアル」ことの間に未だいかなる区別もない、そのような存在の仕方を規定性あるいは質と呼ぶのである。「量」はそれとは異なって、規定性とそれを担う定在との間に区別が現れてくる存在の仕方のことである。

先にヘーゲル存在論の始原は有と無であるよりも成であると言った。そこで、ヘーゲルも成を始原（原理）として、ヘラクレイトスのような生成流動の存在論を築くこともできたかもしれない。しかし、ヘーゲルにとっては成は一瞬のできごとであり、ただちに否定されて論理的進行から排除されてしまう。つまり、成を構成する二つのモメント、生と滅は同じ出来事と見られるのであり、成を構成する生と滅という二つのモメントに違いがなくなれば、成そのものは意味を持たなくなる。夜になる（生）ことは昼でなくなる（滅）ことであり、花が萎むこと（滅）は種子がなること（生）である。この世界に純粋な生《しょう》や純粋な滅はありえない。成の二つのモメント（生と滅）の間には違いがなくなり、成は自らを止揚して「静止した結果」に沈み込む。この動きを止めた結果が定在であり、ヘーゲル存在論の実在的な始原である。成は有の否定であった。そして、定在は成の否定であるから、定在は有が再興されたものである。しかし、有は直接的なものであったが、定在は成によって媒介されており、したがって実在するものである。

定在するものは或るもの Etwas と呼ばれ、実在的に存在するもの一般を指す。ナシは或るものであり、リンゴも或るものである。ここではナシとリンゴを区別するような性質はまだ考えられておらず、すべてのものが等しく或るものである。二つのものを区別するのは他者 ein Anderes という規定のみである。リンゴはナシの他者であり、ナシはリンゴの他者である。また、或るものが或るものであるのは、それが自分に等しいからである。この自分というものが或るものの規定（本分）Bestimmung と呼ばれる（有一般を表す「規定性 Bestimmtheit」と区別せよ）。しかし、自分とは他者との関係で言われることである。それゆえ、或るものの規定には自分に等しいことのみならず、他者との関係が含まれている。或るものの内部にあるこの他者は或るものの限界 Grenze を構成するものである。したがって、限界を有する或るものは有限者 das Endliche と呼ばれる。

有限者は存在する。しかしその存在の真理はそれがいつか終わるということである。有限者は亡び（否定性）をそれ自身の内に持っている。誕生とは死を待つことである。朝顔の種子は芽になり、花を咲かせ、種子を実らせる、そして再び芽を吹く。この限りのない進みゆき、過ぎゆかぬ過ぎゆき、これが或るものの本分（規定）である。

この進みゆきの過程の内では、有限者の限界は、限りなく乗り越えられてゆくもの、繰り返し否定されるべきものに、自分の内部にではなく近傍にあるがごとき制限（障壁）die Schranke に、身をやつしてしまう。他方、有限者の肯定的側面である本分は、その制限の彼方にある到達不可能な彼岸への憧憬にずらされてしまい、当為 das Sollen となる。この制限と当為との無際限の繰り返しが、質に姿を現した悪無限である。

無限者が単に当為、憧憬の対象であるならば、それは有限者と対立しているのであり、対立している限り、それも有限であるにすぎない。では、肯定的無限 die affirmative Unendlichkeit はどこに在るのだろうか。しかし、この問い方は間違っている。無限者はどこかにいつか在るものではない。この世界に無限者が定在することはありえない、それは或るものとして存在することはない。いかに高い山も無限ではないし、いかに広い海も無限ではない。

有限者は無限者に到達すべしという自らの当為に促されて自らが設定した制限を超えてゆく。しかし、その無限者は当為の対象であるのだから、有限者はそれに到達することができない。到達したら、それは当為の対象ではないことになるからである。有限者は自らに戻る、そして再び無限者へ到達しようとする。これは切りのない無限進行であるが、この過程を反省的に見るならば、有限者は無限者を通して有限者に戻っている、また、無限者も有限者を介して自己に戻っている。つまり、無限者は自らを有限者（当為の対象）に引き下げ、有限者と対立し、その有限な無限者という無限者自身が持つモメントを自らに取り入れたのである。ここに真の無限が生じている。肯定的無限はこの有限者と無限者との交互規定の全体として現れてくるのである。この二つの無限進行の間に実在的な区別はない。有限者と無限者、どちらから始めようとも同じことである。つまり、有限者も無限者もただこの進行の全体のモメントとしてのみ存在する。その進行の全体が肯定的無限であり、有限者も（有限な）無限者もそのモメントであるにすぎない。したがって、質における無限とは、有限者とは実在するものではなく、肯定的無限のモメントにすぎないこと、つまり、観念的なもの Idealität にほかならないこと、これを洞察することで生まれる。真無限とは、そもそも質的規定性が実在的なものではないことの発見である。

質的規定性が実在するものではなく、単に観念的であるにすぎないような存在、他者がモメントにすぎないような或るもの、これはもはや定在とは呼べない。そのように純粋に自己関係的な存在が対自存在 Fürsichsein あるいは一 Eins と呼ばれる。すべてのものは一《いっ》として存在する、それゆえ一の他者もやはり一である。

万物が一としてとらえられるならば、万物は他者と異なる規定性を持たない。一には規定性がない。一の内には何も無い、あるいは、一の内には無がある。この一と無（空虚 das Leere）を分離させて、両者が並存しながら存在すると考えるのが、アトム論である。アトムとは質として考えられた一である。しかし、一は存在するものであるが、空虚は存在するものではない。したがって、一と空虚との関係は、一が空虚を通して一自身に関係することと考えなければならない。

この一の自己関係が反撥 Repulsion と牽引 Attraktion である。一は自らを反撥する。反撥によって生み出されたものもまた一である。これはいわば存在のクローン化であり、他者を生むことはないのだから、反撥は多くの一、多者 Vieles を生むだけであって、変化を生むのではない。そして、すべては一であり、同じものであるならば、一同士は互いに牽引しあっている。

このように対自存在は矛盾している。それは、多数の一でありながら（反撥）、その一はみな同じである（牽引）。この反撥と牽引の同時成立、あるいは一と多の矛盾はどのようにして解消されるか。この矛盾は、一という規定性にのみ属することであって、その規定性を担う有そのものには関わらないと考えれば、解消されるであろう。有自身は、反撥と牽引の矛盾にもかかわらず、変わることなく存在しているとするのである。ここに新たな事態が生まれる。緊密に結びついていた有と規定性とがいわば剝がされたのである。規定性（デアル）と有（ガアル）との間に区別がないことが質の特徴であったが、ここに規定性の変化が有に変化をもたらさないような存在の新しいあり方が現れたのである。これが次のカテゴリー、量 Quantität である。反撥は牽引であり、両者は分離できない。この反撥と牽引との不可分離性こそ、量の本質であり、反撥は量においては分離性として、牽引は連続性として働く。

4　量（大いさ）

量は、それを担う有が何であるか（質）に無関係な規定性である。100グラムという量はリンゴ（質）

であろうとナシ（質）であろうと、100グラムであることに変わりはない。「大いさ die Größe」と訳したが、これは、単に大きさのみならず、重さや強さなどをも含む量のことである。第二編「大いさ（量）」は、量、分量 Quantum、量の比例 das quantitative Verhältnis の三章からなる。存在を量としてとらえる方が、質としてとらえるよりも優れた存在の見方である。ガリレオやニュートンの機械論は、質的なものすなわち感覚的なものは主観的性質（二次性質）にすぎず、量的なものすなわち数学的なものが客観的性質（一次性質）であると考えたのである。ヘーゲルはこの近代の力学の立場から、量論において近代の数学を論じている。近代数学は、ギリシャの数学とは異なって、存在の質的差異にとらわれずに、存在を量的にとらえ、変化する量の内に変化しない関係をとらえたからである。ただし、次章「微分」で述べるが、ヘーゲルは無限を、近代の極限概念によってではなく、ギリシャの比例概念によって理解しようとしており、この点では、ギリシャに戻ってしまったと言えるであろう。

量は連続性 Kontinuität（どこまでも分けられる）と分離性ないしは離散性 Diskretion（それ以上分けられないものがある）の二つのモメントを持つ。一《いっ》に関して述べた牽引は連続性を表し、反撥は分離性に当たる。カントの第二アンチノミーの内、定立は空間・時間・物質の分離性を、反定立は連続性を主張するものである。カントはこの二つを同等の権利を持って対立するものと見なしたが、ヘーゲルは、これらは量の二つのモメントであり、量そのものは両者の統一であると考える。

連続性と分離性が統一されており、実在的にあるもの、これが分量である。分量の内、連続量は測られる大いさ、例えば2リットルの水であり、他方、分離量は算えられる大いさ、例えば10人の人間である。しかし、2リットルの水という連続量は1リットルという単位（分離性）を2つ合わせたものであり、また10人の人間という分離量は、10と算えられるものである限り、人間という類（連続性）を持っている。したがって、ヘーゲルの考えでは、連続量はそれ自身の内に分離性を含み、分離量は連続性を含んでいる。

3個のリンゴと3個のナシは、もちろん質は異なり、さらに分量（例えば300グラムと600グラム）も異なっている。しかし数 die Zahl としては同じである。このことを、ヘーゲルは「数は完全に規定された分量［分離量］である」（S213）と表現する。完全に規定されているとは3個のリンゴ（3個のナシ）のどれもが3という数の規定性を担いうるということである。どのリンゴも3番目のリンゴでありうるのである。

分離量は自然数で算えられるが、連続量を測るときには、小数や分数が必要となる。連続量の内、加減法が可能なものを外延量 extensives Quantum という。長さや重量などは外延量である。それに対して、除法による連続量を内包量 intensives Quantum という。これは一般に強さの量を表す。例えば、距離÷時間＝速度がそうである。ヘーゲルは特に区別していないが、内包量には二つの種類があるだろう。速度のように質が異なる二つの外延量の割り算によるもの、これは一般に「度」の表記を持つ（次篇の「度」とは異なる）。もう一つは、同じ質を持った外延量同士の割り算によるもの、例えば、塩水中の塩分の含有率、これは「率」で表される。ところで、ヘーゲルによれば、分量とは一般に外延量と内包量との統一であるとされる。例えば、40℃の温度は快適な湯温（内包量）という一つの感覚に対応しているが、その内包量は水銀柱において例えば10㎝という外延量によって表されざるをえない。

この温度の例の内に、分量の持つ矛盾が現れている。一般に分量はある単純な規定性を持っているが、その規定性を自分の内部で示すことはできず、それを外部のものによって指し示すweisen以外にないのである。

大いさという規定はそれの他在に連続してゆくものであり、それは自分の存在を他者との連続性の内にのみ持つ。大いさという規定は存在する限界ではなく、生成してゆく限界である。(S240)

「存在する限界」とは質の規定性のことである。リンゴの質的限界はリンゴ自身の内に存在していた。それに対して、リンゴは50グラムであっても100グラムであってもリンゴであることは変わらず、その大いさは増減可能である。大いさの限界は生成してゆく(変化可能な)ものである。内部の規定性を外部のものによって指し示さざるをえないという量のこの矛盾は、「生成してゆく限界」として、すなわち量における無限として現れる。この矛盾を解消する論理を探ることが量論の課題である。ヘーゲルは、その論理を近代数学の微分計算の内に見出す。ヘーゲルの微分論は微分係数の内に調和的な比を考えるものであって、微分の本質を極限に探る近代数学の解析の流れからは逸れている。ヘーゲルの微分論、無限量のアルゴリズムについては、「四微分」において述べよう。

限界を外部に持たざるをえない分量はその限界を画定しようとして、無限進行der unendliche

Progreß に陥る。質の内にも無限進行が現れたが、質は限界を内部に持つものであるから、無限進行は質的存在の内部における当為として、観念的なものとして現れた。それに対して、量の無限進行は実在するものである。例えば、10㎝の棒を三等分した一片の長さは3.333……㎝であり、無際限に続くが、一つの分量として実在している。この分量は$\frac{10}{3}$㎝とも書ける。ヘーゲルは量の真無限は分数（二つの分量の比）によって表現されると考える（それに対して先の小数表現は悪無限である）。なぜならば、分数の分母と分子として表される二つの分量は単独で存在することをやめ、互いの関係の内でのみ存立するモメントとなっているからである。こうして分数として、分量の直接性は止揚され、観念的なものとなっている。質の真無限は有限者を観念的なものとして含むものであり、対自存在（一）であった。量の無限も対自的な規定、定量の自己関係的な規定であり、分量はその規定を自分の外部にではなく、自分に即して、二つの分量の比、分母と分子として持つ分数として表されるのである。

ヘーゲルは、三つの比（比例）、正比例、反比例、冪比例を考える。分量の比として表される量の無限は比の値（定数）で表され、したがって質的なものである。これら三つの比例は、定数が量的性格を止揚してゆく過程を表している。そして、分量の内に質的なものが回復されると、質を持った量、すなわち次の「度」となる。

先に内包量の例として挙げた距離÷時間＝速度において、速度を一定にすれば、距離と時間は正比例の関係に入る。また距離を一定にすれば、時間と速度は反比例する。冪比例とは、例えば放物線 $y = ax^2 + bx + c$ のように、冪（自乗）を含む比例である。a^2 は a（単位）を a 回（集合数）足すことであり、この分量は単位と集合数とが等しく、自己関係であるから、そこに質的なものが見出されるというのである。

5　度

第三篇「度 das Maß」は、固有の量 die spezifische Quantität、実在的な度 das reale Maß、本質の生成 das Werden des Wesens の三章からなる。ある事物に固有の質（規定性）が量的に表現されているものを、あるいは逆に、ある事物に固有の量がその事物の質を規定するものであることを、その事物の度と呼ぶ。したがって、度は質と量の統一である。最後に、度の無限性（無際限性、度を欠くもの）において、質的変化と量的変化（増減）がともに克服されて、いかなる変化にもかかわらず持続するものが現れる。それが第二巻の対象である「本質 das Wesen」である。量論が観念的な量を扱う数学を主題にしていたのに対して、この度論は自然界に見られる質と量との実在的な関係、特に化学を主題にする。

事物はすべてその質（規定性）にふさわしい固有の量を持っている。度において、量は、限界なき限界ではなくなり、一定の質を備えることになるのである。1メートルの長さを持った人間の足はまず存在しない。「度に従った服 ein Anzug nach Maß」とは私の身体の大きさに誂えた服のことである。このようにある事物に固有の量がその事物の度である。「存在するものはどんなものでも度を持っている」（S371）のである。

固有の量は、単に一つの事物においてのみならず、多数の事物に関して、その事物一般を「固有化する（測る）度」でもある。例えば、鉄の比熱 die spezifische Wärme（鉄に「固有の」熱量の意）は規準となる水の熱との比較によって表される。その度は二つの定量の比によって表される。一般に$A=rU$において、測られる（固有化される）ものである鉄（A）は規準単位・水（U）との関係においてrという度を有するのである。

次に考えられるのは、固有の量的規定性を持つ二つの質の関係が度を形成する場合である。具体的には、時間と空間（距離）の二つの項からなる運動法則であり、度は法則の係数として現れる。例えば、ガリレイの自由落下（等加速度運動）の法則、$s=at^2$において、質的に異なる二つの量（距離sと時間t）の比（a）、$a=s/t^2$がその運動の度である。

以上は、非実在的な度の例である。運動法則の場合、比を形成する二つの項は時間と空間という抽象的なものであるからである。万物は度を持つというのであるから、次に実在するもの（物質）同士の間にある度、実在的な度を探らなければならない。

実在する度の第一は比重 die spezifische Schwere、「重量／体積」である（これは厳密には密度であろう）。物質はそれぞれ固有の比重（定数＝原子量）を持っている。比重は英語では specific gravity であり、物質が持つ「固有の引力」という意味である。上述の速度という度は、物質にとって他者である地球の引力に支配されていたのだが、比重という度は物質自身が持つ固有の引力なのである。こうして物質は比重において地球の引力から解放され、独立体（単体）となる。

次に、ある独立体が他の独立体と結合する際の比が問題になる。この結合は親和性あるいは中和と呼ばれる。ヘーゲルがここで論じているのは化学的当量の決定法であると思われる。例えば、アンモニアは、塩酸、硝酸、硫酸などの酸と、さまざまの比において中和するのであり、そこからその当量（度）を決定することができる。したがってここでは、ある独立体は自分の質的定数（度）をそれと異なるものとの間における固有の比の系列として表している。二つの独立体が中和する（質的に変化する）のはそれらの量的混合の一定の比においてのみである。これを選択的親和性と呼ぶ。ただし度における「変化」とは、質におけるように或るものが他のものになる sich ändern のではなく、独立体を構成している諸物質においてそれらの組成が交替する alterieren ことである。

親和性あるいは中和は二つの独立体のある特定の比において生じる。量の漸進的変化がある固有の点で突然に質的変化をもたらすのである。その点を結節 Knoten と呼び、量的変化を均等に示す線分にその点を記したものを結節線 Knotenlinie と呼ぶ。一つの独立体に限っても、同じことが言える。水は温度変化（量的変化）につれて、ある結節において突然、固体状態から液体状態へ、さらに液体状態から気体の状態へと変化する。量の漸進的で連続的な変化の内に突然質的な変化が生じるのである。ここには量のモメントであった連続性と分離性（非連続性）が実在的物質に即して現れているのである。「自然に飛躍なし」という連続性の要請は力学のような機械的なものには当てはまるが、具体的な自然や有機的なものには不十分であり、非連続性（飛躍）に場を譲らねばならないのである。

物質の変化の内に非連続性を考えざるをえないことは、これまで事物に度を直接に帰属させてきたことに疑問符を打つことになる。氷は水になり、水は蒸気になり、蒸気はまた水になり、……この変化は止まることがない。度の最高の表現であるはずの結節線は皮肉なことにそれ自身度を欠くもの das Maßlose となってしまう。ここに、有限（量の漸進的変化）と無限（質的な飛躍）との無際限の繰り返しという第三の悪無限（度を欠くもの）が現れる。

この悪無限はどのようにして解消されるのか。ヘーゲルは、「度の固有化における無限は、質的なものと量的なものとが互いに止揚しあうものであることを措定する setzen」（S417）と言う。度は質と量との統一であるから、度の無限は単なる質の無限でも単なる量の無限でもない。質と量という規定性そのものを、すなわち存在の有としての在り方、存在の直接性を否定するものである。それは結節線に見られるように、質が量を、そして量が質を、交互に際限なく否定しあうことによってもたらされた。そのことによって、質と量の変化は存在そのものに関わるものでなく、状態の変化にすぎないことが明らかにされたのである。そして、ここに状態の変化にかかわらず持続するものが措定されている。それをヘーゲルは「質料 Materie」「事柄 Sache」（S417）、あるいは「基体」、「絶対的無差別」（S419）などと呼んでいる。これは、変化にかかわらず実在するもの、あるいは一切の変化を内に含みうるもの、変化を止揚されている形で持っているもの、すなわち、変化を直接的に有るものとしてではなく反省によって措定されるもののとして持つもののことである。

それ自身に内在する否定的で絶対的な統一［否定を通して自分を自分と媒介する統一］、……これが本質であ

る。(S417)

有論は存在が有する悪無限を明らかにするものである。質においては、有限は無限になり無限は有限になり、生滅の運動の、いわばその上下運動は止まることがなかった。量においては、有限は無限を自分の外部にどこまでも求め続け、いわばその直線運動の止むことはなかった。度においては、質と量との交替運動が終わることはなかった。ヘーゲルはこの悪無限を否定するのではない。彼はこの無限進行の運動の全体を真無限として取り出すのである。そのことによって有限と悪無限は観念化され、それらは真無限のモメントとして措定されたものとなる。

四　微分——比と極限

はじめに

私の部屋にフェルメール（1632-1675）のカレンダーが掛かっている。今月の画は『真珠の首飾りの少女』、黒い地のなかから少女がこちらを向いている。静謐な絵だが、動きがないわけではない。やや開いた口元と大きく見開いた目は少女の生きている瞬間を切り取っている。その瞬間は生きる勢いを無限へと開いている。

微分の創始者であるニュートン Isaac Newton（1642-1727）とライプニッツ Gottfried Wilhelm Leibniz（1646-1716）はフェルメールと同じ時代に生きた。ニュートンは量を静止したものではなく無限に生成してゆくものとしてとらえ、生成の瞬間の速度を流率と呼んだ。ライプニッツは曲線の接線を求めるのに、無限に小さくなってゆく量の極限の比を取り、それを微分係数と呼んだ。真珠の首飾りをした少女の目のきらめきは彼女の生きることの流率であり微分係数である。

無限、規定し得ぬもの——曲線の長さやそれが作る面積、運動するものの速度など——、この魔物を、近代数学は、極限（Grenze, limit, limite）の観念によっていわば宥めすかし、さらに級数（Reihe, series, série）の表現形式を通して、算え得るもの、規定し得るものに変えた。微積分学は、ニュートンとライプニッツからコーシー Augustin－Louis Cauchy（1789－1857）までの一五〇年余をかけて、解析学として完成されたと考えられるが、ヘーゲルはその生成のドラマの渦中に、ある独創的な——あるいは特異というべきか——微分論をもって割って入るのである。彼は言う、数学者たちは無限小の計算法をさまざま開発しそれに熟達してはいるが、無限の概念すなわち無限の哲学的意味は蔑ろにして顧みることがない、そこで自分が無限の意味を明らかにする、と。ヘーゲルは極限の観念によって無限をつかもうとする近代数学の流れに異を唱える。極限は終着点を見出せずにただ限りなく近づいてゆくことの、仮定された終極にすぎず、彼の言葉でいえば悪しき無限にほかならない。極限の代わりに、彼は比（Verhältnis, ratio）の内に、つまり生成の動きを止めた調和の内に、真の無限が宿っていると考える。(1) 厳しい見方をするならば、こうしてヘーゲルは近代数学に背を向け、ピタゴラス的な調和の世界に戻ってしまったのである。

私は、ヘーゲルの数学的無限（微分）論を、極限と比という概念を導きの糸として、近代数学のそれと対比しつつ明らかにしたい。まず、1．ヘーゲルと数学との係わりについて述べ、次に、2．ヘーゲルの記述に沿って微分の形成史を概観し、最後に、3．比を本質とする彼の微分論を批判的に検討することにする。

注

（1）　ヘーゲルが最も優れた画家と見なしたのはラファエルロ（1483−1520）である。ヘーゲルは、一八二〇年夏と翌年秋に賜暇をもらってドレースデンに遊んだとき、おそらく絵画館で『システィーナの聖母』を観て、感銘を受けたことであろう。幼子イエスを抱いた聖母の目はひたすら永遠の調和を見続けているのである。

1　哲学的数学

ヘーゲルを数学者に算え入れるのは憚れるかもしれない。しかし、彼は数学を、イェーナ大学で「純粋数学。算術と幾何」として、一八〇五／〇六年の冬学期から一八〇七年夏学期まで四回講義し（最後の回は大学の混乱状況からしておそらく予告するにとどまったであろう）、さらにニュルンベルクのギムナジウムでは一八〇八／〇九年度に上級クラスで「高等数学」を講義している。(1) これらのノートは一切残っていない。ギムナジウムの講義題目には、「週四時間。代数は一般的な計算法から始めて、比例、数列、対数を扱い、二次方程式をも含めて教え、演習を行った。幾何はこの初年度は短期間であったのでユークリッドの第三巻までしか入れなかった」とあるから、その内容は「高等」とはいいながら、幾何と代数の初歩的なものであり、解析幾何や微積分は含まれていない。ヘーゲルは本来下級クラスの

「宗教論・義務論」を担当するはずであったが、数学教師であったビュヒナーが代数計算が分からないと言うので、代わって数学を担当したのであった[2]。当時の数学教育の水準が推測できる。

それ以後、ヘーゲルは数学を講義することはなかった。そればかりか、全学問を包含すべきエンチュクロペディー体系の内に数学の場を与えることもしなかった。精神現象学序論にある厳しい数学批判がその理由を明らかにしている。彼は数学の本質が証明の操作にあると考えており、証明というものはそれが証明すべき対象に外部から関わるものにすぎず、本来探究すべき対象そのものの本質、概念を明らかにすることがないと批判するのである。数学は明証性を誇り哲学を軽蔑しているが、その明証性は、数学の対象が量という貧弱なものであるからにすぎない、と彼は言うのである[3]。

ただし、この批判は文脈からして、算術と幾何、特にユークリッドの幾何に向けられたものと考えられるのであり、ヘーゲルには別に「自然の数学」や「哲学的数学」という構想がある。自然の数学とは時間を因子として含むいわば応用数学に、すなわち力学に相当し、これはエンチュクロペディーにある自然哲学の一部を構成している。そして、哲学的数学と呼ばれるものこそこれから検討すべきものであり、これは無限小量についての数学すなわち微積分学のことである。ギムナジウムの「上級クラス向けエンチュクロペディー」の自然学の講義では、それについて次のように言われている。算術と幾何は有限な量を扱うものだが、それに対して、「無限なものの解析、微分と積分は無限量を扱う。それらはもはや有限量という意味を持たない量、それだけ単独で完全に規定されている量という意味は持たない量［変量］、すなわち消失しつつある量を考察の対象とする。消失しつつある量は極限の比の内でのみ、それらの量の限界の内でのみ、すなわち純粋にただ比の形でのみその値が得られるものである」(4)。

微積分は変量である無限小量を対象にするがゆえに、証明は不可能であるから、ヘーゲルはそれを、証明を手段とする数学の領域には入れないのであり、論理学の対象とするのである。大論理学の最終章「理念」は、当時の論理学教科書の例に倣って、学問の方法論に当てられているが、そのなかで彼はまず数学の二つの方法である代数の分析的方法と幾何の綜合的方法を説明したうえで、ガウスCarl Friedrich Gauß（1777-1855）の方程式 $x^{m-1}=0$ と微積分を例に挙げて、次のように言う。これは一見すると分析的方法であるが、扱うものは無限量——ヘーゲルはこれを「質的な量」（B248）と呼ぶ——であるがゆえに、数学の対象ではなく、哲学が明らかにすべきものである、と。

その微分すなわち「数学的無限」（無限小量のこと）を哲学的に基礎付けることを主題にしているのが、大論理学第一巻「有論」第二篇「大いさ（量）」第二章「分量」の末尾に、大全集版で七五ページにも及ぶ長文の三つの注のなかで展開されるヘーゲルの微分論である。拙論はこれらの注を読み解いて彼の独創的なあるいは特異な微分論を明らかにしようとするものである。

注一は初版（一八一二年）にあるが、第二版（一八三二年）で少なからぬ削除と加筆が施された。注二と注三は第二版で新たに書き下ろされた。初版から第二版までの二十年の間に、解析学は著しい発展を遂げており、ヘーゲルはそれを考慮して注一に削除と増補を施し(5)、新たに注の二と三を加える必要を感じたのである。三つの注を執筆した動機を、彼は簡潔に注三の末尾に次のように記している。

　これら三つの注の意図するところは、数学では無限‐小［量］がさまざまに使用されてきたが、その際に否定的にのみ維持されてきた諸カテゴリーによって無限小量が霞まされてしまった霧のなかから、いわばその背景に潜んでいる肯定的な諸規定を指摘してそれらを明るみに取り出すことにあった。（S348）

「否定的にのみ維持されてきた諸カテゴリー」とは、微分学の発展のなかに現れた不可分量や無限小量、さらに（ヘーゲルはそう考えるのだが）極限や無限級数を指している。他方、「肯定的な諸規定」とは微分係数と冪のことであり、ヘーゲルはこれらに哲学的意味を付与して、比、質的な量規定性、特性的なものと呼び、自らの無限論に取り入れるのである。まずこれらの注の概略を述べておこう。

「注一。数学的無限の概念規定性」では、数学的無限（無限小量）の概念が、例えば微分係数の内に明瞭に見て取れる「相互の比の内にある［二つの］分量」（S303）にほかならぬことが指摘され、その無限小量を微分計算に導入し得ることの根拠が明らかにされる。

「注二。応用から導き出される微分計算の目的」における「応用」とは、一般には時間の変数を含む運動の力学をいうが、ヘーゲルは、解析学が純粋数学であるのに対して、幾何学の接線問題や積分による求積問題を「応用」と呼んでいる。そしてここでは、接線問題との関連で、初版以後の解析学の著しい発展を考慮して、ラグランジュの級数展開が詳細に論じられている。

「注三。質的な量規定性と関連するその他の諸形式」、ここにある「質的な量規定性」という風変わりな表現、質と量という対立するものを包含する表現は、ヘーゲルが辿り着いた無限小量の概念を指す語であり、具体的には微分係数のことである。彼はそれまで微分係数を接線や円弧の求長問題として論じてきたのであるが、この注では「その他の諸形式」として円の求積法を取り上げ、自らの微分論の正しさを再確認している。

大論理学は有論、本質論、概念論の三部からなるが、有論は全体として無限論であるといってよい。それに対していえば、本質論は対当（矛盾）論であり、概念論は目的論である。自然の存在が有する無限（有論の主題）は主観の反省（法則の定立）によって宥められるが、存在は内に対立を抱え込むことになる。矛盾対当（本質論の主題）は宇宙の理性（理念）によって発展の契機に化せられ、目的論の調和した世界（概念論の主題）が描かれる。

有すなわち自然の存在は変化のなかにある。そこには何一つとして永遠のものはない、すべては流れのなかにある。それはしかじかのものと規定されるが、規定されていることは同時にその規定をはみ出る可能性を常に持っていることでもある。この自然の事物の動きをヘーゲルは「移りゆき」と表現するが、そのような無常、無限定な在り方が「無限」と呼ばれるのである。この無常の無限を彼は「悪無限」と呼ぶのであり、そのなかに恒常なもの（真無限）を探ろうとするのである。したがって、有論全体を支配する論理は真無限の探究であり、彼は真無限を、変化の極限においてではなく、存在の調和的な比の内に見出す。ヘーゲルのこの哲学的無限（比）と近代の数学的無限（極限）とが切り結ぶところ、その場が以下に検討する微分である。

ヘーゲルの微分論は微積分学の形成史のなかでどのような位置を占めるのだろうか。

微積分学の創始者はニュートンとライプニッツであり、さらにオイラーやラグランジュを経て、コーシーによって解析学として完成されたと見るのが一般的である。あるいは、その前史として、デカルトの解析幾何学やカヴァリエリの不可分量の幾何学を考慮する必要もある。いずれにしても、ヘーゲルの微分論は微分の形成過程のまさに渦中に提出されたのである。そこでまず、ヘーゲルの挙げている数学者（コーシーを除く上記の人びとがその主だったものである）に限って、彼自身が言及している人物として沿って、微分の形成史を簡単に振り返ってみよう。次に、ヘーゲルはその歴史の主導的人物としてニュートンとラグランジュを考えているのであるから、彼が二人をいかに受け入れ、またいかに批判しているかを検討しつつ、ヘーゲル独特の微分論を明らかにし、それを批判的に吟味してみたい。さらに、「二無限概念の形成」との関連で、その微分論が彼の哲学的無限論とどのように関連するかを述べるつもりであったが、紙数が足りないので次の機会に回すこととする。私は先に「狂気と絶対知」（本書九に収録）において、ヘルダリーンの極限の論理、「限りなく近づいてゆく」論理と、ヘーゲルの絶対知、時間を抹殺する論理との対立を論じた。その時は十分に理解していなかったが、ヘーゲルはここから比という形式で対立の和解をとらえる論理へと進んだのに対して、ヘルダリーンは無限を極限においてとらえる論理に向かったのである。その点からすると、ヘルダリーンの方がよほど近代数学の考えに近かったのである。

これまでヘーゲルの微分論について、数学者や数学史家からは、その「弁証法」的立場なるものを信奉して擁護するか、さもなければ解析学のその後の発展からしてその「迷妄」を断罪するか、いずれにしても片言隻句の言及しかなされていない。あるいは、そもそもヘーゲルの微分論に数学的な価値はないと見なされているのだろうか。その点の判断をも含めて、数学に冥い私の叙述の間違いを指摘していただきたい。三つの注の概略は、既に拙著『ヘーゲル論理学研究序説』（二〇〇二年、梓出版社）の四四—六二ページに記してある。また『ヘーゲル論理学研究』（ヘーゲル〈論理学〉研究会編、天下堂書店、第一〇号、二〇〇四年）及び第一一号（二〇〇五年）には、渡辺祐邦氏による懇切な「翻訳と注解」が掲載されている。今回再考するにあたって、参考にさせていただいた。

注

（1） Paul Cobben (Hrsg. von) : Hegel-Lexikon, 2006, WBG. S.520ff.

（2） 拙著『ヘーゲル論理学研究序説』、二〇〇二年、梓出版社、五〇四ページ

（3） Phänomenologie des Geistes. PhB. Band 414（1988, Meiner）S.31ff.

（4） Philosophische Enzyklopädie für die Oberklasse（1808ff.）§ 107

（5） 削除されたのはリュイリエ Simon L'Huilier（1750-1840）への言及である。リュイリエは、ベルリーン・アカデミーにいたラグランジュが一七八四年に募った懸賞論文に当選したスイスの数学者である。懸賞課題は、

解析学者は無限量が矛盾していると言いつつ、その矛盾した仮定から正しい結果を導き出しているが、それはなぜか、及び、無限の代わりになる真の数学的原理を与えよ、というものである。ヘーゲルはリュイリエの方法について「それは比の極限という表象に根拠を置いたものであり、dx と dy をただ微分係数と見なし、dx/dy を一つの不可分の記号と見なすように迫るものである」（S^{1}204）と指摘し、また、X^n の微分が $(x+dx)^n$ の級数展開の第一項によって尽くされているという見解（S^{1}206）を紹介している。なぜ、この部分が後に削除されたのか、私には分からない。

加筆されたのはいずれもラグランジュへの言及である。上記の事柄がラグランジュの考えであるという指摘（S.291f.）と、高次の冪を消去してよいのはそれらが量的に小さいからだというニュートンの考えをラグランジュが批判したという箇所（S.287）の二箇所である。

（6）コーシーはヘーゲルとほぼ同時代人であり、その著書（例えば一八二一年の『代数解析学』や翌年の『無限小算講義レジュメ』）をヘーゲルは読み得たはずである。ヘーゲルはコーシーを知らなかったか、あるいは知ってはいたが理解しなかったのか。この問いは、ヘーゲルの微分論がコーシーの解析学と全く異なった道を歩もうとするものであるから、取るに足らぬ問題ではないであろう。渡辺祐邦氏が紹介するヴォルフの考え（Michael Wolff : Hegel und Cauchy（1986））（『ヘーゲル論理学研究』第5号、ヘーゲル〈論理学〉研究会、一九九九年）では、ヘーゲルはコーシーを知ったので第二版で注を大幅に書き改めたという。しかし、ヘーゲルは些細と思われる数学者の名前も多数挙げているのに、コーシーの名を一度も挙げておらず、また、彼がコーシーの無限級数の収束性の考えを取り入れて極限を論じているとはとても思えない。ヘーゲルがコーシーの名を知っていたとしても少なくとも影響を受けたと考えることはできないであろう。

2　微分の歴史

無限は、すべてを包括する全体的なもの、一者、変化するものの第一の原因、また有限なものを創造する神の属性、と考えられてきた。ヘーゲルもまた無限を「全体性 Totalität」と理解して哲学の経歴を始めたことは「二無限概念の形成」で述べた。変化や運動――アリストテレスは運動に場所の移動のみならず量の増減と性質の変化を含めている――が、不変不動の原因との関連で考えられる限り、変化は否定的なものにすぎず、哲学の主題となることはなかった。しかし、近代の数学は運動と変化の世界そのものに目を向け、その原因を探求するのではなく、運動と変化そのものの在り方を研究するようになる。[1] 運動する物体の速度や加速度を求め、曲線（点が動いた軌跡）の長さや、曲線が一定の幅において作る面積を求めたり、円柱の体積を求めるのである。ここに変化する量、変量の観念が生まれ、さらに量と量との間の関係、関数が考えられてくる。さらに変化と運動の研究はそれまで解決不可能として忌避されていた限りなく続くという意味の無限を目覚めさせる。この難問は、量の有する連続性と分離性（離散性）との矛盾に由来している。有限な時間内に一定の距離を動く点は有限な線分を通過するがその間に無限の点がつまっているという、かつて封印されたゼノンのパラドックスが再び目覚めたのである。近代数学はこの無限を、変化の限界、極限を考えることによって解決しようとする。例えば、円弧の長さはそれに対応する弦を無限に小さくしていったときの極限の和と一致する。弧を x とし弦を y

とすれば、$y = sin\ x$となる。また、$\sqrt{2}$は無限小数であるが、一辺が1の正方形の対角線としてその存在を実感でき、1.4142……はそれに「近づく」ことができるという極限の観念に支えられ存在を得ている。曲線の接線の傾きは、その曲線の伸びていく先を示している。こうして無限は、極限の観念を通して、動きのなかでわれわれに対してその存在を実感させたのである。

微積分学はこの変量、関数、極限の三つの概念によって成立した。極限はニュートンやライプニッツにおいては、「いくらでも近づいてゆく」その究極の点という直観的な、曖昧なかたちで表現された。ラグランジュは極限の持つこの曖昧さを取り除くために、幾何学的形象を離れて、関数を冪級数に展開するという解析的方法によって、極限をとらえようとした（すでにニュートンにも冪級数展開の考えはあったが）。しかし、ラグランジュはすべての関数が冪級数に展開されうると誤って考えていたのであり、コーシーが級数展開の収束条件を設定することによって（一八二一年）、微積分学は解析学として完成した。ヘーゲルは、このように極限を解析的表現によって正確なものにしようとする流れのなかで、しかしその正確な概念規定が未だ現れぬ（あるいは彼が理解していない）なかで、極限という概念の代わりに、比という彼独自の考えによって無限をとらえようとしたのである。ヘーゲルの説明をまじえてもう少し詳しくその流れを追ってみよう。

変量の考え（それは量の連続性と関係する）はデカルト René Descartes（1596–1650）に見られる。彼は『精神指導の規則』第十六則において、図形に代えて「記号 nota」を用いるべきこと、そしてその記号において理解されるべき「関係の数 numerus relationis」を表すのに数字を用いることを提案している。例えば、$2a^3$は、三つの「関係」を含む a（立体）によって示された量の2倍である。「関係」とは「通俗的な代数学」では次元のことであり、一次元は根、二次元は平方、三次元は立方と呼ばれていたが、デカルトは次元の制約を撤廃して、連続的な量としてすべてが線分で表されることに気づいたのである。これが「解析幾何学」と呼ばれるものであり、空間は量化され、また量は空間化され、近代の代数と幾何が誕生する。

極限的な量（無限小量）を「不可分量 indivisibles」[2]（アトム量）と呼び、それを手段として、求長、求積の発見法を作ったのが、ガリレイの弟子のカヴァリエリ Bonaventura Cavalieri（1598-1647）である。元来不可分量とは、「立体の不可分量は面、面の不可分量は線、線の不可分量は点」のように、スコラ哲学で使われたものであり、ある次元の究極の単位、無限の分割を否定するもの、すなわち分離的なアトムのことである（indivisibles は atomon のラテン語訳）。カヴァリエリは、面を構成するものが、不可分量である線、その無限個の和である、と考える。したがって、彼は不可分量という非連続的なものを想定するとともに、他方で、線、面、立体は、次元を異にしつつもそれらの間には連続性があることを直観的に理解していたことになる。それまで求長と求積とはまったく別の計算法と考えられていたものを、彼は不可分量を仮定することによって、統一的に求めようとしたのである。古代ギリシャの厳密な証明法を追究することよりも、このように論理的不備を恐れずに発見的に求長や求積の計算法を探究した彼の内に、関数概念の兆しを見ることができるであろう。

無限小量をめぐる連続性と非連続性との矛盾を解決する、カヴァリエリとは異なったもう一つの道は、無限小量自身を「無限に小さくなってゆく変量」と考えることである。カヴァリエリの不可分量に欠けていたのはそれ自身が生成する（変化する）量という観念である。この道を採ったのが、ニュートンである。カヴァリエリが無限小量を分量としてのみ考えていたとするならば、ニュートンは変量としての無限小量を考えたといえる。そのような無限小量が不可分量と混同されることを警戒して、ニュートンは『曲線の求積 Quadratura Curvamum』（1704）の冒頭で次のように述べている。

私は数学的量がきわめて小さい部分［不可分量］からなっているとは考えず、連続的な運動によって生成するものと考える。……面は線の運動によって、立体は面の運動によって、角は辺の運動によって、時間は連続的な流動によって生成される。……その運動すなわち増加の速さを流率 fluxio と名づけ、そこで生成される諸量を流量 fluens と名づける。……流率は微小な等しい時間内に生成される流量の増加にほぼ等しい。正確に言うと、流率は消失する増加の最初の比 prime ratio であり、流率はそれに比例する線分によって表される。……流率として消失する小部分の最後の比 ultimate ratio をとっても同じである。

他方で、ニュートンは初期には、関数を冪級数として表示する方法を見出しており（一般の二項定理）、その無限級数と上述の流率の二つを「私の方法」と呼んでいる。(3)無限小量を仮定することから離れたのがオイラー Leonhard Euler（1707－1783）である。彼は無限小量を端的に零と見なした。零と見なすということは無限小量の分量としての意味は考えないということであり、無限小量にまとわりついていた幾何学的要素を一掃することでもある。ヘーゲルはこの点を評価する。無限小量は分量ではないのだから零である。しかし同時に彼は、分量の零の内に隠されている（とヘーゲルは考える）積極的意味（ヘーゲルの言う「質的な量的規定性」）がとらえられていない、と批判する。しかし、オイラーにとっては、微積分は関数の解析的処理による計算法にほかならないのである。『無限解析序説 *Introductio in Analysin Infinitorum*』（1748）で、彼は関数を次のように定義している。

> ある変量の関数とは、その変量といくつかの数すなわち分量を用いて何らかの仕方で組み立てられた解析的表示式のことをいう。[4]

オイラーの考えをさらに進めたのが、ラグランジュ Joseph-Louis Lagrange（1736-1813）である。彼は、微分法を、無限小量や極限の観念から解放して、関数を冪級数に展開することによって代数的に処理した。長い題名を持つ彼の次の著書がそれを明快に説明している。『解析関数論。無限小量、あるいはだんだんと消える量［漸減量］、極限、あるいは流率といったすべての考えから解放され、有限量の代数的解析へと帰着された微分計算の原理を含む *Theorie des fonctions analytiques, contenant les principes du calcul differéntiel, dégagés de toute considération d'infiniment petits d'évanouissans, de limites et de fluxions, et réduits à l'analyse algébrique des quantités finies*』（1797）[5]

彼はこのなかで、関数の冪級数への展開を示しているが、これは後述する。ラグランジュは関数のすべてが冪級数に展開されうると考えていたようだが、しかしそうではないことが見出された。コーシーは極限の概念を再考して、それが定まった値として実際に証明できるものとした。例えば、無理数はその数に近づく分数列の極限となりうるのである。そして、コーシーは無限小量を、その極限が零となる変量と定義した。

注

（1）古代の無限は天体の円運動をイメージしており、近代の無限は地上の直線をイメージしている。ギリシャでは地上の直線に無限をイメージすることができなかった。地上における運動は必ずいつかは静止するからである。

（2）不可分量に関して、ヘーゲルは三人の名前を挙げている。特にカヴァリエリには注三の多くを割いて、無限小や極限という概念を用いずに不可分量によって面積を求めるカヴァリエリの方法を、やや時代錯誤ではあるが、好意的に紹介している。また、タクエ Andre Tacquet（1611‐1660）がカヴァリエリの不可分量に対する反対者として挙げられている。なぜこの人物が挙げられているのか、不明だが、タクエの著書『幾何学原論 *Elementa geometrae*』（1654）は十八世紀に幾何学教科書として広く普及したといわれるから、ヘーゲルも学生としてまた教師としてこの書に親しんでいたのかも知れない。さらに、ニュートンの先生とされるバロウ Isaac Barrow（1630‐1677）が不可分量の方法を実践した人物として挙げられている。

（3）ヘーゲルはニュートンの『自然哲学の数学的原理 *Philosophiae Naturalis Principia Mathematica*』（1687）の一七一四年刊行のものと『光学 *Optise*』（1704）の一七一九年版を所蔵していた（M. J. Petry (Hrsg. von) : *Hegel und Naturwissenschaft*（1987, Frommann）S.479ff. による）。以下、この書からの引用は Petry と記す）。しかし、流率を冪級数との関連で明らかにした初期の著書、例えば『級数と流率の方法についての論考 *Tractatus de methodis serierum et fluxionum*』（1671）は所持していない。ニュートンは、初期の解析的表現を改め、一六七〇年代以降は幾何学的な綜合的証明を基礎とする幾何学的流率論の建設に向かい、その延長線上に『プリンキピア』が書かれたとされるから、ヘーゲルの論じるニュートンの微分は主に後期の幾何学的なものである。上記引用文は、中村幸四郎『近世数学の歴史』（一九八〇年、日本評論社）一八一ページによる。

なお、微積分学のもう一人の創始者であるライプニッツについては、高次の無限小量は低次の無限小量に対して無視することができるというその考えを、否定的に紹介するだけで、彼についてのヘーゲルの言及は意外にもはなはだ少ない。おそらくヘーゲルは、ライプニッツの微分学を、その名前を「注」に挙げてはいないが、その解説者として普及に努めたロピタル G. F. A. de. Marquis de Saint-Mesme L'Hospital（1661-1704）の書『無限小解析 *Analyse des infiniment petits pour l'intelligence des lignes courbes*』（1696）を介してのみ知ったのではないか。ヘーゲルはこの書の一七一六年版を所蔵している（Petry）。

上述したライプニッツの無限小量は無視してよいという考えと関連して、ヘーゲルは、啓蒙期の哲学者ヴォルフ Christian Wolff（1679-1754）の、測量士が高山を測量している最中に風が吹いてきて頂上の一粒の土を飛ばしても正確さが減じるわけではない、という喩えを引いて、その通俗的理解を嘲笑している。この喩えはヴォルフの『普遍数学原論 *Elementa matheseos universae*』にある。この本は教科書として十八世紀ドイツの大学とギムナジウムの数学教育に広く採用されたものである。ヘーゲルもその新版四巻本（1730-38）を所蔵していた（Petry）。

（4）おそらくヘーゲルは微分学を当時もっとも影響力のあったオイラーを通して学んだと思われるが、オイラーの名が出されることはきわめて少ない。彼はオイラーの『無限解析序説 *Introductio in Analysin Infinitorum*』（1748）の注釈と補遺付きのドイツ語訳（*Leonhard Eulers Einleitung in die Analysis des Unendlichen.* Aus dem lateinischen übersetzt und mit Anmerkungen und Zusätzen begleitet J. A. C. Michelsen. 1788-91）と、さらに『微分計算教程 *Institutiones Calcui Differentialis*』（1755）の上記訳者による注釈と補遺付きドイツ語訳（*Leonhard Eulers Vollständige Anleitung zur Differentialrechnung. ibid.* 1754-1831）、それから *Dissertatio de principiae minimae*（1753）の三書を所蔵していた。また、当時広く用いられたオイラーの『代数学教程 *Vollständige Anleitung zur Algebra*』（1771）に基づくヒルシュ（Meier Hirsch, 1765-1851）なる人物の問題集『文字計算及び代数学の例題、形式、問題の集成 *Sammlung von Beispielen, Formen, und Aufgaben aus der Buchstabenrechnung und Algebra*』（1804）の一八一六年版（この本は広く普及し一八九〇年には二十版を算えたという）を所有していた（Petry）。上記引用文は高瀬正仁『無限解析のはじまり』（二〇〇九，ちくま学芸文庫）五二ページによる。

（5）ヘーゲルは『解析関数論』の一八一三年版とそのドイツ語訳（J. P. Grueson, 1798）、それから『あらゆる次数の数値方程式の解について』（1808）の原書を所蔵していた（Petry）。

3　ヘーゲルの微分論

ヘーゲルが自らの微分論を形成するにあたって特に影響を受けたのはニュートンの流率とラグランジュの冪級数である。そこで、ヘーゲルがどのように二人を理解していたかを見てゆこう。前述したように、微分は変量と関数と極限の三概念からなる。結論を先取りして言えば、ヘーゲルは、変量を単に未知量として、関数を単に方程式として、極限を無限進行（悪無限）としてしか見ていないと思われる。

ヘーゲルは先に述べたように、「高等解析学」（微積分学）で使われている数学的無限は哲学でいう真無限に一致するが、しかし数学者は数学的無限の概念を問うことを疎かにしているので、それを明らかにすることが自分の果たすべき仕事だ、と言う（S264）。ところで、無限小量（不可分量や漸減量）は分量でありつつかつ零（分量の否定）であるという矛盾を含んでいる。この矛盾は、ヘーゲルによれば、無限小量を単独に分量と見るのではなく、それら同士の比を考えることによって止揚される。その比は微分係数――ヘーゲルはライプニッツの記号によって *dy* と *dx* との比 *dy*/*dx* と書く――あるいはラグランジュの導関数 $f'(x)$ の内に存在する。ヘーゲルの解釈は、*dy* と *dx* は無限小量として分量でありつつ、それらが意味を持つのは比のモメントとしてあるときのみであり、比の外では零である、ということになる。

比は一般に二つの量（Quantität, Größe）の関係であり、a : b で表される、度あるいは率と呼ばれる数値のことである。例えば、速度（距離／時間）は異種の量の比であり、含有率（塩／塩水）は同種のものの比である。ヘーゲルは、このように二つの量が、足し算や引き算という「単一な関係」（増減）としてではなく、比においては割り算として関わることにおいて、そこに量ではなく質的なものが出現していると考えるのである。量とは一般に増減し広がり縮まっていくものである。水２リットルに３リットルを加えれば５リットルに、そこから１リットルを引けば４リットルになる。これを量の変化といい、水は増減しても（足し算や引き算をしても）水に代わりはないのだから、質の変化をもたらすものではない。しかし、比は割り算であるから、量が増えたり減ったりすることではなく、量が量自身に関係していることである。この自己関係という在り方は量の前に論じられた質（Qualität, Bestimmtheit）の規定（限界）を特徴付けていたものである。そこでヘーゲルは、量は比において新たに質的な意味を獲得する、質的性格を回復する、と考えるのである。

彼はまた、冪 Potenz、a^n ——特に自乗 a^2 ——をも比と考える（自乗は比例式において内項の積や外項の積として現れ得る）。度や率としての比が量同士の割り算だとすると、冪は量同士の掛け算であり、いずれも量の自己関係として質の意味を持たされるのである。こうして、比や冪は自己関係としての無限を含意しており、彼はそれを「質的な量規定性 qualitative Größebestimmtheit」（S265など）と呼び、後に第二版で「特性的なもの das Spezifische」と表現することになる（S294とS306）（「特性的」の語は本来、量論の次の「度論」において、実在する具体的事物の本質を指す語として用いられるものである）。そこで、数学的無限を理解するには、「比のモメントとして表現される分量の諸段階」（S265）を考察すればよいことになる。その第一段階は分数 a/b であり、第二段階が dy/dx という微分係数と冪 a^n である。この第二段階でニュートンの流率とラグランジュの冪級数が検討されることになる。

分数

比の第一段階は分数 der Bruch である。$\frac{2}{7}$ は定量2と7の比を表しているから、真無限である。ところで、$\frac{2}{7}$ は $0.\dot{2}8571\dot{4}$……と無限小数でも表されるが、ヘーゲルによれば、小数表記は 0.2＋0.08＋0.005＋……というように無限個の分量の和にすぎず、悪しき無限である、とされる（S267）。それに対して、$\frac{2}{7}$ は一見すると有限な表現であるが、比の両項が互いを規定し合うという（自己）「否定的な働き」がその表現に内在しており、否定性の内在が真無限の根拠であるから、$\frac{2}{7}$ は真無限の表現とされる。一方、$0.\dot{2}8571\dot{4}$……は無際限につづくという、（限りないという意味での）無限を表現しているが、「否定的な働き」（この場合は加算の操作）はその一つ一つの分量に外部から為されるものにすぎない。ヘーゲルはこのように述べて、無限小数は無限についての有限な表現であり、分数こそ有限な表現のうちに真無限を含んでいる、と言う（S269）。

ヘーゲルは、常識を覆したかのように、このように述べているのであるが、はたしてそうであろうか。むしろ、無限小数の内にこそ数学的無限が表されているのではないだろうか。彼は、ピタゴラスのように、分数をただ二つの量の比としか考えていない。分数をただ比と見ることによって、それ自身が量であることを見逃している。$0.\dot{2}8571\dot{4}$……は無際限に続く数の和であるのみならず、それ自身が一定の数である。1の長さの線分を七等分した二つ目の点がその数であり、無限小数は無限の彼方にあるものではなく、数直線上に実在する点である。無理数、$\sqrt{2}$やπも、無限小数として表されるが、1.4142……は決して悪しき無限ではない。それは辺が1の正方形の斜辺という実在する長さである。3.14……は半径1の円周として現実に存在し、いずれも数直線上の点として、その存在を持っている。ヘーゲルは無限小数を数から除外する。しかし、無限小数で表される実数の体系を考えて始めて、数学的無限は実在してくるのである。

微分論の前にある「A数論」の注一において（S217）、ヘーゲルは「算え合わす」という操作によってアルゴリズムの根拠を述べているのだが、算え合わす操作から生まれる数は自然数に限られる。負数、分数（有理数）、小数、無理数は、ヘーゲルにとっては実在する数ではない。分離量（例えばリンゴの個数）を算えるときは自然数で間に合うが、連続量（例えば物体の長さや面積）を測るときは、分数や小数、さらには無理数が必要になり、ここに実数の連続性が考えられて来る。しかし、ヘーゲルは小数や無理数は無限小数になり、悪無限に陥いるがゆえに、その数の実在を認めないのである。分数を比としてではなく、実在する分量と見ることによって、数は無限小数へと拡がり、そしてそこから実数の観念とその連続性、さらに極限の観念が生まれるてくる。数学的無限は、ヘーゲルの考える比の内にではなく、彼が悪無限として排除した無限小数の内にこそ存在するのである。この思い違いがこの後、彼の微分論を規定してゆくことになる。

ニュートンの流率

ヘーゲルは、ニュートンの無限論、すなわち「消滅しつつある量」（漸減量）と「流率」（S277f.）の考えを高く評価する（『光学』に対する手厳しいニュートン批判に比べると、これは例外的である）。ニュートンは物体の運動（変化）を流率で表した。変化をもたらすものは時間であるから、時間に従って変化する量を「流量」と呼び、流量の時間に対する変化を $\dot{x}$、$\dot{y}$ と表して、（流量の比ではなく）その変化の比 $\dot{x}/\dot{y}$ を流率と呼んだ。当時この流率に対して出された批判に対して、ヘーゲルはニュートンを擁護するが、しかしある一点に関してはニュートンを批判し、それに対して自分の考えを提出する。まず、分量でも零でもないような漸減量（これは後にオイラーによって「無限小量」と定義される）などは考えられないという批判に対して、ヘーゲルは、自らの大論理学初めにある「有—無—成」に、「分量—零—漸減量」を擬えて、有と無の統一である成が両者の真理であるように、漸減量は状態としてではなく、生成として、分量と零との統一であると考えるべきだ、と言う（S276）。

次に、流率に対する批判、漸減量というものは究極の比を持たないはずだ、なぜなら、その比は、漸減量が零になる以前には究極ではないし、零になればすべて消失してしまうのだから。この批判に対しては、ヘーゲルはニュートンの『プリンキピア』の第I篇「物体の運動」の第I章の補助定理11に付けられた「注」を自由に引いて反論する。流率において考えられるのはカヴァリエリの言うような分量としての不可分量ではなく、「漸減してゆく可分量」であり、それらの比は、「定まった部分の和や比ではなくて、常に和や比の極限を意味する」(1)。流率とは単に分量の比にすぎないのではない（ヘーゲルからすれば、分数は分量の比であったから、ニュートンの流率は分数より優れて質的なものとなろう)。それは比の極限である。そこでは、ヘーゲルの言うには、分量は消えてしまっており、「比はただ質的な量-モメント」として保存される(S278)。「究極の比という規定においては、他のものと関わらずに1であるもの、比を持たぬもの、有限な分量、そのような観念は遠ざけられている。」(S279)ヘーゲルはこのようにニュートンに賛成しつつ、自分の考えとの違いを次のように補足する。

> ただ、もしここで求められていた規定がまったく比のモメントにほかならぬような量の［質的な］規定にまで洗練されていたならば、限りなく減少してゆく［量］［漸減量］、さらに可分性という規定も、必要なかったであろう。ニュートンは分量に代えて、この限りなく減少してゆく量を考えたのだが、これは無限進行を表現しているだけであり、また可分性という規定もまた比のモメントにおいてはそれ自身意味を持たなくなるのであるから。(S279)

究極の比とは漸減する最後の量の比ではなく(それならば$\frac{0}{0}$で意味を持たない)、漸減する量の比の最後である、このことに、ヘーゲルは賛成する。しかし、彼はそこからただちに、ニュートンの言う究極の比を「比のモメントであるにすぎぬ量規定」すなわち「質的な量-モメント」であると見なして、そこにおいては量そのものは止揚されており、質的なものが出現してくる、と考えるのである。しかしこのように考えるのは問題であろう。たしかにそこでは分量は消えている。けれども、分量が消えることは量そのものが否定されることではなく、いわんや質が出現することでもない。分量の消滅とは、量を自然数のような算えられる世界から、無限小数のどこまでも続く無限の世界（ヘーゲルは悪無限とするが）へと移すことであり、そのような世界を開くことである。分量の止揚はただちに質をもたらすわけではなく、それは変量と関数の概念を生み、そして変量が近づいてゆく極限の概念を生じさせるのである。「近づいてゆく」ことは限りない行為ではなく、無限小数の実在性、実数の連続性に支えられているのである。ヘーゲルには無限小数の実在性の意識が欠けているため、ニュートンの「究極の比」を単にピタゴラス的な調和の比と受け取ってしまい、変化の比を見失ってしまったのである。

ラグランジュの冪級数

ラグランジュは前述した『解析関数論』の副題が示しているように、微分法の難点であった無限小（漸減量）や極限（流率）というものの束縛から数学的無限を解放し、変量の変化、関数を冪級数 Potenzreihe へと展開することに還元しようとする。冪級数を微分に用いることはすでにニュートンが試みているものであり、ラグランジュはそれを復活させたのである。ヘーゲルはラグランジュを高く評価するが、その評価は「冪 Potenz」の観念に限られており、無限級数の形式は、無限小数と同様の理由によって、悪しき無限として却けられる。ラグランジュへの言及は初版では概括的にすぎず、第二版の注二と初版注一の増補部分において詳細になる。以下に記すその論述は、初版から第二版までの二十年間における微分学の発展とヘーゲルの研鑽を反映している。

ヘーゲルは注一に増補された部分で（S293f.）、関数を冪級数に展開するラグランジュの方法を示している。ヘーゲルの記述は簡略にすぎるので補って示す。表記は現代風に改めた。

$f(x)$ を任意の関数、i を増分として、$f(x+i)$ は i の級数に展開される。まず $f(x+i)=f(x)+iP$ と置く、すると

$$P=\frac{f(x+i)-f(x)}{i}$$

となる。$i=0$ としたとき、P が p になったとすると、上と同様に、$P=p+iQ$ と書ける。以下同様にしてこの操作を続けると、$f(x+i)=f(x)+iP$、$P=p+iQ$、$Q=q+iR$、$R=r+iS$……が得られる。これを代入してゆくと、

$$\begin{aligned} f(x+i) &= f(x)+iP \\ &= f(x)+ip+i^2Q \\ &= f(x)+ip+i^2q+i^3R \\ &= f(x)+ip+i^2q+i^3r+i^4S \\ &= \cdots\cdots \end{aligned}$$

となり、$f(x+i)$ の展開式、$f(x)+ip+i^2q+i^3r+i^4r$……が得られる。(2) p, q, r は i に依存しない x の新しく導かれた関数であり、ラグランジュは導関数と名づけ、$f'(x)$ と書いた。そして i の一乗冪の係数である p が微分係数 dy/dx と同一視しうることを示した。

ヘーゲルが問題にするのは、i とは何か、i の「意義と価値」(S294) についてである。$y=f(x)$ とし、y の増分を k とし、x の増分を上のように i とすると、$k=ip+i^2q+i^3r+i^4r$……であり、また、$\frac{k}{i}=p+iq+i^2r$……である。増分 k と i が消えてゆく（0となる）とすると、$\frac{k}{i}=p$（$=\frac{0}{0}$）となるわけで、この p が「二つの増分相互の比の極限」である。ヘーゲルは、$\frac{0}{0}$ が「現実的な比」ではなく、「二つの増分相互の比」がそれに「近づいてゆく」特定の数値である、と説明する（極限としての $\frac{0}{0}$ は実際はさまざまの値を取りうるであろう）。しかし、ヘーゲルは、$dy/dx=p$（一定の値）だとすれば、$i=0$ とした前提がおかしくなり、逆に $\frac{k}{i}=0$ だとすると、p は0となってしまうから、いったい p とは何なのか、こう問いかける。彼はここでは、p は原始関数から導出された導関数であるというラグランジュの説明にとどめ、p が何であるにしろ、それによって、これまで微分にまとわりついていた「無限小量」や「無限に近づいてゆく」、また「連続量」(S294) のような「空虚なカテゴリー」から解放される、と言う。p が何であるかという問題は、注二において、級数の第二項以下を消去しうることの根拠を示そうとする努力のなかで解答され、それに伴ってヘーゲル独自の微分論が示されることになる。

「注二」の初めでヘーゲルは、無限小量の計算すなわち微分計算の方法は、$dx^n = nx^{n-1}dx$（この式は『大全集』の編者の注によるとオイラーの教科書から取られたものである）、あるいはラグランジュの

$$\frac{f(x+i)-f(x)}{i} = P$$

の式に、そのすべてが含まれており、その理論をものにするには半時間もあればよい、と言う（S301）。これは微分公式であり、$dx^n/dx = nx^{n-1}$ とも書ける。例えば、$f(x) = y = x^2$ の関数を x で微分しよう。x の増分を dx とすると、y の増分 dy は $(x+dx)^2 - x^2$ である。変化率は、

$$\begin{aligned}\frac{dy}{dx} &= (x^2 + 2x \times dx + dx^2 - x^2) \div dx \\ &= (2x \times dx + dx^2) \div dx \\ &= 2x + dx\end{aligned}$$

x で微分するとは、$dx \to 0$、dx を消去することであるから、$\frac{dy}{dx} = 2x$

この $2x$ が $y = x^2$ の微分係数、導関数である。この例では二次曲線の接線の傾きを示している。ヘーゲルは微分計算のすべてがこの nx^{n-1} の n に、あるいは先の例でいうと、$ip + i^2q + i^3r + i^4r \cdots\cdots$ の p に含ま

れているというのである。そして、それ以外の項が消去される根拠は、一般にはそれらは「微小な量」「大して重要でない」「無限の接近」だからといわれるが、そうではなく、消去される項が既に第一項の内に概念的に含まれているからだと言う。

ヘーゲルが微分の本質と見なす微分係数を「特性的なもの」と呼んでいることは先に述べたが、この語は第二版に出てくる語で、初版で言われた「質的な量規定性」と同じ意味である。特性的なものとは本来、次の「度論」の対象である比熱 spezifische Wärme や比重 spezifische Schwere のように自然の物体が持っている本質（質的なもの）を（質的にではなく）量的に表す規定のことである（上の日本語訳から分かるように「特性的」は「比的」と訳してもよい）。ヘーゲルはこの概念を微分に適用して、冪の内にそれを探っているのである。なぜならば、関数は冪級数に展開されることによって、その本質（微分係数）を明らかにしてくるからである。

「冪とはそれぞれの単位が集合数でもあるような諸単位の集合である。」（S359）つまり、a^2 は a（単位）を a 回足すこと（集合数）であり、$3^2 = 3 \times 3 = 3 + 3 + 3$ である。したがって、数は単位と集合数からなるのであるが、単位の他者であったはずの集合数が自乗においては単位と一致している。量とはそもそも自己を他者の内で表現するものであったが、冪においては、その他者の内に自己を見出し、変化の内でも変わらぬもの、自己関係という質的なものあるいは「特性的なもの」がとらえられているのである。分数や微分係数がいわば割り算としての比であったのに対して、冪は掛け算としての比なのである。量はどこまでも広がるものとして他者へと連なってゆくものであるが、比においては、他者ではなく自己に関係するものとして、量的性格が止揚されて質的なものが現れてくる（回復する）と、ヘーゲルは考えているのである。

　ラグランジュの冪級数の持っている意義を冪の内にのみとらえるヘーゲルにとっては、「変量とか関数などというカテゴリーはここで問題にしている特性的な量の規定性［冪のこと］に比べれば、形式的なものにすぎない」（S306）ことになる。ヘーゲルは「不定方程式 die unbestimmte Gleichungen」（S305）あるいは「不定解析 die unbestimmte Analysis」（S306）と呼ぶものと、微分との違いを、微分が「変量の一つあるいはすべてが二次以上の冪の形をとっている」（S307）点においている。不定方程式ないしは不定解析が何を指しているのか、もう一つ私には理解できないのだが、不定な変量は他の数値が確定されればそれに応じて決定されるというのであるから、未知数を持った単なる方程式のことを指しているのであろう。そうであるとすると、ヘーゲルにとっては微分はただ冪を持つ点にのみ特徴があり、変量は単に未知数にすぎず、関数は方程式、等式にすぎないことになろう。

　ヘーゲルはさらにラグランジュの冪級数展開の内にある、微分の本質（ヘーゲルが比と考えるもの）にとって「異質な諸規定」（S308）、すなわち和の形式を指摘している。級数展開は（$x+i$）という「好ましからざる」和の形式から出発せざるを得ず、またその展開も $ip+i^2q+i^3r+i^4r$……のような和の形式を取らざるを得ない。ヘーゲルは級数展開が和の形式をとらざるを得ない根拠を、次のようにいわば捻り出している。3^2は冪であるから量の質的性格を表現しているが、同時にそれ自身一つの量9でもあり、$3^2 = 5 + 4$、和として書け、それはまた冪である数の和としても表される。つまり、$3^2 = 5^1 + 2^2$、一般に$a^n=(b+c)^n$であり、すべての数は和の二項式となる。ヘーゲルの書いたものを記すと、$x^n=(y+z)^n=y^n+ny^{n-i}+z+$……となる。このようにして彼は、二項式の展開であるラグランジュの級数展開を基礎づける。しかし、ヘーゲルによれば、ここで重要なことは、底が和であることでも、展開された級数が和の形式を持つことでもなく、「関係を取り除くことだけにある nur die Beziehung aufzunehmen」(S310)。ここは訳しづらいところだが、Verhältnis(比)ではなく、Beziehung を強調して用いていることからすると、ここに言う「関係」とは比(冪)ではない操作、足し算、和のことであろう。ヘーゲルは、底の和も級数の和もいずれも微分には「異質な規定」であり、したがってラグランジュの「方程式を変量の冪から変量の展開関数の比に置くことは、さしあたっては任意で可能なことだとしか言えない」(S310)と指摘するのである。

このように冪級数が和の形式を取ることに対する不満は、ヘーゲルに「注三」を書かせるきっかけになった。そこでは、「単なる足し算として現れる解析的処理〔冪級数への展開〕の内に実際はすでに掛け算が含まれている」ことを指摘しなければならない、と言う(S338)。算術によってそれを示すことは不可能であろうから、彼は幾何学をその助けに用いる。台形の面積を求める際に、無限に薄い面を考えて、それらを足した和が、二辺の和と高さの掛け算の半分によって求めた数値と同じになる、と言うのである。ここからヘーゲルはカヴァリエリの不可分量の幾何学の検討に「注三」のほとんどを費やすことになる。

関数を級数に展開することによって極限をとらえようとするラグランジュの試みがヘーゲルにとって意味を持つのは、それが関数であることではなく、変量の和の形式（級数）でもなく、ただそれが冪を持つことにのみ存する。冪や比という量の自己関係を通して、質的なもの、真無限が現れてくると考えるのである。ヘーゲルは「限りなく近づいてゆく」という観念に否定的な意味しか見出すことができなかった。彼は、微分、数学的無限を、極限にではなく、比の内に見たのである。しかし、微分は、この後、極限を収束の概念を用いて定義することに向かった。高校の教科書を開いてみると、極限について次のように定義されている。「数列 $\{X_n\}$ において番号 n を限りなく大きくするとき、X_n がある定数 a に限りなく近づくならば、これを $n\to\infty$ のとき $X_n\to a$、あるいは $\lim_{n\to\infty} X_n = a$ と表し、数列 $\{X_n\}$ は a に収束するという。a を数列 $\{X_n\}$ の極限値という。」この定義はまだ直観的であって、「限りなく近づく」という表現が見られ、また極限値が先に設定されている点で不十分であるが、コーシーの収束条件 ε-δ 論法はヘーゲルの忌避した極限を正確に定義するものとして考えられたのである。

注

（1）　中野猿人訳『プリンシピア』（一九七七年、講談社）五九ページ。

（2）　小堀憲『18世紀の数学』（一九七九年、共立出版）一三一、二ページ参照。

五　現実との和解――本質論

はじめに

希望であれ不安であれ、未来を予期すること、悔いであれ懐かしさであれ、過去を振り返ること、いずれも現在を避けている、しかも現実のただなかで。現実は砂を噛むように単調であり、「卑賤で下劣」であるのか、それとも頁岩の屏風のように行く手を阻むものであるのか。

ここに二人の青年がいた。彼らは現実を、瀕死の権威が未来への生を圧迫している既成体制の閉塞状況を意味する「実定性 die Positivität」の語で表現した。それに抗って、彼らは「神の国 Reich Gottes」の理想を掲げた。現実との対決、すなわちドイツにおける政治革命と再度の宗教改革は、バレット帽（牧師の帽子）を被ろうとする彼らの口とペンでは、実定性の強大な力に比してあまりにも脆弱であって、実を結ぶことはなかった。俗に言う而立、彼ら三十歳、世紀の変わり目である一八〇〇年が、二人の歩む道を分けた。ヘルダリーンは現実から逃避し、過去を懐旧し未来を憧憬しながら、自己の内なる世界に「神の国」を見出そうとした。いや正確に言うと、彼は外の世界へ出る道を閉ざし、そしてそれによって内なる世界をも崩落させていった。一方、ヘーゲルは現実という硬い岩盤に自らが生きる小さな穴を穿ち、「神の国」から現実へ「帰還」した。しかし、彼の現実への生還は現実への逃避、卑小な日常に狎れるだけのものではなかった。逆に彼は未来を、そして「理想」を封印し、現実そのものを「神の国」として描こうと決心し、そのために形而上学を再興し弁証法の論理を工夫した。そうして彼は現実との和解を果たした。

厳密に言えば、今ここにある現実との和解というのではなく、現実とはそもそも存在の和解という出来事を通してのみ成立することを見出した、と言うべきであろう。ヘーゲルには、現実はもはや、彼がそれと和解すべきよそよそしい対象であるのではなくなった。現実とは、現実を現実たらしめるもの、後にふれる和解という出来事によって、それが存在していることの理性的根拠を得ているものであることを、彼は理解したのである。それは、出来事である限り、一回限りのことであるから、心を強烈に揺さぶるとともに失われゆくものであった。したがって、彼はその和解の出来事を、現実の根拠として論理化する必要があった。

本章の目的は、大論理学第二巻「本質論」を正確かつ簡潔に解釈することにある。本質論の中心は第二篇「現実」にあるから、本質についての解釈は同時に、ヘーゲルにとって現実とは何を意味していたか、を明らかにすることになる。解釈の概要は3で述べるが、その前に1においてヘーゲルの現実への帰還を振り返り、2においてそうして誕生した彼の形而上学と弁証法について述べよう。

1　現実への帰還

テュービンゲンの神学院を卒業して九ヶ月経った頃（一七九四年七月十日）、ヘルダリーンはベルンにいるヘーゲルに手紙を書いている。

ぼくは、「神の国」の合言葉で互いに別れてからも、君がぼくのことをときおりはきっと思い出してくれていると信じている。(1)

ヘーゲルもまたシェリングに「神の国」について書いている（一七九五年一月末）。

神の国よ来たれ、われわれは怠けて手を拱いていてはならない。……理性と自由、これが今でもわれわれの合言葉であり、われわれの一致点は見えざる教会だ。（書簡集 I, S.18）

フランス革命に対する揺り戻しが始まっていたが、その分、革命のドイツへの波及は焦眉の急であった。しかし、神の国は「見える形では来ない。……神の国はあなたがたの間にあるのだ。」（ルカ伝

17,20）革命の帰趨は未だ明らかではない。だから、怠けることなく「理性と自由」（フランス革命の理念）の灯を掲げていなければならない。

　それから五年、フランクフルトでの家庭教師の契約期間が終わり、父親の遺産の一部を手にしたヘーゲルは、イェーナ大学にいるシェリングに就職を依頼する手紙を書く（一八〇〇年十一月二日）。

> 青年時代の理想は反省形式に、同時に体系に変わらざるをえなかった。それに携わりながら、ぼくは今、人間の生活に割り込むのにどのような帰還の道が見出されるか、自問している。（書簡集 I, Sn.59f.）

「人間の生活」、生きるために確保する現実の小さな穴、ヘーゲルはバレット帽をかぶり二本の白い麻布の襟飾りをつけることを永久に放棄し、口舌で生活の糧を稼ぐ世俗の大学教師の道を選ぶのである。神学院を出てからの家庭教師の六年間は聖職に就くまでの猶予期間であり、その間、ヘーゲルは「神の国」の実現を目指し、キリスト教をイエスの生き方にまで遡って改革しようとして、実定化したルター主義に代えて「心の宗教」を構想し、そして三人の合言葉「見えざる教会」の実現を目指していたはずであったのに。

　ヘーゲルが現実への帰還を決意したころ、ヘルダリーンはズゼッテと別れ、その後赴いたスイスの家庭教師を解雇され、フランスのボルドーに家庭教師の新しい口を見つけたところであった。彼は友人のランダウアーに書いている。

ぼくは自分の内に魂《ヘルツ》をもっている。けれどもそれが何のためにあるのか分からない。誰もぼくに教えてくれない。この孤独は祝福なのか、呪いなのか、言ってくれたまえ。ぼくの天性によってそうであることを定められている孤独、自分を救い出そうとして最も目的にかなった境遇を選んだのだと信じれば信じるほど、ますます抗いがたく押し戻されてしまう孤独は(2)!

この後、一八〇二年、彼は再び家庭教師を解雇され、幽鬼のような姿でフランスから故郷に戻るのだが、夏に重い発作を起こし、彼の内面は激しく損傷されてゆく。ヘルダリーンにとって現実は現実であるだけですでに敵と感じられたのである。内なるものと外の世界、精神的なものと時間的なもの、この二つは彼には和解しえない対立状態にあり、両者が一致することはない。彼の描いたエムペドクレスのように現実に関与しない者、現実から逃避する者は、どこにいようとどのように生きようと、最後まで世界のよそ者であり、孤独に呪われている。いやむしろ、孤独を至福の瞬間を授けてくれる祝福と感じているのだろうか。いずれにしろヘルダリーンにとって「神の国」は現実の内にはありえなかった。

ヘーゲルの現実への帰還は、ヘルダリーンのように現実からの逃避でないとしても、しかしそれでは「神の国」を棄てて「卑賤で下劣な」日常であるこの現実へと逃避することなのだろうか。イェーナに着いてすぐ、ヘーゲルは大学でのこれからの活動を心に誓う「決意《エントシュルス》」(3)という四行の短い詩を書いている(一八〇一年一月)。

大胆に　神々の子は　完成の戦いを　期するがよい
いざ　汝との安らぎを絶て　世《ヴェルト》のなりわいと縁を切れ
努めよ　試みよ　今日よりも昨日よりも　さすれば汝は
時代《ツァイト》を超えることなくとも　最もよく時代とならん

ここに現実に対するヘーゲルの第三の道が語られている。時代を超えて理想を追うのでもなく、また世のなりわいに狎れるのでもなく、つまり、現実から逃避するのでも、現実へと逃避するのでもなく、現実（時代）と合一する（「最もよく時代となる」）ことである。

「時代との合一」という言葉は、一八〇〇年九月十四日擱筆のいわゆる「一八〇〇年の体系断片」の末尾にある。この断片を解釈するのははなはだ難しい。ヘーゲルはこのとき哲学と宗教のいずれに生きることの意味を見出しうるかに悩みつつ、その苦悩のなかからキリスト教についての新しい解釈の可能性を見つけたように感じていたのだろう。彼は「哲学は宗教によって終わらねばならない[4]」と言う。なぜなら、哲学とは思惟の活動であるが、それは一方では思惟ならざるもの（感覚など）と、他方では思惟されるもの（思惟の対象）との対立から抜け出せないからである。それに対して、宗教は「有限な生命から無限な生命へと高揚すること」（選集 1,423）であるから、「生命あるものの主観性と、喜びの内で融合する」(同)ことができる。ここで言われる宗教は、キリスト教ではなく、ギリシャの「幸福な時代」における神々の宗教である。その神々と一体となる歌や踊りの祭を司る者が聖職者である。ヘーゲルはこれを書きながら、実定的となったキリスト教をこのような「生命宗教」に改革してその聖職者となるという期待を、なお持っていたのであろう。しかし、彼の生きている現実の生そのものがこの合一を許さず分裂したものであるならば、彼の期待は「時代から浮いたもの」になる。こう述べて、ヘーゲルは「不幸な時代」である彼の時代に目を転じる。主観と客観とが激しく対立する現代においては両者の合一は不可能であり、主観(自我)を固定するか、客観(神)を固定するかのいずれかしかなく、対立と分裂の消えることはない。断片の終わりの部分は解釈が難しいが、おおよそ次のように読めるであろう。

自我が、一切のものを、自我に対立する一切のものを、踏みつけて得る歓喜、これが時代の現象であるが、それは根本的には、人間になりえないような絶対によそよそしい本質[超越的な神]に依存する現象と同じことを意味している。あるいは、この本質[神]が(時間の内に入り)人間になるならば、この合一の内にはまた、絶対に特殊なもの、ただ絶対に一なるものが残るであろう――時間との合一が卑賤で下劣なものであるとしても、最も品位あるもの、最も高貴なものが、残るであろう。(選集 I, 427)

ヘーゲルには自らの課題が明らかになってきたのである。それは、「絶対に特殊なもの、ただ絶対に一なるもの」すなわち「卑賤で下劣」にして「最も品位あるもの、最も高貴なもの」、この激しく矛盾する事柄を理解すること、人となった神、イエス・キリストを概念的に把握することである。彼は、その十日後、九月二十四日から、五年前に書いた草稿「キリスト教の実定性」を行李から取り出しその改稿に取りかかる。そこでは、イエスはもはや、道徳の教師（「イエス伝」）でも、愛の説教者（「キリスト教の精神とその運命」）でもなく、死して生きるもの、絶対の矛盾として描かれ、この絶対的に偶然なるものが精神における必然として理解されることになる。

存在の必然性を把握する立場が初めて明快に述べられたのは、一八〇二年十二月ないしは翌年の初頭に書かれたと推測される「ドイツ憲法論」の緒論においてである。哲学とは「在るものを諒解すること」である。現実を実定性として見て、それに敵対することから生まれる青年の苛立ちは、この存在理解によって宥められる。

> 在るもの《ザイン》がわれわれを苛立たせ苦しめているのではない。こう在るべき《ゾレン》なのにそのように在らぬことがわれわれを苦しめるのである。しかし、在るものはそう在らねばならない《ミュッセン》ように在る、そのことをわれわれが認識すれば、……そうあるべき《ゾレン》ことをも認識するのである。……ひとはこの必然性を認識し思惟するように努めなければならない。（選集 1,463）

そうして、現実との和解が明確に述べられたのは周知のように『法哲学』（一八二一年）の「序文」においてである。

哲学は理性的なものを究明するものであるから、現存《ゲーゲンヴェルティッヒ》し現実的であるものを把握することであって、何か彼岸的なものを立てることではない。（選集7,24）

理性的なものは現実的であり、
現実的なものは理性的である。（同）

「理性的」とは若きヘーゲルを苛立たせ苦しめた「実定的」の対立語である。彼は現実の内に「理性的なもの」の存在を認め、現実との対立を克服する。「国家をそれが在るべき《ゾレン》ように構成する」のではなく、「国家をそれ自身の内で理性的であるものとして概念把握《ベグライフェン》し叙述する」（選集7,26）のが「国家学」としての『法哲学』の主題である。こうして「神の国」は国家として、地上において実現されたのである。

「神の国」と現実とを決して相容れないものとして、自らの理想に生きることがヘルダリーンの悲劇を生んだ。しかし逆に、「神の国」をただ現実の内に見出そうとするのは「怠けて手を拱いて」いることにならないか。けれども、ヘーゲルは現実に狎れよと言っているのではない。

この移ろいゆく現世《ツァイトリッヒカイト》［時間の世界］には……ましなことなど何ひとつとないのだから、……現実に対しては逆らわないでいようという醒めた絶望に、理性は満足しないのである。（選集7,27）

先の『法哲学』の理性と現実の一致の言明に続けて、彼は次のように言う。

理性を現在《ゲーゲンヴァルト》という十字架の内にあるバラとして認識し、そうしてその現在を喜んで受け入れる、この理性的洞察が現実との和解である。（選集7, 26f.）

あるいは「宗教哲学講義」では、「現在の十字架の内にあるバラを摘むためには十字架を我が身に背負わなければならない」（選集17,272）とも言われる。十字架とはイエスの死という現実であり、その刑死はバラすなわち（現実を支配する）理性の現れであり、したがって現実と理性との合一を理性（「自己意識的精神としてのわれわれの理性」）が洞察するには、われわれ自身もまた十字架を背負い、苦痛に耐えなければならないのである。現実と理性との一致には苦痛がともなうのである。和解die Versöhnungを、ヘーゲルは「子になることver-Sohn-ung」、神が人になることと考え、さらに人としてのイエスが刑死によって聖霊になることの意味をこめている。そうであるとすると、「現実との和解」は「和解すなわち精神の現実」（エンチュクロペディー§555）であり、現実とは和解の事実そのものを根拠にしていることになる。こうして現実はイエスの出来事によって理性的なものであることが確証されたのである。その一回限りの出来事を、人間の内面へと移し、信仰の事柄としたのがルターであるが、ヘーゲルはそれを引き継いで、和解（精神の臨在）を存在の本質として概念的に把握することを自らの論理学の課題としたのである。『法哲学』からの先の引用に続けて、彼はベーコンの「真の哲学は神に至る」（選集 7,27）という言葉を書き写している。

注

（1）Briefe von und an Hegel. Band I, S.9 Hrsg. von J. Hoffmeister, Meiner, 1961 以下、「書簡集」と称す。
（2）F. Hölderlin Werke und Briefe. Band 3, S.449 Hrsr. von J. Schmidt, Deutscher Klassiker, 1992
（3）Dokumente zu Hegels Entwicklung, S.388 Hrsg. von J. Hoffmeister, Frommann, 1936
（4）G. W. F. Hegel Werke. 1, 422f. Suhrkamp 以下、これからの引用は「選集」と称し、その巻数とページを記す。

2　形而上学と弁証法

ヘーゲルは「神の存在証明に関する講義」の第十講で、「論理学は純粋思想のエーテルの内にある神の理念の展開《エヴォルツィオーン》を考察する形而上学的神学である」（選集 17,419）と言う。神の死と復活という出来事を概念的に把握し、現実の本質と見るのが論理学の仕事であるということだが、この理解はすでに「信仰と知」（一八〇二年）の結論で次のように表現されている。

> すべての存在がそこに沈み込んでゆく無の深淵としての純粋概念あるいは無限性は、「神自身は死んだという」無限の苦痛《シュメルツ》を……純粋にモメントとして、ただしモメント以上のものとしてではなく、記さなければならない。……それゆえ哲学のために、絶対的自由の理念とそれとともに絶対的苦悩《ライデン》あるいは思弁的聖金曜日とを、かつて歴史上に存在した聖金曜日に代えて、神喪失という真理の全体と過酷さのなかで、回復させねばならない。（選集 2,432）

「無限の苦痛」とは「神は死んだ」ことに対する人間の感情であり、ルターの宗教がそれを内面の信仰に移しかえたことは先に述べた。ヘーゲルはさらに「神の死」という聖金曜日の歴史的出来事を思弁的なものに変えようとするのであり、その出来事を、論理学によって、現実が理性的存在であることの根拠にしようとするのである。ただし、この苦痛はあくまでも理念のモメント以上のものであってはならない。それをモメント以上のものと見て、その感情にとどまったのがヘルダリーンであった。彼はその感情を悲しみと呼ぶ。悲しみの感情は自己反省的であり（喜びにも苦しみにも、それを反省したときには悲しみが湧く）、その出来事の瞬間の内に直接に永遠を見ることができるからである。それに対して、ヘーゲルはその出来事を苦痛と呼び、苦痛もやはり自己反省的であるから（後述）、その否定性の内に肯定的な理念の有する反省的モメントを見出そうとするのである。

論理学が形而上学的神学であることの意味について一点だけ記しておく。若きヘーゲルのキリスト教批判は、ドグマの批判ではなく、宗教としての在り方、神についての人びとの把握の仕方に向けられた。批判の鍵になったのは実定性の概念である。実定性とは、神を彼岸にあるものとして、悟性的、反省的に捉える仕方である。彼はそれに対して、神を主観的信仰の対象として、生命や愛の概念を用いて理解しようとした。したがって、ルターの信仰中心の考えに連なるものであるが、主観的信仰のみを強調することは逆に絶対的に客観的なものを残すことになる。そこで、彼は「聖金曜日」の歴史的出来事の内に神の本質があると考えるようになる。そしてその神は「精神としての神」と呼ばれる。

神は自己自身を知る限りでのみ神である。さらに神の自己知は人間の内における神の自己意識であり、神についての人間の知であり、それはさらに神の内における人間の自己知に進んでゆく。（エンチュクロペディー§564 注）

自己知（絶対知）としての神は、まず人間の知の内に潜んで人間の知の対象としてあり、さらに対象性が止揚され人間と神とが一体になった領域においては人間の自己知ともなる。前者は、われわれがこれから解釈する本質論（反省規定と現象の考察）の内容であり、後者は概念論の内容であると言ってよい。つまり、本質論では、精神としての神は「表象の主観的知に対してあり、表象は精神の内容をなす諸モメントに独立性を与え、それらを相互に前提しあうもの、次々に起こる現象となし、有限な反省規

定に従って生起するものの連関となすのである。」（同上 §565）

すべての人間が自らの内に神の自己意識を持っており、神を知りうると言うのであるから、ヘーゲルの神は決して神秘的なものでも秘教的なものでもない。それは完全に顕わになった神、啓示された神である。啓示はイエスの存在とその死によってもたらされた。イエスの死の意味することは感覚的な現在性が止揚されることであり、神が感覚の対象から表象の活動のなかで捉えられるものへと変化したことである。感覚と違って、表象はかつて在った《ゲヴェーゼン》ものについてさまざまの規定を付与する悟性の観念化の活動である（本質論の主題）。これはさらに、神と人間との和解を経験する人間の自己知、純粋な思惟（概念論の主題）に進むのである。

　このように述べると、ヘーゲルは哲学を神学化したと考えられるかもしれない。しかしそれは大きな誤解である。むしろ逆にヘーゲル哲学は宗教についての啓蒙の極致と言ってよいであろう。彼は「歴史哲学講義」においておよそ次のように述べている。理性が世界を支配しているとは、人間には神が認識可能であることと同じことである。神の認識を斥けるとき、人間は無知蒙昧の状態に陥る。近代の哲学は宗教にふれることを憚ってきたが、キリスト教において神は自分を啓示したのであるから、哲学は神認識の可能性を主張するだけではなく、それが義務であることを明らかにしなければならない（選集12,12）。それゆえ、キリスト教を概念的に把握するというヘーゲル哲学は哲学の神学化ではない。むしろこれほど透明な哲学はないのである。この世に概念化されえないものは何ひとつとして存在せず、すべては言語化しうると考えるのであるから。問題はむしろこの後にある。神学の哲学化は、哲学の神秘化ではなく、すべてが透明となったのであるのだから、むしろ逆に哲学の実証化への道を開くことになるであろう。神の概念把握を達成したヘーゲル哲学はそこから、弟子たちにより、人間学、歴史学、経済学へと姿を変えられてゆく。若きヘーゲルはキリスト教の内容そのものの改革は諦め、その形式、把握の仕方、方法を工夫した。そうして論理学は神学的形而上学になったのだが、そのことによって論理学はさらに実証的学問への道を開いたのである。

論理学の方法である弁証法を、上に述べた「無限の苦痛」と関連して再説しよう。痛みとは神が人となり、人として死ぬ、このイエス・キリストの出来事に対する人の感情である。そこに神と人との一回限りの出来事、神の側からする和解が生じる。その痛みを思惟の前進運動によって克服してゆくのが、ヘーゲルの弁証法である（ヘルダリーンはこの出来事が生み出す悲しみの感情にとどまった）。つまり苦痛とは、弁証法の本質である、存在そのものが持っている否定性にほかならない。神と人とが同一でありながら絶対的に区別されていること、人間から言えば、自らは神から存在を与えられながらその神から遠ざけられているという苦悩、この絶対的矛盾が弁証法を駆動させるいわばエネルギーである否定性と考えられる。

ヘーゲルの言うように、痛みは二つの面を持っている。一つは、痛みを感じるとは肯定的なものを予感していることである。

> 痛みは、当為、ある肯定的なもの［実在的なもの］との対立の内にのみ現存する。もはやそれ自身において肯定的なものでないもの［肯定的なものを持っていないもの］は、矛盾することもなく、痛みも感じない。痛みは肯定的なものの内なる否定的なものであり、そうしてそれ自身において肯定的なものもこのように自らに矛盾し、自ら毀損されるものである。（選集 17,263）

自らの内に肯定的なもの（神）を持たぬ者、世に狎れるだけの者は痛みを感じることがない。否定性、苦痛は、神が人の内で自らを知り、人が神の内で自らを知るとき、すなわち思惟の思惟において和らげられるであろう。

もう一つは、痛みは「自己自身についての無限の痛み」（同上）であること（「無限」とは自己自身に関わるという意味）である。甘みの感覚は対象（例えば砂糖）を感じるものである。それに対して、痛みの感覚は対象であるナイフを感じるのではない。それは、自分の皮膚を感じるのであり、痛みとは常に自己を感じること、反省的な感覚である。弁証法の否定性は有においては「はかなさ」としてあったのであるが（第三章参照）、そこでは否定性そのものが主題になることはなかった。有論では否定性は「有は無でない」の「でない」にすぎず、有はただ無という他者に移りゆくだけで、自己に戻ることはない、自己を感じることはなかった。以下に述べる本質論において、いわば存在の苦痛、否定性そのものが主題になるのであり、それはまず存在の自己への反省として現れる。

ヘーゲル弁証法をプラトンにまで遡って問答や対話の技法と考えることができるとしても、それは人と人との対話、コミュニケーションの論理とは考えられない。ヘーゲル弁証法は人のその自己との対話であり、そのことによって人と神との対話（信仰）であり、結局は神の自己との対話にほかならない。神（論理学では概念）が存在へと身を窶し、まず有という存在（自然の領域）において自己を探し求めるが、そこに自己は見出すことができず、本質という存在においてようやく自己を見出すにいたるのである。したがって、弁証法とは存在の外部から存在を叙述することではなく、存在の内部に立ち入り存在になりきることであり、存在を旅する概念（神）の旅の記録にほかならない。

３　反省

本質 das Wesen とは有《う》 das Sein に続く存在の第二の在り方のことである。有は眼に鮮やかな感覚のいわば昼の領域であったが、同時に存在のはかなさを表すものであった。可憐な野の花は春に花を咲かせ、夏に実を結び、やがては枯れてゆく。花の存在は生まれ滅してゆくこと、生滅《しょうめつ》の果てしない繰り返しの内にある。有論は、この直接に在る存在を、感覚し（質）、算え（量）、測り（度）、最後に一切の規定性が消え、「無差別」の内に消えてゆくことを描くものであった。しかし、その存在のはかなさ（有の持つ否定性）、そのことに気づくならば、野花の存在に関して別の見方をすることができる。花は枯れることによってむしろ初めてその本質を、それが存在することの根拠を現してくる。有の根拠は、野花の生滅をうながす「力」であり、また一茎の野花を包み込む自然の「全体」であり、さらに花を咲かす「原因」である。有論は「ものはどのように在るか」を問うものであったが、本質論は端的に「ものは何であるか」を、つまり変化にかかわらず存在しているものを問うのである。本質は、有と対比すれば、思惟といういわば闇の領域であり、絢爛たる感覚は失われたが、思惟はその闇のなかで再び存在を構成し直してゆくのである。その思惟の活動を反省 die Reflexion という。ヘーゲルにとっては思惟と存在は一致するから、反省は存在自身の活動でもある。存在の Reflexion を指す場合は、反射ないしは反照の語がより適切かもしれないが、本章ではその意味をも込めて反省の語で統一することにする。

本質論は、「第一篇それ自身の内に在る反省としての本質 das Wesen als Reflexion in ihm selbst」、「第二篇現象 die Erscheinung」、「第三篇現実 die Wirklichkeit」からなる。現実とは、存在の二つの在り方、有と本質とが一致しているもののことであるから、そこにおいて存在は完成されている。したがってこの第三篇において狭義の存在論は終結する。しかし他方で、現実は存在そのものと思惟との一致でもあるから、次の第三巻「概念論」の概念 der Begriff（存在を自ら展開する思惟の在り方）を準備するものでもある。

第一篇「それ自身の内に在る反省としての本質」は、第一章「仮象」、第二章「本質態あるいは反省規定」、第三章「根拠」からなる。「それ自身の内に在る反省」とは純粋な自己反省としての本質の運動（措定的反省、前提的反省、外的反省、規定的反省）を叙述し（仮象の章）、そこからいわゆる思惟法則としての反省規定（同一、区別、矛盾）を導くものである。存在は矛盾の規定によって破滅し（zu

Grunde gehen、この語にヘーゲルは「根拠《グルント》に赴く」の意を懸けている)、反省活動の純粋な観念的な媒介に代わって、根拠による実在的な媒介が現れる。世界の存在はすべて根拠づけられているという存在把握は一般に科学の立場であり、そのような世界解釈が次の第二篇「現象」のテーマとなる。小論理学は「仮象」の叙述を欠き、「根拠」も反省規定の一つとされる(その代わり「矛盾」の規定は消失する)。おそらくこの処置は「仮象」論の難解さによるのであろうが、大論理学の仮象の章と小論理学の反省規定論は相互に対照させることができる。

(1) 仮象

有は仮象となる。「仮象とは有の規定性の内にある本質そのものである」(W12)。「私はリンゴを見たことがある Ich habe einen Apfel gesehen.」(一八三一年の論理学講義)。この「見たことがあるリンゴ」が仮象である。それは今ここで芳しい香りを放つものではない、つまり有ではない。しかし、リンゴは、私が表象・観念としてそれを想起するとき、有とは異なった仕方ではあるが、たしかに存在している。この現在完了形で表される存在、sein(有)の過去分詞 gewesen の内に、Wesen(本質)が含まれている、とヘーゲルは言う。存在は言語の内に現れてくる、と彼は考えているのであるから、これは単なる言葉遊びではないであろう。本質とは、例えば過ぎ去ったものを想起するとき、私の内にある表象として、初めてとらえられるものである。私が恋人と対面しているとき、私は彼女の表情や服装(有)を見ているが、彼女を考えてはいない。彼女のことを考えその本質を知るのは、後に有ではなくなった彼女の存在を思い浮かべ表象することによってである。この想起と表象の働きが反省と呼ばれるのである。

仮象とは有のはかなさの表現である。仮象の存在性格ははかないことである。つまり、仮象は有らぬものとして存在する。有るのでないことがその存在であるとは、その存在は無の自己関係（反省的思惟）を通して現れてくるということである。有論では視野になかった存在の持つ否定性がここで初めて主題となるのである。

（2）反省

ヘーゲルは本質について、「本質は、自己自身であるところの自己の否定態［仮象］を通して、自己を自己と媒介するものとして存在する、自立的なものである」（W12）と言う。二つのことが重要である。一つは、仮象と本質とは異なるものではないという点である。仮象と反省の論は、仮象を単に虚偽として本質を真なるものとする古代以来の伝統的存在論と、反省を単に主観的活動としてしか見ない（仮象を、主観の構成する現象とする）近代の主観性哲学、これらが誤りであることを指摘するものである。仮象は本質と異なるものでも、それと対立するものでもない。仮象は、本質が自らを措定したものの、本質そのものであり、反省によって生み出される新たな存在である。

第二に、反省は「自らが自らに関係する否定性 sich auf sich beziehende Negativität」（W12）である。反省の目指す対象は反省自身であり、そして自己に関係する認識活動とは思惟の活動にほかならない。感覚が他者を知ることであるのに対して、反省は、ソクラテスの「汝自身を知れ」、アリストテレスの

「思惟の思惟」のことであり、そして特にそれは近代哲学の主要概念であるから、デカルトの「コギト・エルゴ・スム」、ロックの「内省」、またカントの概念形成機能の一つとしての反省、フィヒテの「自我」のことである。しかし、フィヒテの自我には非我が対立しているのであって、デカルトの言うように、反省は二元論（自我の分裂）を生むのである。ルソーはそれを批判し感情を根拠に置き、シェリングは直観を存在の根拠とした。したがってヘーゲルにとっての問題は、反省の二元性を反省自身によって克服することにある。

反省の二元性は上記の二つの自己 sich（「自らが」と「自らに」）によって表現されている。自己関係として例えば、Ich setze mich an die Arbeit.（私は私を仕事につける。仕事に取りかかる）という文を考えてみよう。主語の「私は ich」と再帰代名詞の「私を mich」は同一である。しかし、主体の私と客体の私（前提された他者しての私）は区別して表現されている。しかしまた、両者は当然同じものであって、動作が遂行されれば、その同一性が明らかになる。ヘーゲルは区別の働きを前提的反省、同一の働きを措定的反省と呼ぶ。反省（思惟）とは、自己と異なると思われる客体（他者としての自己、仮象）を前提して、それが自分の措定したものにほかならないことを知る働きである。措定的反省と前提的反省は思惟の純粋な自己活動の二つのモメントであり、その全体は絶対反省と呼ばれる（絶対的とは自己に関係する意味である）。思惟は他者（と見なされた自己）の内で自己を認識することであり、自己が一度他者となる活動を意味する。

否定的自己関係として一体である措定的反省と前提的反省とを別々に考えるのが外的反省である。反省をその働きの及ばない直接的なものから始まるものだと見なすとき、それは外的反省と呼ばれる。われわれは何かを考えるとき、一般にその何かを思惟と異なるものと見なしているのだから、外的反省はわれわれの普通の思惟のことである。ところで、外的反省を考えることによって、措定的反省は否定されたかのように見える。反省とはそもそも自己への反省であるからである。では、外的反省に現れた外的なもの、直接的なものは、反省に無縁なもの（カントの物自体のようなもの）なのだろうか。

　措定とはそれ自身が自己へ回帰するものという意味において直接的なものである。したがって、措定が直接的なもの（外的なもの）を受け入れて、外的反省の様相を示すことは、むしろ措定がその直接的なものに内在する反省となることを意味している。つまり、外的なものとして存在するかのような（仮象している）直接的なものは、むしろ反省が始まることによって初めて存在することになる。この直接的なものはもはや有の直接性ではなく、「本質の直接性」（W19）となり、反省は直接に存在を規定するもの、反省規定となる。

　最後の規定的反省は絶対反省（否定的自己関係）と外的反省（直接的なものから出発してそれを規定する反省）との統一であり、外的直接性の内における措定的反省の活動である。この自己関係でもある規定は、有の規定性のように他者に移行し消失するものではなく、自己とその他者との相関関係の内で持続する規定であり、これを反省規定と呼ぶのである。

(3) 本質態あるいは反省規定 die Wesenheiten oder die Reflexions-Bestimmungen

反省規定（反省概念）とは、有の規定性のように対象を規定するものではなく、有の規定性同士の関係から生まれる規定である。「赤い」はリンゴの「質」を表現するものであるが、赤色と青色とが「異なる」とすることは、二つの質的規定性が区別（差異）という反省規定によって規定されたことをいう。反省規定が命題形式で表現されたものが、同一律、矛盾律、排中律、さらに充足理由律（根拠律）であり、これらは古典論理学で思惟の原理と呼ばれる。ヘーゲルは反省規定として、同一、区別（これは、絶対区別、差異、対立の三つに細分される）、矛盾、さらに根拠、以上の六つを挙げている。私はこれらを、同一、差異、対立の三つにまとめて説明する（これは小論理学と同じ区分である）。ヘーゲル弁証法の基本であるはずの矛盾はどこに行ったのかと問われるかもしれない。彼は、弁証法を駆動させる否定性とは別に、命題形式で表される反省規定としての矛盾を指摘している。これは、矛盾律によって考えられる形式的矛盾と、反対対当（排中律）によって考えられる実在的矛盾、この二つである。形式的矛盾は同一という反省規定の内で、実在的矛盾は対立の内で考えることができる。そして、六番目の根拠の規定はもはや純粋な反省規定には含まれない。

同一 die Identität「すべてのものは自己と同一である。」

同一は普通、A=A あるいは A=~(~A)「Aは同時にAでありかつAでないことはありえない」（矛盾律）で表現される。ヘーゲルの言う同一は、異なった二つのもの、AとBとが同じということではない（これは「等しい」ことである）。ここにはまだ異なったものは現れてはいない。すべてのものが自己と同じであること、これが同一の意味することであり、存在についての新たな表現の仕方である。自己と同じということは、存在が、有におけるように変化し移行するものではないこと、持続するものであることを意味している。

同一律と矛盾律は同じ事柄（自己同一）の異なった表現であり、矛盾律は同一律の展開された形式である。自己と同じとは、自らの他者~A（これはBを表現するものではない）を否定的に含んでいること、Aがすでに区別を含んでいることを意味している。

区別der Unterschied（差異die Verschiedenheit）「すべてのものは区別される。」あるいは「区別され得ない二つのものは存在しない。」

すべてのものは、区別されたもの、他とは異なるものとして、その存在を獲得している。存在するものはすべて差異している。言い換えれば、存在するものはバラバラに在る。こうして自己同一であるAに対して、同じく自己同一であるBが考えられてくる。リンゴは、ミカンとは異なるものとして、初めてリンゴである。両者は比較される。食用という観点からすれば等しく、色から見れば等しくない。この「等」と「不等」が新たな反省規定である。等はある観点から見てAとBとが等しいことであり、不等はある観点からしてAとBとの違いを指摘することである。

対立 der Gegensatz「すべてのものは対立している。」

リンゴとミカンは区別され差異しているが、対立していない。それらは互いに離れても存在するのであり、両者を区別する視点は外部にあるにすぎない。ところが、例えば「父と子」においては、父（という規定）は子（という規定）を離れては意味を持たない。父と子は切り離せない関係の内にある。この関係を対立と呼ぶ。しかしまた、父は子でない限りで父である（子も然り）。したがって、対立する二つのものは、他者を含みつつ（同一の側面）、他者を排除する（区別の側面）ことによって、存在を得ていることになる。同一と区別を同時に含むものは矛盾しており、したがって存在するものはすべて矛盾しているのである。

「矛盾は解消される」（W52）と言われる。矛盾 der Widerspruch が解消されれば、同一が現れる。ただし、先の直接的な同一ではなく、措定された同一が現れるのである。この矛盾が解消されたもの、措定された同一が根拠と呼ばれる。この同一性は、先の（自己との）同一とは違って、他者の内でのみ確認される同一性である。

「〜の内に」と「〜によって（に媒介されて）」という反省の二つのモメントによって反省規定を説明してみよう。同一とは「自己によって自己の内に」あり、差異はただ「自己の内に」あり、対立（矛盾）は「他者によって自己の内に」あるものであった。これらはすべて純粋に「自己の内に」ある反省規定である。それに対して、根拠は「自己によって他者の内に」あるものである。したがって、矛盾が解消されるとは、純粋な自己反省としての規定が解消され、「他者の内に」存在を有する、実在的な規定が現れてきたことを意味する。

（4）根拠 der Grund

「すべてのものは（十分な）根拠を持つ。」「なぜ雷は起こるのか」と問うことは、雷の存在の根拠（理由）を問うことであり、雷を単に直接的、感覚的な有として見るのではなく、いわばその背後を考えることである。本質という在り方における存在は、有のように直接的に在るのではなく、媒介されて在る。では、根拠とはそもそも何であるか。しかし、根拠それ自体を、つまり根拠の根拠を問うことはできない。「根拠が根拠であるのは、それが他者の根拠である限りにおいてである。」（小論理学 §121）つまり、根拠は他者の内でその存在を獲得するものであり、他の何ものかの根拠ではあっても、自らの根拠にはなりえないのであり、根拠の同一（存在）は他者の内で示されざるをえない。根拠にも同一と区別という反省の二つのモメントはあるが、その反省は自己へ帰ることはなく、ただ他者に向かうのである。反省の自己関係 reflexiv は、根拠において、二者の相関関係 reziprok に代わったのである。

この二者を「根拠」と「根拠づけられるもの」と呼ぶ。根拠関係は、例えば「美の根拠は美のイデアである」（「美」が根拠づけられるものであり、「美のイデア」が根拠である）のように、同語反復に陥らざるをえない。同語反復の空虚さを免れるために、アリストテレス以来、「形式—質料」の相関関係が考えられてきた。根拠は形式 Form とされ、根拠づけられるものは形式に無関心なもの、質料 Materie とされる。「A絶対根拠」の節は形式が次第に質料を規定してゆく進展を見るものであり、最後の「内容」といわれるものは、形式に規定し尽くされてそれ自体規定となった質料のことである。私はこれを言語ではないかと考える。次の「B規定的根拠」の節はこの規定（言語）による事物の定義の進展を述べるものである。

ところで、根拠論には二つの課題がある。一つは、「形式—質料」の方式によってすべての存在を規定してゆくことである。その過程は、規定されていないいわば裸の事物が形式としての言語によって規定されてゆく、その進展のことである。その場合、根拠としての言語は自然言語ではなく、人為的言語（科学用語など）であって、措定《ゲゼッツト》されることによって存在する法則《ゲゼッツ》としての言語である。それによって規定された存在は、感覚によってとらえられる「有」の意味で在るもの（変化するもの）ではなく、変化せずに存立《ベシュテーエン》するもの（同一のもの）である。存立し持続するものは、感覚によってはとらえられず、悟性によって措定されるものである。

根拠論に課せられたもう一つの課題は、反省としての本質がいかにして現象するに至り、存在（「実存」と呼ばれる）を獲得するか、つまり、形式論理から形而上学（存在論）をいかにして導き出すか、を明らかにすることである。根拠論の「C制約」節に「無制約者」あるいは「事そのもの」（W98）という概念が出てくるが、これが反省と現象、論理学と存在論とをつなぐ役割を担っている。この節では制約 die Bedingung という存在の関係が扱われる。制約関係は、根拠関係として先に「形式—質料」で扱われた能動と受動の相関ではない。制約とは、「形式—質料」という根拠の規定作用そのものが自らの根拠として前提している直接的なものであり、いわば根拠を根拠たらしめる根拠のことである。根拠は自らが根拠となりえないのだから、必然的に他者（「事そのもの」という、根拠を持たぬもの）を前提する反省である。したがって、制約の関係とは、「制約するもの―制約されるもの」ではなく、「制約―無制約」の相関であり、ここに新たな直接的存在（無制約的なもの）が出て来るのである。その論理はおおよそ次のように考えられる。形式は質料を規定してゆくのであるが、形式と質料は相互に前提しあうものであるから、形式の規定作用には逆に常に質料による制約作用が伴っており、規定作用の進展は同時に制約作用の進展でもあった。そこで、根拠論は、形式の規定作用の極限において、それのいわば逆対応として、制約作用の極限にあるもの、すなわち形式を一切持たないもの、無制約者を生み出したのである。反省の根拠づけの運動すなわち形式化は、それと正反対のもの、「事そのもの」の存在を明るみに出したのである。こうして「有の領域が回復する」（W100）。この回復された有が「実存 die Existenz」である。実存とは、ex-sistens（外に-立たせられたもの）の語が示すように、本質の内面性から「外へ現れ出てきた存在」であり、その「実存するもの」を「物」（W104）と呼ぶ。

4　現象

第二篇「現象」は、第一章「実存」、第二章「現象」、第三章「本質相関」からなる。これらは世界解釈（存在を世界として構成すること）の三つの方式である。反省的思惟（知覚と悟性）はまず世界を物（一《いっ》として実存するもの）の集合と考える。それに失敗すると、次に世界を（現象する）法則の支配下にあって統一が保たれるものと考える。この方式も失敗に帰すと、最後に世界を本質と現象との相関の全体として考えようとする。ヘーゲルは、存在を現象としてとらえるこの三つの方式が破綻することを示す。なぜ破綻するのか。ここでは反省的思惟が、根拠から出て、自己を忘れ、他者へのみ向かう相関的思惟となったからである。この他者への反省としての思惟は知覚と悟性のことであり、特に近代に特有の思惟の在り方である。現象とは知覚と悟性によってとらえられた限りでの存在である。

(1) 実存（物 das Ding）

本質は現象しないことはできない。……本質自身がそれとなる存在、これが本質的存在、実存である。(W104)

根拠（本質）は他者の内でのみ自己であるのだから、自己の内に留まることはできずに、外へと現象せざるをえないのである。実存は、直接的な存在であった「有」とは異なり、根拠によって媒介された存在である。そして現に実存しているものを物と言う。物は有論にあった或るものと一とが結合したものと考えることができる。世界は多くの物からなると考えるのが、第一の世界解釈、いわば物的世界観である。この世界解釈は、まず、

（a）「世界は互いに異なる諸々の物自体 Dinge-an-sich からなる」と考える。物はそれぞれ性質を

持っている（性質として実存する）。物自体とはそれらを載せるいわば皿のようなものであり、無規定のものである。それに対して、性質の方は認識する者の主観に属するにすぎない、このように考えるのである。これはイギリス経験論やカントによる世界解釈である。しかし、物自体が無規定ならば、それは別の物自体と区別されないだろうから、世界は一つの物自体《ディング》から成っていることになり、「諸々の物《ディンゲ》自体からなる」という前提に反することになる。そこで次に、この矛盾を避けるために案出されたのが特性 Eigenschaft という概念である。

（b）「物はさまざまの特性を持つ。」特性とは直接的な性質ではなく、反省された性質である。「塩は辛い」という言い方は有論におけるいわば質的な説明方式であった。辛いと塩とを不可分なものと見ており、「辛い」という質を失えば塩もなくなると考えたのである。それに対して、この特性による説明方式では、「塩は辛さを持つ」と表現される。こうすれば、物はそれが持つ特性によって他の物との区別が可能になる。しかしそうであるならば、むしろ物よりも特性の方が自立的なものとなるであろう。そこで次に、

（c）「諸素が物を構成している」と考えるのである。b（特性）によれば、物自身は一であって、それが多くの特性を持つというように説明される。例えば、塩は辛く、白く、尖っている、と。それに対して、このcによれば、逆に「辛素」、「白素」、「尖素」を主体として、それらが塩を構成すると考えるのである。「素」と訳したのはStoffであり、それ自体感覚的性質を持った元素のようなものと考えられる。この説明方式は、物の相違を諸素の量的差異に帰着させるものであり、近代の量的世界観である。この

場合、物はさまざまの素を入れる媒体にすぎない。それではしかし、辛素、白素、尖素は媒体である塩のどこに在るのか。三つの素は同一の場所に存在していなければならないはずである。しかし、それは不可能である。そこで、各々の素は他の素を入れる「穴」を持っており、互いに浸透はするが接触することはないと強弁される。辛素の穴に白素が、白素の穴に尖素が、……と。これは無限進行に陥ってしまう。素が物的なものである限り、媒体の同一の場所に複数の素が存在することはできないのだから、この方式は破綻せざるをえない。

以上の物的世界観はいずれも一と多の矛盾に陥っている。この矛盾はどのようにして解消させることができるだろうか。物は自らの実存の根拠をそれ自身の内にではなく、相互の関係の内に置いている、あるいは物はそもそも仮象にすぎず、その仮象の全体である現象が本質である、と考えることによって解消されるだろう。

(2) 現象 die Erscheinung と法則 das Gesetz

世界に存在するものの本質は、物それ自体にあるのではなく、物同士の関係、法則にあると考えるのが、新たな法則的世界像である。物における多と一との矛盾を、多は一によって措定《ゲゼット》されたものであり、現象（多）は法則（一）によって統一的に理解できると考えて、解消させるのである。

現象は多くの異なった内容規定を含みつつ、単純に自己と同一である。この同一性が現象の交替の内にあり

ながら恒常であるもの、現象の法則である。（W127）

例えば、落下の法則 $S = \frac{1}{2}gt^2$ において、一である法則を構成している変項（多）は空間Sと時間tである。塩という物（一）を構成していた白素や辛素（多）は同一の場に重なり合って存在することは不可能であったが、それに対して、空間と時間は同じ場に存在しうる。そして現象と法則の内容は同じであり（等号がそれを示している）、法則は現象の内に直接に存在している。

法則の国は実存するあるいは現象する世界の静止的模像である。（W131）

現象世界の「静止的模像」としての法則は、われわれが一般に法則と呼んでいる現象の量的形式化である（精神現象学では「第一法則」と呼ばれる）。しかし、落下の法則を構成している空間と時間は相互に無関係であり、現象そのものが変転するものであることを表現しておらず、それゆえに「静止的」とされるのである。そこで、法則を構成する項同士が関係するような法則が考えられねばならない。ヘーゲルは磁石の現象を取りあげて、「同名の極は反撥し合い、異名の極は引き付け合う」という法則を考える（「第二法則」）。S極とN極は相互関係を離れては存立しえず、互いに他の項の被措定有となっている。こうして法則は現象の内にある多を否定的に統一するものとなる。ヘーゲルはここに見られる関係を、「現象の国（感覚界）」と「即かつ対自的に存在する国（超感覚界）」の関係と考える。この二つの世界は同じ内容を持ちつつ対立し、しかも容易に反対の国へと転換するのである。人間社会の本質をなすものもこのようなものであろう。例えば、法律は即かつ対自的なものであるが、それが闇雲に墨守され形式や手続きのみが尊重されるとき、つまり極端な遵法は不法に通じる。またある種の宗教においては、現世における不幸は逆にむしろあの世における幸福を約束するものであろう。

このように二つの世界がそれぞれ他のものに転倒するものであるならば、両者の内容の違いはなくなっている。在るのは両者の関係のみである。したがって、世界をよりよく説明する方式として、次に、二者の内容ではなく、それらの関係を世界の本質とするものが考えられる。

(3) 本質相関 das wesentliche Verhältnis

相関とは、関係を構成する項は他の項との関係の内でのみ、他の項に依存してのみ、自立的である、という意味である。この自立と依存の矛盾が、(a)「全体と諸部分」と(b)「力とその現れ」によって展開され、最後にその矛盾は(c)「外と内」の相関において解消される。

(a) 全体と諸部分

この相関はすでに第一章(実存)で物(全体)と属性あるいは素(諸部分)として示されたものであるが、ここでは、物についてではなく、世界全体についての世界観として語られる。つまり、全体を自立的なものと考えるいわば全体的世界観と、逆に部分こそ自立的であるとするアトム的世界観との対立として、考えられるのである。いずれの世界観もトートロジーに陥るのであり、世界観として成立しないことが明らかにされる。前者は、全体は諸部分に等しいというが、各部分のそれぞれに全体が等しいのではなく、全体は諸部分の総計に等しいのであるから、結局全体は全体に等しいといっているだけである。後者は、部分が全体に等しいというが、それは全体の持つ多様な規定のそれぞれがそれに対応する部分に等しいというだけであって、部分は全体の内にある自分自身に、すなわち部分に等しいにすぎない。

　したがって、全体と諸部分との間には相関そのものが成立していないのである。その失敗の原因は、全体と部分とを関係の項としてとらえずに、それらがともに自立的であると考えたからである。そこで、相関の両項を互いに依存し合うものすなわちモメントと考える世界観が要請される。

(b) 力とその現れ

　この相関も第二章ですでに法則（力）と現象（現れ）として考えられていたものを世界観にまで高めたものである。全体と諸部分とを自立的なものとしてではなく、互いのモメントとして考えることによって、現象とは力 die Kraft の現れたもの die Äußerung であるという力学的世界観が成立する。ただし、ここに言う力は他のものの働きかけなしに自発的に働くものではない（自発的な力は後述するように「威力 Macht」及び「暴力 Gewalt」と呼ばれる）。力が働き出すにはそれを働き出さしめるものが必要である。力は何かを誘発するものであるが、それが誘発するものであるのは、他のものによって誘発されるからである。

　ここに、誘発する力と誘発される力という典型的な相関が成立している。この相関はわれわれの周りで恋愛や政治の駆け引きに見られるものであろう。しかし、この二つの力には能動と受動の差異が残っている。それは、力が自発的ではなく、外的なものによって働かしめられるものであるからである。この差異を止揚したものが次の外と内の相関である。

（c）外と内

誘発する力は誘発されることによって誘発する、この能動と受動との相関は、誘発という事態を二つのものの相関としてではなく、一つのものの過程として見れば、力がその外部から自己の内部に帰ることを意味している（この論理はすでに措定と前提の純粋反省に見られたものである）。能動と受動という二力の差異は一つの力の自己媒介の過程における外 das Äußere と内 das Innere という表面的区別にすぎないのである。力の現れ（外）は力（内）そのものである。このように現象を外と内との区別と同一と見る相関は、世界をある絶対的なものの現れとする、いわば絶対者的世界観であり、世界とは絶対者が自らを実現する過程であると考えるものである。

外と内は相関の二つの項ではなく、一つの同じ本質の二つのモメントである。したがって、ここでは異なった二つのものの相関という考え方そのものが破綻している。現象とは本質（内）が自らを外に現し出したものであるが、内がそのまま外であるならば、本質は自己のすべてを開示しており、すべてが外に現れ出ている。このすべてが顕わになっている存在を現実と呼ぶ。現実とは本質と現象とが一致したものである。先にふれたヘルダリーンの苦悩は外と内との不一致にあった。では、ヘーゲルはいかにしてこの不一致を乗り越えたのであるか。

5　現実

現実とは、ここ・今に在るがままに在り、在るべくして在る存在の総体である。したがって、存在論としてのヘーゲル論理学は存在の総体であるこの現実の概念が獲得されたここで完成されている。したがって、第三篇「現実」はもはや存在を対象として描写するものではない。そうではなく、主体としての存在が自らを叙述するものである。その存在の働きを、ヘーゲルは開示Manifestationと呼ぶ。開示は現象の働きとは異なり、自己のすべてを晒し出すことである。現実存在は、有のように他者に移行することはなく、本質のように他者の内に現象するのでもなく、自己を自己の内で開示するのである。第三篇は、第一章「絶対者」、第二章「現実」（様相のカテゴリー）、第三章「絶対相関」（関係のカテゴリー）からなる。

(1) 絶対者 das Absolute

存在の総体は「絶対者」である。注意すべきことは、存在するもののなかの一つとして絶対者が在ると考えてはいけない。絶対者は存在の総体なのである。絶対者の内容は何かという問いに対しては、それは外と内とが一致している、すなわち内容と形式との差異がなくなっているのだから、自らを開示するその仕方（形式）が絶対者の内容そのものであると答えるべきである。こうして現象が絶対者の開示としてとらえ返され、世界は神の出来事として理解される。その開示の仕方は自らを属性と様相として顕わにすることであり、そうして絶対者はその自らの様相において自己と一致する。

ヘーゲルが念頭に置いている絶対者の概念は、その長い注からも明らかなように、スピノザの実体Substanzである。しかし、スピノザは実体の二つの属性と様相を数え上げただけで、実体が自らを属性や様相へと進展させてゆく内的必然性、すなわち実体の有する否定性を考えていない、とヘーゲルは批判する。ヘーゲルの実体（絶対者）は自ら身を窶して様相となり、その偶然的な存在の内で自己を啓示するもの、すなわちキリスト教の神にほかならない。

(2) 現実（様相概念）

様相の三つのカテゴリー（可能性、現実性、必然性）は一般的には、対象の持つ規定ではなく、対象を認識する主観が持つ規定だとされる。しかしヘーゲルにおいては、様相とは絶対者が自らを開示する反省運動のことであり、絶対者が自己と一致することすなわち必然性Notwendigkeitの三つの在り方（様相）を示すものである。なかでも注目すべきカテゴリーは可能性Möglichkeitである。ヘーゲルは二つの可能性を考えている。一つは形式的可能性、「自己矛盾しないものはすべて可能である」、これは「A＝A」の同一律で表されよう。しかし、内がすべて外となっている現実においては、可能性は決して内的で形式的なものではありえず、何らかの意味で実在しているものでなければならない。この実在的可能性は「とてもありえぬこと *nur* Möglichkeit」あるいは「とてもありえぬもの *nur* ein Mögliches」

と呼ばれ、常に nur の語が強調される。実在する可能性は「単なる可能性」ではない（それは形式的可能性である）。例えば、Er ist der gutmütigste Mensch, der es *nur* geben *kann*.（彼はおよそありうる限り善良な人間だ、ありえないと思っていたが実際に存在している人だ）において、nur は可能性 können の限界を、あるいはむしろ可能性からの超出を意味している。この可能性の自己否定（「非可能」と呼ぼう）は「不可能」（これは形式的可能性にすぎない）とは異なり、可能性と現実性との実在的な一致を意味しており、要するに偶然性 Zufälligkeit のことである。

絶対者の自己開示は、この可能と非可能と現実の三つの様相カテゴリーで構成される三つの推論として示され、最後に非可能（偶然）を媒辞とする可能と現実との一致すなわち絶対的必然性が現れる。この必然性は偶然（実在的可能性）を根拠（媒辞）とするのであるから、形式的なものではない。ヘーゲルの考えでは、偶然こそ必然性の根拠であり、必然性とは一度自らを偶然的なもの（自らの他者）へと貶下することなのである。では、非可能（偶然）とは何か。偶然の存在は自らの存在に固執するものではなく、他の現実存在のために在るものであり、止揚され費消されるべきもの、他の存在の犠牲になるべきものである。そして、非可能（偶然）における可能と現実との一致は一回限りのものである。つまり、非可能とはイエス・キリストの存在、その死と復活の出来事にほかならない。ヘーゲルは、現実とはイエス・キリストの出来事によって和解されているもの、その意味で必然的で理性的である、と考えるのである。（拙論「とてもありえぬこと」、『序説』三三六ページ以下を参照。）

(3) 絶対相関 das absolute Verhältnis(関係概念)

ヘーゲルは関係のカテゴリーとして「実体─偶有」、「原因─結果」、「相互作用」の三つを考えている。現実存在すなわち必然的となった本質がまず実体としてとらえられることによって、多くの存在者を統一的に理解することが可能になる。この「実体─偶有」の相関は第二篇「現象」に現れた三つの本質相関と内容的には異ならない。つまり、諸偶有 Akzidenzen は実体(全体)の諸部分であり、実体(力)の現れであり、実体(内)の外面である。ただし、ここでは相関は絶対的(自己関係的)であるから、諸偶有は自立的ではなく実体自身の仮象であるにすぎない。

その仮象が実存と見られると、次に実体は原因 Ursache となり、偶有はその結果 Wirkung とされる。ただし、一般に原因と結果は別のものだと考えられているが、ここでは世界全体が一つの実体なのであるから、原因と結果は同一物であることに注意しなければならない。したがって、原因はあくまでも自己に作用して、結果となるのであり、自己産出的な活動である。この点で、原因は、上述の非産出的であった根拠や被誘発的であった力とは明確に区別されなければならない。

原因は結果の内で自己と一致する。しかし、結果は、原因が自己と一致するために前提されたもの、その意味で原因を制約するものでもある。つまり、因果関係には原因が働きかける受動的な実存が前提されざるをえない。しかし、それでは因果関係は絶対的(自己関係的)にならない。したがってこの受動的実存を否定しなければならない。ヘーゲルは次のように言う。

受動的実体は、暴力を蒙ることによって初めて、それが真実にそうであるものとして措定される。（W207）

暴力とは威力の現れあるいは外的なものとしての威力である。（W206）

威力 Macht とは偶有の全体を支配する実体（神）のみが有するものである（本質相関における「力 Kraft」と区別せよ。偶有同士は力を及ぼし合うが威力を持つことはない）。そして神が外的に行使する暴力 Gewalt とはイエスの死をもたらすものであり、この暴力によってイエスの肉性（受動的実体）は止揚されるのである。

因果関係における受動的実体が止揚されたならば、原因と結果の違いがなくなり、原因は結果において自己を実現する。これが実体自身の相互作用 die Wechselwirkung であり、ここに自由 Freiheit が実現されている。なぜならば、あらゆる活動において自己自身のもとに在り bei sich sein、自己を実現していることが自由なのであるから。第三巻「概念論」はこの存在の自由を、そして存在と思惟は一致するのだから、また思惟（概念）の自発的活動を叙述するものである。

六　目的論——概念論客観篇

はじめに

本章では、大論理学第三巻「概念論」の第二篇「客観 Objektivität」を解釈しよう。この篇は、第一章「機械論 Mechanismus」、第二章「化学論 Chemismus」、第三章「目的論 Teleologie」から構成されているが、目的論がもっとも重要な問題を含んでいるから、それを中心に論じたい。[1] なお、概念論第一篇「主観」に関しては、拙著『ヘーゲル論理学研究序説』（二〇〇二年、梓出版社）に収めた「概念の推理的構造」を参照していただきたい。

これまで大論理学の内に、五つの直接性（存在者のこと）、すなわち、「有論」の有と定在、「本質論」の実存、現実、実体が現れた（B153f.）。この客観は六番目の直接性である。直接性 Unmittelbarkeit

とは、媒介されていない裸の存在者を指すのではなく、ヘーゲルにおいては論理的媒介Vermittelungを通し、その媒介の働きを自ら否定することによって回復された、その意味で媒介を止揚したものとして直接的にある存在者を意味する。媒介そのものが媒介の否定を含んでいることは、Ver（否定を意味する接頭辞）‐Mitteilung（媒介）という語からも分かる。直接性の概念は、青年ヘーゲルの戦った相手であった「実定性 Positivität」を、後に彼が論理的にとらえ直したものと考えられる。（八実定性と愛と死、九狂気と絶対知を参照）

客観の場合、その直接性は「概念」（第一篇「主観」）の活動である推論 Schluß すなわち媒介の自己止揚によって生み出される。推論は最も豊かな媒介の働きであるから、客観は最も豊かな内容を有する存在である。それに対して、有論における「移行」には媒介が欠けており、また本質論における「反省」は媒介の自己止揚が為されていない不完全な働きである。

客観は普通には主観に対立するものと見なされている。しかしまた、芸術作品や人間の作った組織が「客観的」と称讃されるとき、それは恣意的ではなく十全で完璧であるという意味で、つまり存在そのものの持つ完全性として語られている。ヘーゲルはこの意味で、客観を「即かつ対自的に在るもの das Anundfürsichseiende」（B155）と言うのであって、主観—客観という意識の志向関係において考えているのではない。つまり、客観とはそれ自身で独立した一つのまとまりを持った包括的な存在のことである。このような存在の十全性は先の五つの存在には見られなかったものである。それらは、自らの外にそれへと移行すべき他者を持つ（有と定在）か、あるいは、自らの内に自らと対立する他者を持たざるをえなかった（実存、現実、実体）からである。

ところで、「客観」を主観的論理学であるところの「概念論」の内に組み入れていることに対しては、次のような疑問が提起されている。

ヘーゲルが客観の構造を規定するために彼の推論［三段論法］を利用しているのは確かである。しかし客観は、主観［概念］がそこにおいて自分自身を認識するような（ヘーゲルの推論の理論はこのことを期待していたであろうが）、概念としての対象ではない。それは端的に概念［にとって］の他在 das Anderssein des Begriffs にすぎない。(2)

この批判は客観を主観との意識の志向関係の内で理解しようとする誤解に発している。しかし客観はそれ自身だけで存立しうる十全な存在なのである。たしかに以下に述べる客観としての三つの包括的存在は主観の活動である推論によって論理化されているが、しかし、推論はまさにその過程において「概念の他在」と出会ってそれ自身破綻することが明らかにされるのである。そして推論によっては捉えきれない「概念の他在」を含む存在、「生命 Leben」と呼ばれるもの、これは弁証法 Dialektik によってこそ論理化されるものである。次の第三篇「理念 Idee」においてこの弁証法が論理的方法論として主題化されることになろう。「客観」篇は、推論というあくまで概念の主観的活動を通して世界の包括的存在を論理化しようとするものであるが、その過程において、推論では理解できない「概念の他者」に出会って、新たな論理が必要になることを明らかにするものである。

ヘーゲルは、目的論の分析、特に「外的〔相対的〕合目的性」と「内的合目的性」との対比に関して、その多くをカントに負っている。デカルト以来の機械論的世界観に対する批判が、十八世紀後半に目的論の見直しないしは復活の機運を生んだのであり、カントとヘーゲルをこの流れのなかに位置づけることができる。カントはこの二つの合目的性の違いを次のように述べる。

われわれは結果を〔自然の〕目的と見なすか、あるいは、さらに別の原因の合目的的使用のための手段と見なすか、いずれかである。後者の合目的性は（人間のための）有用性、あるいはまた（他の一切の被造物のための）有益性と呼ばれ、いずれにしろ相対的合目的性にすぎない。それに対して、前者の合目的性は自然の存在者の内的合目的性である。(3)

「自然の存在者」とは有機体のことであるが、これは、すべてを手段化する技術に見られる相対的あるいは外的で、主観的な合目的性とは異なって、機械論的原理のみでは理解不可能であり、内的合目的性あるいは「自然目的 Naturzweck」の概念を必要とするというのである。しかし、カントは、「それ自体自然目的であるような事物の概念は悟性や理性の構成的概念ではなく、反省的判断力にとっての統整的原理でありうる」(4)として、その内的合目的性をたんに主観的な格率にとどめた。それに対して、ヘーゲルは、内的合目的性を外的合目的性の真理と考え、内的合目的性を主観的格率にとどめずに、生命の原理として実在化させるのである。また、カントは機械論と目的論とを判断力のアンチノミーとして対立させ、その対立は規定的判断力によって生じるものではないとして、反省的判断力によって調停させているが(5)、ヘーゲルはそもそも両者を異なったものとして対立させることなく、目的論を機械論の真理であると考えている。

「客観」は前篇「主観」で論理化された推論によって「概念」を実在化するものであるが（推論の論理構造については、先に示した拙論「概念の推理的構造」を参照されたい）、ヘーゲルはさらにその概念の三つの活動、すなわち、概念化・判断・推論を、客観の三つの存在の仕方、すなわち、機械論・化学論・目的論に、それぞれ配当している。機械論は「まだ判断として措定されていない客観」（B157）であり、「概念化」のエレメントの内にある。それは、概念の有する否定性・差異が客観の直接性と一つでありまだ分離されていない状態のことである。化学論では、客観は分裂し互いに緊張状態にあり相関を形成するから、主辞と賓辞から成る「判断」のエレメントにある。目的論では、諸客観の統一がまず主観的目的として措定され、それによって各客観は推論の三つの項を占めることになる。それが推論によって理解される外的合目的性であるが、そこに現れる欠陥を克服するものとして、内的合目的性の弁証法が必要とされることになるのである。

注

（1）以上の訳語は通例に従って用いたが、それらに「存在」の意味をこめて理解していただきたい。客観は「客観的に在るもの（あるいは在ること）」、機械論は「機械的な在り方をしている存在」、化学論は「化学から類比して理解しうる存在」、目的論は「目的に従って在るもの」ほどの意味である。表現と内容とのこの齟齬はドイツ語を日本語に翻訳する際に生じるものであるよりは、ヘーゲル自身も痛感しているように、彼独自の存在概念を日常言語ないしは科学用語によって表現せざるをえない難しさから来ている。そして、後にふれるように、これらの存在概念は自然科学に限定されるものではなく、むしろ主にヘーゲルの念頭にあったのは、国家や人間的事象、つまり、精神的なものである。

（2）Klaus Düsing: Das Problem der Subjektivität in Hegels Logik, Hegel-Studien Beiheft 15. 1976, S. 288. 以下。

（3）Immanuel Kant: Kritik der Urteilskraft. A275f./B279f.

（4）*ibid.* A291/B294f.

（5）*ibid.* A309ff./B313ff.

1　機械論

ヘーゲルは客観の直接的な在り方を「機械的客観 das mechanische Objekt」と呼び、それをライプニッツのモナドを例にして説明している。機械的客観は、直接的つまりそれ自身無規定的であり、かつ、客観であるから「即かつ対自的に在るもの」でありすべての規定を自分の内に有するものである。モナドはその規定の根拠を自分の外部に持っており、他のモナドと合わさって一つの客観となることが当のモナドにとっては無関心的であり、したがってそれ自体無規定的でありながら、あるいは無規定的であることによって、鏡のようにすべての規定を自らの内に映し入れ含んでいるものである。アトムもたしかに無規定的ではあるが、要素、全体の部分として存在するにすぎないから、「即かつ対自的に在るもの」ではなく、客観とは言えない。

客観の有するこの矛盾、それ自体無規定的でありながらすべての規定をもつこと、これは互いに関係をもたない諸客観から成る一つの集合（宇宙）というものを考えれば、解消される。客観は自己を規定するものではなく、互いに無関心で自立しているのではあるが、同一の宇宙の中では互いに結合されている。これが、ものが機械的に在るということであり、「決定論」、ライプニッツの「予定調和」の主張する存在論である。

機械論（機械的な体制）における客観同士の関係は「機械的過程 der mechanische Prozeß」と呼ばれるが、これは香りが伝わってゆく「伝播 Mitteilung」（B162）を考えれば理解できる。伝播は因果関係とは異なる。原因は自ら結果へと移行してそれ自身は消失してしまうが、伝播においては伝播するものは他の客観に移ってゆくことはなく、それ自身存在を維持しているからである。ヘーゲルは伝播の例として、熱や磁気という自然現象とともに、慣習をも挙げている（B163）。一つの共同体の持っている普遍的なものは、それを構成している諸客観（構成員）に、その客観は規定されることなしに、他の客観に影響を伝え合い、香りが伝わるように浸透してゆくのである。

しかし、客観は「即かつ対自的に在るもの」であるから自立しており規定されることはないとしても、自分に適合しないものが伝播してくることに対しては抵抗する。とは言え、抵抗も強きものにはいずれ屈服するのであり、ここに客観の非自立性の側面が現れている。自立性を主張すること（抵抗）がかえってそれが非自立的であること（屈服）を明らかにしてしまうのである。こうして普遍的に伝播する「力 Macht」は客観に対して「暴力 Gewalt」と変わり、客観に対して「運命 Schicksal」として立ち現れてくることになる（B164）。暴力や運命は、自らを「即かつ対自的に在るもの」であると自覚していない客観のエレメントである機械論においてこそ現れるのである。暴力をもって支配する専制政治的組織は「機械論的」であると言える。

客観は初めは互いに無関心的なものとしてあり、この「無関心的 gleichgültig」（いずれに対しても「等しく妥当する」の意）という点で、抽象的に普遍的であった。次に、伝播し合うなかで客観は特殊なものとなり、そして今、暴力を蒙ることによって、自己に内向・反省し、個別的なものとなる。したがって、客観は「概念」を構成する三つのモメントを一巡したのである。こうしてばらばらになった個別的なものとしての客観は、それらを支配する一つの自立的な個体、「中心 das Zentrum」（B169）を必要とするようになる。力はその中心から「法則［法律］das Gesetz」（B169）として個々の客観に影響を及ぼす。この中心を持つ機械論にも運命が支配的であるが、それはもはや盲目的なものではなく、「理性的な運命」（B169）が普遍者として現れて来たのである。

ヘーゲルはこのような世界を「自由な機械論 der freie Mechanismus」（B172）と称する。それは諸客観が無関心にばらばらにあるのでも、また影響を伝播し合い疎遠な力に支配されているのでもなく、一つの中心へと集中する法則（法律）が支配する世界のことである。この世界では、伝播のような客観相互の横の関係は存在しない。存在しているのは中心へと向かうそれぞれの客観の「努力 das Streben」（B170）という縦の関係である。ヘーゲルは、例えば運動物体の「摩擦」は中心へと向かう物体の「努力」の現れである、と言う（B170）。このような体制が「自由」であるというのは、中心と客観とが推論の各項となり、三つの推論において各々二つの名辞と媒辞の規定を受容して、それぞれが全体性となるからである。そして、それぞれが全体であるならば、差異は消失して、各項は自由になる。ヘーゲルは国家を例に挙げてこの「自由な機械論」を説明している。国家は中心である「政府 Regierung」と、「市民である諸個人 Bürgerindividuen」、「個体の欲望 Bedürfnisse あるいは外面的［自然的］生活」（生命を維持するための家庭）の三項から成る推論を形成し（B171）、それぞれが交互に媒辞の位置を占めうることによって、自由を達成する、と言うのである。

法則（法律）は物体の「努力」と異なって「観念的な実在性」（B172）となっている。初め、諸客観は自立的であるように思われたのだが、それらの中心はそれらの外部にあった。この中心が法則であるが、しかし法則はまだ諸客観を法則そのものを構成する区別項とするに至っていない。客観の側から言うならば、諸客観はそれらの中心と考えられた法則をただ抽象的な普遍として持っているにすぎない。そこで、法則へと集中的に向かう諸客観の努力の側面ではなく、客観相互の横の関係が再び考えられねばならない。それが次の化学論である。

2　化学論

化学論（化学的な体制）が機械論と異なるのは、機械論においては客観が自らの規定性に対して無関心であったのに対して、化学論では規定されてあることがその客観の本性をなしており、したがって「他者への関係」（B175）が客観の本質である点にある。しかし、客観は「即かつ対自的に在るもの」であり本来自立したものであるのに、他者と関係することがその本性であるというのは、矛盾している。この矛盾を止揚することが化学論の課題である。ヘーゲルは化学論の叙述には僅かなスペースしか割いていない。われわれも簡単に済ませよう。

化学論の基盤は化学における「選択的親和性 Wahlverwandtschaft」の概念である。[1]これについては「有論」の第三篇「度」において、特に第二版において詳述されていた。ある物質が他の物質と結合することは中和 Neutralisieren あるいは親和性と呼ばれ、物質Aの比重（定数）は物質Bとの間で固有の比を形成し、一つの系列を作る。物質同士はそれが持つ定数を媒介にして結びつくが、その親和力は無差別にどんな相手とも結びつきうるものではなく、選択的である。この親和性と排他性（選択性）との関係が選択的親和力と呼ばれる。物質同士の結合という点では、先に述べた機械論における磁気や電気の伝播の現象に類似しているが、親和性においては物質同士が互いに無関心的である点でそれらとは異なる。磁気や電気においては物質自身がプラスとマイナスを帯びており、その質的規定を通して互いに反撥するか牽引するかが決定されていた。先に伝播と抵抗と言ったものがこの牽引と反撥に当たるであろう。それに対して、選択的親和性とは、結合している二つの物質の間に、その内の一つとより強い親和力を持つ第三の物質が加えられると、その第三の物質が残りの物質を排除して、その一つと結合することを言う。

ヘーゲルが、化学の親和性の概念を念頭に置いて、ここで論じているのは男女の「性関係」やゲーテの『親和力』にあるような、「愛」や「友情」という人間的な事柄である（B175）。二つの客観（男と女）は互いに「緊張して gespannt」（B176）いる。緊張は自立性と関係性との矛盾の現れである。この緊張を解消するものが「化学的過程 der chemische Prozeß」である。もし両者が直接に結合するならば、それらはそもそも自立的でないことになろう。しかし、もし化学的過程というものが不可能ならば、両者は孤立しているだけで、機械論の立場に戻ってしまい、抽象的普遍の支配を受けることになろう。このディレンマは両者の間に第三のものを加えることによって解消されるのである。

こうして化学的過程は、二つの客観を二つの名辞とし、第三の中和的なものを媒辞とする推論において考えられることになる。ヘーゲルは三つの推論の型を考えている。しかし、化学的と見られた客観はそれぞれ自立しており、媒辞である中和的なものは「水」や「記号一般、より詳しくは言葉」（B177）のようにそもそも無規定的なものである。したがって、この化学的推論に媒辞の自己止揚を期待することはできない。推論の結果は初めにあった客観の独立性を再確認することに落ち着くのである。ただし、第一の推論（中和ないしは結合）と第二の推論（分離ないしは還元）という逆方向の二つの過程を合わせ持った第三の推論においては、客観の持っていた外面性が止揚され、そのような客観の直接性を自らの契機とする新たな「客観的でかつ自由な概念」（B180）が生まれている。これが「目的」（B180）であり、目的とは、自らを客観化しようと意図する主観の活動のことである。

機械論の中心的客観は自己の外に他の諸客観を持つ個別的な客観にすぎない。そして、化学論の中和的客観は自分を分解し個別化することができないから、すべての客観を自己の内に合一することができない。そこで、すべての客観を普遍的に統一することはもはや客観には期待できない。それは主観すなわち目的がなすことになる。

注

（1）　拙著『ヘーゲル論理学研究序説』（二〇〇二年、梓出版社）七一ページ以下を参照。

3　目的論

第三章目的論は、「A主観的目的」、「B手段」、「C遂行された目的」の三つに分かれている。機械論では概念の否定的統一は法則として客観の外部にあった。それに対して、目的論（目的によって結合される体制）ではその統一がまずある客観の内部に主観的な目的、意図として立てられる。次に、その主観的目的が客観の一つを手段として用いて自らの意図を実現しようとする。その過程は推論形式に従って考えられる。これが技術に見られるような外的合目的性 äußere Zweckmäßigkeit である。しかし、そこには形式と内容との齟齬という欠陥が存在することが明らかになる。そこで、その欠陥を克服して、形式と内容とが合一した真なるもの、生命の理念を導き出すことになる。これが、推論でなく、弁証法によって考えられる内的合目的性 innere Zweckmäßigkeit である。したがって以下では、目的と手段との推論的関係と、その推論による外的合目的性を克服して内的合目的性を導く論理を見て行かねばならない。

（1）主観的目的

ヘーゲルは、目的を措定するものを「創造者としての知性 Verstand」（B182）、「世界の外にいる知性」（B183）と表現し、目的論の原理を人格と結びつけている。これは、その表現からして、「神」と認めねばならないだろうが、しかし、外的合目的性においてはそのような超越的な人格を考える必要はない。例えば、時計の場合、その合目的的な動きはそれを製作した時計職人を想定すれば、理解することができる。いずれであっても、ヘーゲルの目的論に特徴的なことは、カントの反省的判断力のように、その目的が「あたかもある知性がわれわれの認識能力を助けて〔諸客観の目的論的な〕統一を与えてくれるかのように」（B188）ただ主観的に考えられているのではなく、その統一が客観的に存在するという点にある。そのことをヘーゲルは次のように表現している。「目的関係は、客観を通して自分を自分自身と連結させる自立的で自由な概念の推論である。」（B188）

目的はまず単に主観的である。人が実現させるべきある意図を持つことである。意図そのものの活動は概念の内におけるものであるから、どんな目的も考え得る。したがって、それは形式的には普遍的である。しかし、その内容は限定されざるをえず、特殊なものである。内容が限定されるのは、普遍的な意図であっても、それを実現するためには外的な客観を使用せざるをえないことから来る。例えば、田を耕して稲を収穫しようとする場合、稲の収穫は主観の抱く意図として普遍的であるが、その実現にあたっては客観のさまざまな機械論的あるいは化学論的な存在と関係をもたざるをえない。主観的目的の形式とその内容との間には緊張が存在するのである。形式の普遍性は形式が客観と無関係であるからにすぎず、他方、内容が特殊であるのは主観的目的が客観の規定を含まざるをえないことから来る。

目的はそれを実現したもの（成果）とは異なる。目的そのものは観念的なものであるのに対して、それが実現されたものは客観すなわち「即かつ対自的に在るもの」である。目的とその成果との間にあるこの差異は、目的が自己規定的ではないことを意味している。目的―成果の関係は、「本質論」の反省規定にあった原因―結果とは、同じく「目的原因」といいうるとしても、両者は大きく異なっているのである。原因は自己規定的にそれ自身が結果に移行するものであったのに対して、目的はそれに対抗して存在している客観をあくまでも前提しなければならないのである。しかも、目的は、その意図を自分だけでは実現することができないのだから、疎遠な客観に向かわざるをえない。「〔主観的〕目的の自己規定的な活動性はその同一性の内にありながら自分に対して外的であり、したがって自己への反省であるとともに外部への反省でもある。」（B191）

そこで、「主観的目的の運動は、目的にとっての前提つまり客観の有する直接性を止揚して、その客観を概念によって規定されているものとして措定することである。」(B191) これは、主観的意図が外面的な規定性となり、逆に、前提として存在している客観が概念によって規定されたものとなることである。概念によって規定された客観、あるいは同じことだが、外部に現れた主観的意図、これが手段 das Mittel である。目的の運動は、この手段を介して主観的目的が客観の内に自らを実現するものであり、手段を媒辞とする推論の形式をとることになる。ヘーゲルはこの経緯を、推論 Schluß の語に懸けて、「否定的一者〔主観的目的〕は〔自己に対して〕排除的な個別者〔上の引用文で「自分に対して外的」とある〕であるが、そのように〔自己〕排除的であることAusschließen によって決意する sich entschließen〔自己を開く〕、あるいは〔客観へと〕開かれる sich aufschließen)」(B192) と、説明している。この言葉遊びはともかく、機械論が客観のばらばらの存立状態であり、化学論が二つの客観の緊張した関係であったのに対して、目的論においては第三者による媒介の論理、推論が現れるのである。

(2) 外的合目的性

ヘーゲルは推論の持つ論理的意味について、「すべて物は推論である」あるいは「すべて理性的なものは推論である」(1) と言い、それを思惟の形式として高く評価し、その形式(三段論法)を簡略化して次のように表記する。

小名辞—媒辞—大名辞、あるいは、大名辞—媒辞—小名辞これによって「小名辞―大名辞」が結論を、「小名辞―媒辞」が小前提を、「媒辞―大名辞」が大前提を表すのである。この推論をヘーゲルは「定在の推論」と呼び、二つの前提は直接的関係を表現しているだけだから、真の媒介が果たされておらず、形式的なものであるとする。その形式性が目的論の推論にも見出される。

目的論の推論を構成する三つの項は、「(主観的) 目的」、「手段」、「客観」であり、主観的目的が、手段（概念によって規定された客観・外部に現れた主観的意図）を介して、前提されている客観の内に自らを実現させるものである。したがって、手段を媒辞 terminus medius とする次の推論が成立する。

目的―手段―客観

目的は主観的で観念的であり、何でも無制約的に考え得るという意味で普遍的である。手段は目的によって規定されるが、他方、客観に対しては普遍的であるから、特殊と考えられる。そこで、主観的目的がそれに適った手段（道具）を利用すること、これが「目的―手段」の「第一前提」（大前提）をなし、その道具は前提された客観を目的の内へと包摂し、目的を実現させるために、客観の世界へ機械的に介入していく。これが「手段―客観」の「第二前提」（小前提）となる。

この推論は形式的であり、媒辞（手段）自身もまた形式的なものにすぎない。手段は主観的目的に対して外面的に関係しているだけであり、したがって客観に対しても外面的であらざるをえない。ある手段が目的実現のための媒辞でありうるのは、主観的目的がそれを手段として措定したからにすぎず、前提されている直接的な諸客観の一つを任意に選び取ったにすぎない。稲を育てる（目的）のに、鋤（手段）を使って田（客観）を耕す。鋤は多数の客観の一つにすぎず、主観は鋤を使わずに他の手段・道具を使うこともできたであろう。その意味で、手段は目的にとって外面的である。しかし逆に言えば、手段が目的にとって外面的な客観だからこそ、それは同じく客観であるもの（前提された客観）との機械的関係に入ることが可能になり、道具になりうるともいえる。

道具を用いることは人間の優れた知恵である。主観的目的が、道具を用いずに、直接に客観と関係するならば、先の機械論にあったように、目的と客観という自立的なもの同士の間に「暴力 Gewalt」の状態が生じるであろう。道具は暴力の状態を回避する人間の知恵である（アーレントは逆に道具を用いることが暴力を生むと言うが）。

> 目的が自らを客観との間接的な関係に置き、自分とその客観との間に別の客観を割り込ませることは、理性の狡智と見なしうる。（B196）

> 目的は一つの客観を突きだして、自分の代わりにこの客観に外面的労働をあてがい酷使させ、この客観を消耗させつつ、自分はその背後で機械的暴力を免れて自らを保存している。（B196）

ところが、このことはまた、目的は自分だけで自分を保持することができず、自己保存は手段を通してでしか可能でないことをも意味している。手段を介さなければ、目的は自らを実現できないことになる。したがって、手段は目的よりも優れていることになる。

鋤は、鋤によってもたらされた目的の実現である直接的な享楽［飲み食うこと］よりも、尊いものである。直接的な享楽は消え去り忘れ去られてしまうのに対して、道具は残る。（B197）

ここには精神現象学における、「主人―奴隷―物」と同じ推論、及びその転倒の論理が見られるであろう。この転倒（道具の優位）は次のようにも言える。「目的―手段―客観」の推論において、先に目的が普遍であると言ったが、「稲の収穫」という目的は、「鋤」という手段から見れば、その鋤が持っている多くの規定性の一つを満たすにすぎない。鋤は単に稲の耕作のみならず、他のものの耕作にもあるいはそれ以外の用途にも利用できる汎用性を持っているのである。したがって、手段こそむしろ目的には欠けている普遍性を有している。

（3）手段の体系

これまで述べてきたことは目的論の活動を推論によって、つまり形式的に理解しようとしたものである。ここには次のような欠陥のあることが分かる。その活動によって生み出された成果（結論）Produkt を見てみよう。成果は目的によって浸透されてはおらず、目的をただ外面的に持っているだけである。結論（「主観的な目的―成果としての客観」）はむしろそもそも推論の前提であったものにすぎず、したがって、両者は媒介によって一つになったというよりも、ただ外面的に直接的に結合されているにすぎない。この外面性は推論（三段論法）が本来形式的であることから来る欠陥である。

この欠陥はまた、推論の各名辞を分析してみれば、そこにはなお対立が解消されておらず、媒介が十分に行われていないことからも分かる。「成果」の内では目的の内容と客観の内容とが外面的に対立している。媒辞である「手段」においては目的の活動性と手段の持つ客観性とが対立している。「主観的目的」の内では概念の全体性である無限の形式と概念の特定の内容とが対立している。これらの対立は、第一篇「主観」においては概念の形式的な三契機（普遍・特殊・個別）が三つの推論形式（第一格・第二格・第三格）の媒辞の位置をそれぞれ占めることによって、形式的にそれらの差異を解消しえたのであるが、ここ「客観」においては、概念の内容を考慮せざるをえないから、この対立は解消されないのである。

この欠陥は二つの前提についても言える。第一前提「目的―手段」において、本来目的は手段に直接に関係することはできないものである。なぜなら、手段もやはり一つの客観であるのだから、主観である目的がそれと関係するには新たな手段を両者の間にいわば緩衝物として挿入する必要がある。こうして目的と手段との間に次々と手段を挿入する無限進行が生じることになる。第二前提「手段―客観」にも無限進行が生まれる。手段も客観もともに自立的にあるのだから、両者の結合は第三者の内でのみ可能であり、そして、手段とその第三者との間に、あるいは、第三者と客観との間に、さらに第三者が必要である、かくしてここにも無限進行が生じる。

無限進行においては目的は達成されえない。目的は終わり telos の意味をも持っているが、ここでは目的の活動が終わりに達することはないのである。推論の媒介 Vermittelung は媒介項 Mitte の自己否定（Vermittelung の接頭辞 ver- の意味）を含んで初めて成立するものだろうが（さもなければ、推論は無限進行に陥る）、目的論の媒辞である手段は自己否定的なものではないのである。

ここではむしろすべての客観が手段と化している。すべてが手段となることは、媒辞（手段）そのものを構成する（手段を大名辞とする）次の推論から明らかである。媒辞となる客観は、目的の規定性によって手段とされる。これは客観を媒辞とする「目的―客観―手段」の推論であるが、このようにしてすべての客観は目的の意図に従って手段とされうるのである。客観は目的に対しては「無力」（B195）であり、「合目的的な［目的に服従する］手段」となる。この推論においては客観はもはや目的に対抗するものではなくなり、目的に貫徹されている。では、目的は自らを客観化しえたのであろうか。答えは否である。客観は直接に目的に奉仕するものとなり、目的の活動の成果は客観の内に目的を実現することではなく、客観を手段と化すだけのことになる。こうして手段が「どこまでも続く so fort ins Unendliche」（B195）ことになる。目的に適った手段は次々に生まれてくるが、目的そのものが実現されることはないのである。外的合目的性すなわち目的論の推論的考察は、目的の王国ならぬ悪無限的な手段の体系を作り上げる。実現された成果は別の目的から見れば、その目的の手段とされるであろう。その成果を目的の実現と見るか、新たな目的のための手段と見るか、これは任意のこととなってしまう。目的が客観に対して外的なものである限り、つまり、主観的目的である限り、無限進行が避けられないのである。

例えば、家という目的にとっては石が手段となり、時計という目的に対しては歯車が手段となる。石と歯車はその自己規定（目的）を自分の外に有し、それは自分の存在を磨り減らす限りでのみ目的に適ったものとなる。そして、目的の実現された成果（家と時計）もまた、移りゆくものにすぎず、そうして自分を磨り減らすことで、他の目的に奉仕することになる。これらは相対的に目的であるにすぎない、つまりあくまで手段なのである。技術の世界はこうして目的を見失って悪無限的な手段の体系となる。これはわれわれの現代社会に似ていなくもない。

（4）内的合目的性（生命）

目的論を推論によって理解することは、目的を実現するには至らず、ただ手段の無限進行に導かれた。推論は概念の形式しか考慮しないからである。推論は、目的・手段・客観の形式を不変のものとし、それらの関係を包摂すなわち量（普遍・特殊・個別）によって形式的に考察するだけであって、概念の有する否定性と内容を理解しえないのである。第一篇「主観」ならばそれで十分であったろうが、ここ「客観」においては概念の他在としての客観こそが理解されるべきなのである。概念の否定性と内容の同一性を理解しうる論理が弁証法であり、これによって目的の自己否定的活動が明らかになり、生命の持つ内的合目的性が理解されることになる。アリストテレスは推論（論証）を弁証法の上位に置いたが、それに対して、ヘーゲルは逆に弁証法を推論よりも優れているものと考える。なぜなら、推論は単に形式的な正しさ（妥当）の論理にすぎないのに、弁証法は概念の自己否定性とそれによって保証される内容の同一性を把握しうるからである。

目的論における内容の同一性について、ヘーゲルは次のように言う。

目的の内容とは、目的が単一な自分の内へ反省した特殊性 einfache, in sich reflektierte Besonderheit としての否定性であって、目的の形式としてあった全体とは区別される。この単一性（それの規定された在り方が即かつ対自的には概念の全体である）のゆえに、内容は目的が実現されるなかで同一的に持続してゆくものとして現象している。（B197）

引用文の「形式としてあった全体」とはこれまで述べてきた形式的な推論（三段論法）を指している。その全体は、形式としては推論における「目的」「手段」「客観」の三項に区別されたが、目的は、内容としてはあくまでも「単一」であり、「同一的に持続していくもの」なのである。そしてその同一を維持する目的の活動が「自己否定性」である。

目的論の活動については次のように言うことができる。その活動においては、終わりが始めであり、帰結が根拠であり、結果が原因であり、この活動は生成しているものが生成することであり、この活動においては、既に実存しているものがただ実存へと現れて来るだけのことである、と。つまり、一般的に言って、反省の領域［本質論］や直接的有［有論］の領域に属していたすべての相関規定がその区別を失うに至ったのであり、終わり、帰結、結果など、［概念にとっての］他者と呼ばれていたものが、この目的関係においてはもはや他者という規定を持っておらず、それらはむしろ単一な概念と同一であるとして措定されているのである。（B198）

目的を、推論の形式からではなく、内容から見るならば、その活動において実現されるもの、成果は、目的にその初めから含まれていたものにほかならない。因果関係では、原因は変じて結果になったのに対して、目的はただ（実現された）目的に移行するだけであり、ここでは目的の内容は変化せず、それに対する他者は存在しないのである。

外的合目的性は、人が目の前に前提されている客観に自らの主観的目的（意図）を押しつけ、それを利用する活動であった。このような技術の世界ではすべてのものがそれと異なった他者の手段とされ、それが悪無限的に進行し、究極的に目的を達成することができなかった。これに対して、有機的生命においては部分は全体であり、目的はそれぞれの部分に内在している。この全一的な生命の内に内的合目的性を見ることはすでにカントが示唆していることであり、ヘーゲルはその構想を引き継ぎ、生命を、概念の自己否定的活動として、明らかにするのである。概念は、自らを反撥し、反撥した自らでもあるその他者（先には手段とされたもの）を媒介として、再び自己に戻り、こうして自らが「具体的普遍 das konkrete Allgemeine」（B188）であることを明らかにするのである。生命は自らと同じものを生むことができるのであり、そこにこそ生命の本質があるからである。先の引用文にあった始めと終わり、生みだすものと生みだされたものとの同一、これは生命をイメージして語られているのである。

推論は破綻し無限進行に陥ったが、そのことは目的の形式的区別（目的・手段・客観）が意味を失い、自己の規定を維持しえなくなったこと、それらが仮象にすぎぬことが明らかになったことを意味する。

> 概念［目的］に自立的に対抗する客観［手段］は、目的が自分のために前提したものであって、このように前提することにおいて、非本質的仮象として措定されたのであって、即かつ対自的に見て、すでに止揚されている。（B201）

したがって、外的合目的性の推論における三つの項は自立的なものではなく、実際は概念が措定したものにすぎないのである。しかし、「主観」篇における純粋な概念の三つの契機（普遍・特殊・個別）は概念の全体と直接に同一であったが、ここ「客観」においては、概念の規定性は「無関心的な外面性 gleichgültige Äußerlichkeit」（B203）として存在している。つまり、概念（目的）はそれが措定したものと直接に同一なのではなくて、それとの交互作用のなかで同一を示すことになるのである。全体と部分とが交互作用を行い、目的（全体）から見れば、それが自己同一的でありうるのは、全体が「自己反撥 das Abstoßen von sich」（B203）するものとして自ら部分であること、それが内的なものであるのはそれが外的であること、によるのである。このように自らを分裂させ、外化させつつ、自分の同一性を維持するもの、この全体的なものこそ「生命 Leben」と呼ばれるものにほかならない。この生命概念の分析が次の第三篇「理念」の主題となる。

注

（1）同書三八六ページ以下を参照。

七　理念と方法——概念論理念篇

はじめに

大論理学の掉尾、第三巻概念論の第三篇「理念 die Idee」を解釈する。われわれは一般に理念というものを優れた思想ではあるが、ヘーゲルも言うように、現実には実現不可能であり、「それに近づいていくべきではあるが、それ自体はどこまでもある種の彼岸にとどまる目標のようなもの」(B206) と考えている。あるいは、理念はすでに達成されており、ただわれわれがそれを知らないだけである、とも考えられよう。しかし、ヘーゲルはいずれも誤りであると考えている。彼にとっては、理念は現に今活動しているものであり、すべての存在と思想を支配する「端的に無限な力 die schlechthin unendliche Kraft」(B286) である[1]。過程として現れるこの無限な力が「方法」あるいは「弁証法」と呼ばれるのであるが、それがどのようにして生まれるかを見ていこう。

ヘーゲルは理念を二つの規定において考えている。一つは、理念は「主観的概念と客観との統一」(B208) であること、第二に、理念は「衝動 Trieb」(B209) であり、上述の主観と客観との統一あるいは同一性を「過程 Prozeß」(B210) として実現する活動であることである。第一の規定は論理学における理念篇の体系的位置を表すものであるが、[2] 同時にこの規定は理念が客観性を有し定在するに至った概念であること、「自己意識 Selbstbewußsein」(B230) あるいは自我 Ich であることを意味している。

そこで第二の規定にあるように、自己意識である理念は衝動すなわち純粋な自己活動と考えられる。そして、その理念が自己を実現する過程が道 hodos の意味を含む方法 Methode として論理化されるのであり、「絶対理念 die absolute Idee」とはこの方法 (道) そのものを指し、その方法 (理念の道ゆき) が弁証法と呼ばれる。われわれは理念をどこか彼岸の内で安らっているものと表象するのに慣れているが、そうではなく理念は活動そのものなのであり、理念を静止したものとする表象は打ち砕かれる。

> 概念 [自我の主観性の側面] は理念 [自我と外的世界との一致] の内で自由へと到達するのであるが、その自由のゆえに理念はまた最も過酷な対立を含んでもいる。理念が安らうのは、それが永遠に対立を生み出しつつその対立を永遠に克服して、対立の内でこそ自分自身と一つになるという確信を持ち保証されることにおいてこそである。(B210)

それでは、Trieb とは何か。私は「衝動」と訳したが、この日本語は外部にある誘因に触発されるという受動的な意味合いがある。しかし、Trieb はあくまでも内部から湧き起こってくる力のことであり、例えば、春、一斉に新芽が吹き出してくる、そのような成長力のことをいう。理念とは自らが目的を掲げそれを自らの力で実現する自我の活動であり、自己目的と自己実現が衝動の本質なのである。もし衝動にとっての他者というものを考えるとしても、衝動がそこにおいて自らを実現すべき客観的世界は、衝動から見ればそもそも空虚なものである。だからこそ衝動なのであり、対象が確固として存在するものであるならば、そもそも自己目的としての衝動は起こり得ないであろう。しかし、世界を空しいものと見ながら、そこにおいてしか自らを実現できないこと、ここに衝動の本性に内在する矛盾がある。また衝動が自己実現であるということは、それ自身は実現すべきものをまだ自分の内には持っていないということでもある。こうして衝動においては主観と客観は、欠如するものと空虚なものとして、互いに否定的なものとして対峙している。自らに欠けるところのあるものがその欠如を埋めるべく、自分では空虚と見なしているものの内に、自らを実現しようとする、これが衝動としての理念の運動である。したがって、他者というものを想定するとしても、衝動の他者は衝動自身の内にあり、衝動の自己であり、それが否定的な力として、自我を自己実現に駆り立てるのである。

　欠如と空虚という二つの無は、いかにしてその関係において両者の同一性に到達するのであろうか。両者は存在を欠いているのであるから、それらの同一性は、存在の内にではなく、その活動そのもの、その過程の内にしか現れ得ないであろう。過程の内にしか現れない同一性とは、肯定的な同一性すなわち主観と客観との存在の等しさではあり得ない。理念は自らの欠如を否定して（衝動して）、そのことによって世界の空虚さを否定する（充実させる）、そのような否定の否定、否定の活動における自己同一性が理念の同一性を生み出すものである。

この否定的同一性が、方法（存在の辿る道）としての弁証法 Dialektik を形成している。ヘーゲルは大論理学の「緒論」（「論理学の一般概念」）において、論理学の取るべき方法は「論理学がただ純粋学 reine Wissenschaft であることを可能にするようなものでなければならない」が、「哲学は依然としてその方法を発見してはいない」（S37）と述べている。したがって弁証法とはヘーゲルが発見した「純粋学」の方法にほかならないのである。(3)

私はこの弁証法を（存在が辿る）方法（道ゆき）としてその構造を明らかにしよう。その際、特に問題になるのは、弁証法と推論 Schluß との関係である。両者を同一視する解釈がいくつか見られるが、(4)私はその解釈は誤りではないかと思う。詳しくは3で論ずるが、推論はあくまでも規則に則った単に肯定的な同一性の論理であり、規則そのものを破ることはできず、また等しさの論理にすぎないから否定性や概念自身の他者を含むことはできない。それに対して、弁証法は、概念が自らの他者を含む否定的な同一性の論理であって、そもそも推論とは相容れぬ性格を持っている。ヘーゲルの弁証法は、カントのアンチノミー論を批判的に受容するなかで生まれたものであるから、(5)それは推論としてではなく、アンチノミー論と同じく、判断として、正確に言えば判断の働きの限界において、判断が自らを止揚する仕方のなかで、理解すべきものである。この理念篇では、判断の自己止揚はヘーゲル独特の解釈を施された「分析」と「綜合」についての理論において現れてくる。この分析と綜合の問題は2で考える。

これらの問題を考える前に、１では理念篇全体を概観しておきたい。理念は、第一章「生命」、第二章「認識の理念」、第三章「絶対理念」からなる。生命の内では理念は直接的な在り方をしているが、認識において理念は主観と客観とに分裂する。そして最後の絶対理念（存在の方法としての弁証法）は、主観と客観とが、すなわち概念の自己とその他者とが、一致している状態であり、精神の「絶対知」のことである（B211）。

注

（1）「国家の理念（概念）」を例に取り、ヘーゲルは、理念が持つ権力Machtが存在に内在していることについて次のように述べている。

「国家の概念は本質的に個人の本性を形成しているのであるから、それは個人の内に権力的衝動として存在しており、個人は、その概念を、たとえ外面的な目的関係の形式においてであれ、実在するものに移し替えるように、あるいはその概念に従うように、強いられているのであり、さもなければ個人は没落せざるを得ないであろう。その実在性が概念に合致することが最も少ない最悪の国家ですら、それが現に存在している限り、それはやはり理念なのであり、個人は権力を振るう概念には従わざるを得ない。」（B208）

（2）大論理学は「第一部客観的論理学」（第一巻有論・第二巻本質論）と「第二部主観的論理学」（第三巻概念論）から成り、概念論の内部は「第一篇主観」、「第二篇客観」、そして「第三篇理念」に分かれている。このように大論理学は「主観―客観」の対立を軸にして構成されており、理念は（概念論内部及び論理学全体における）二重の意味で主観―客観の対立を統一するものだというのである。

（3）ヘーゲルの「純粋学」の意味については、拙論「純粋学としてのヘーゲル論理学」（拙著『ヘーゲル論理学研究序説』（以下『序説』と略称）二〇〇二年、梓出版社、一〇四ページから一二二ページ）を参照されたい。

（4）推論については拙論「概念の推理的構造」（同じく『序説』三五一ページから三九九ページ）（「推理」は「推論」に同じ）を、弁証法については『序説』五一三ページから六〇六ページに収録した諸論文を参照していただきたい。

弁証法を推論によって理解しようとする試みには、例えば、Klaus Düsing: Syllogistik und Dialektik in Hegels spekulativer Logik（in: Hegels Wissenschaft der Logik. Hrsg. von Dieter Henrich. 1986. Klett-Cotta）や、新しいところでは、Rainer Schäfer: Hegels Ideenlehre und die dialektische Methode（in: G. W. F. Hegel Wissenschaft der Logik. Hrsg. von A. F. Koch und F. Schick. 2002. Akademie Verlag）などがある。

デュージングはその論文で、これまで「ヘーゲルの推論と弁証法的方法との関連は根本的に考察されることがなかった」（S.16）と指摘し、両者の関連には次の三つの可能性が考えられるという。「互いに競合し排除し合う二つの方法の試み」か、「異なってはいるが両立する試み」であるか、「唯一の方法の二つの根本規定」であるか（S.16）。そして彼は「弁証法的方法そのものがその本質的な個所で思弁的-三段論法的に解釈されている」（S.16）と言う。「本質的な個所」とは「絶対理念」の章を指すが、彼は「ヘーゲルは絶対理念つまり弁証法的方法を、推論を組織化することによって規定している」（S.31）と主張する。デュージングは「概念の自己運動」が精神現象学では「思弁的命題」によって表現されているが、思弁的命題は命題の形式を破壊するものであるから、「思弁的命題というものは一つの命題の形式においては与えられ得ず、したがってその後ヘーゲルは思弁的命題の考えを持ち続けることはなかった」（S.21）と言う。それに対して、「思弁的推論は、両極［前提を形成する二つの名辞］を、同一性と対立をそれ自身の内に含んでいる媒概念を介して、結合するものである」から、「そうしなければ単に内的に表象されるだけの、自己自身を思考する、概念の弁証法的運動を、論理的に表現するものが思弁的推論である」(S.21)と言う。しかし、デュージングには、弁証法の有する否定性についての考察が全く欠けていると思われる。

シェファーの論文は「理念」章全体の解説を試みるものであり、弁証法と推論の関連に関してはデュージングの考えを受け継ぎ、それをより単純化し徹底させている。彼は、「理念のすべてはヘーゲルによれば推論の異なった格によって遂行される。なぜなら、主観と客観とが異なった概念規定——普遍・特殊・個別——に媒介されて合一し、また相互に媒介し合うからである」(S.246)と言い、「絶対理念もまた、他のすべての理念と同じように、推論であるから、『始原』は第一前提を、『進展』は第二前提を、『終わり』は結論を形成していると推測しうるであろう」(S.257)と主張する。しかしこの「推測」は根拠が十分ではない。たしかにエンチュクロペディー(§238－242)(G. W. F. Hegel Werke 8, Enzyklopädie der philosophischen Wissenschaften I.1970, Suhrkamp. S.390ff.)では「思弁的方法のモメント」として、「始原」「進展」「終わり」の三つが挙げられているが、大論理学ではこの考えは取られていない(後に本文で述べる)。また、「生命」の理念はたしかに推論形式によって理解されるとしても、否定性の構造を明らかにする絶対理念はむしろ推論を克服するものとしてあるのである。

(5)　カントの弁証論とヘーゲルの弁証法との関連については拙論「弁証法はどのような論理か」(『序説』五一五ページから五三四ページ)参照。

1　理念

(1) 生命

生命Lebenは具体的実在であるから、純粋学である論理学の内容をなすのは奇妙に見え、本来は自然哲学など、実在的な哲学の内で扱われるべきものであろう。にもかかわらず、理念の内で生命が考察されるのは、目的論の考察を主題とした先の第二篇「客観」の完成された姿が生命であったからであり(六目的論参照)、したがって理念の最初の直接的在り方は生命と考えられるのである(B212)。生命の本質は「内的合目的性」である、すなわち、始めと終わり、生み出すものと生み出されるものとが同じであるもの、自らと同じものを産出する活動のことであった(人間は、猿ではなく、人間を産む)。理念一般は自己目的の活動であり、その直接的な在り方が生命の内に見られるのである。

ただし、ここは純粋学としての論理学の場であるから、生命は「純粋理念としての論理的な生命」(B213)である。「論理的」とは、概念の三つのモメント(普遍・特殊・個別)とそれらの関係(概念化・判断・推論)において生命が考察されるということである。その具体的内容にここで立ち入る必要はないであろう。生命を論理的に考えることはおそらくイェーナ時代にはすでに確立されており、その時期のいくつかの草稿や講義、そしてその後のいわゆる『プロペドイティック』(1)やエンチュクロペディーにおいても、その間に大きな異同は見られない。いずれにおいても、生命は、個体が自らの形態を維持する働きとしての「生命個体」、次に個体がそれを取り巻く外界に対する関係すなわち営養活動としての「生命過程」、そして最後に個体同士の生殖による種の保存としての「類」、以上の三過程において考えられている。ここでは次の二つの注意を述べるにとどめよう。

一つは、絶対理念の本質である衝動及びその目標である否定的同一性が、この生命において直接に、したがって目に見える形で、現れていることである。例えば、営養（生命過程）は生命個体が欠乏を感じ、外界のものを摂取しようとする衝動、「欲望 Bedürfnis」（B222）として現れる。欲望は自分の他者である世界を否定しながらそこにおいてしか自分を実現できないという点で矛盾している。この矛盾を感ずることが生命体の「痛み Schmerz」（B222）にほかならない。

痛みから欲望と衝動は始まるのであり、この欲望と衝動が、個体が対自的に［単独に］あることを否定する状態から、対自的に［自覚的に］ある同一性――否定の否定にほかならない同一性――に至る、その移行を作り出すのである。（B223）

ここに直接的な形ではあるが、絶対理念の本質である否定的同一性がすでに現れている。

第二に、われわれはヘーゲル哲学における生命というと、まずフランクフルト時代の「神学的」諸草稿における「一にして全 hen kai pan」としての生命概念を、つまり対立し合うもの同士が愛によって運命と和解し全一的な生命へ復帰することを、思い浮かべるであろう。その当時、ヘーゲルは愛をイエスの友愛 philia として構想していたが、ある断片では男と女との性愛 eros としても考えている（「八実定性と愛と死」参照）。しかし、いずれの愛にしろ、愛は生命に対立してくる死を克服できなかった。ところが、大論理学で述べられる生命はもはや愛とは無縁である。むしろ愛が克服できなかった死こそが生命の本質とされるのである。生命は「類」においてすなわち生殖によって維持されるのであるが、その行為は愛ではなく、個体が死んで種の生命を残すための「否定的同一性」としてとらえられるのである。

この否定的同一性は一面では個別性［子］を生み出すものだが、他面では個別性［親］を止揚するものである。……生殖においては、生きる個体の直接性は死に至るのであり、この生命の死が精神の誕生となる。（B227）

（2）認識の理念

第二章「認識の理念」（B211）は「認識 Erkennen としての真 das Wahre の理念と、意志 Wollen としての善 das Gute の理念」からなる。意志の働きをも広義の認識に含ませるのは奇妙に思われるかもしれない。しかし、ヘーゲルにとって認識とは主観と外的世界との関係一般をいうのであるから、意志的行為も、主観の衝動を前面に押し出した、認識の一つの在り方である。生命は概念の直接的な在り方であるのに対して、認識は判断の形態における概念である。つまり、認識においては概念が自らを主観的概念と客観的概念（外的世界）とに分裂させており、共に概念であるもの同士の関係として、「理念は自分自身を対象としている。」（B228）ここにはカントの物自体やフィヒテの非我という主観を制約するものは存在しておらず、空虚な客観を破壊する絶対的な衝動として、主観が現れてくるのである。

認識は自分自身を対象としているから、見知らぬ他者であるような外界を単に受容する aufassen ものではない。例えば、ロックの「実在論」（経験論）のように認識主観自身は無規定で（白紙で）ただ外界の多様を受け入れるものでも、またカントの「観念論」のように逆に認識主観が、前提されている多様に形式を与えるものでもない。この二つは分析的認識の代表であるが、それらはいずれも客観の存在を前提しており、客観が本来無であることについての自覚が欠けている。言い換えれば、認識の理念が衝動であることが理解されていない。

> 概念の対自的存在に対しては、即自的に存在する世界というものが、概念の前提として対立してはいるが、この世界の無関心的な他在は概念自身の確実性に比べれば単に非本質的なものにすぎないという価値しか持っていないのだから、概念はこの他在を止揚して客観の内で自分自身との同一性を直観しようとする衝動である。（B238）

この概念の衝動の側面が綜合的認識である。綜合的認識は、概念自らがそのモメント（普遍・特殊・個別）に従って、普遍である定義 die Definition から特殊である分類 die Einteilung へ、そしてさらに定理 der Lehrsatz へと進み、概念の必然性を明らかにする（証明する）ことである。分析と綜合の詳細については次の2で述べる。前巻の本質論においては、外的存在を前提することがそれを措定することにほかならないことが理解されて、前提＝措定が明らかになるとき、概念の反省作用とそれの成果である反省規定が根拠づけられた。[2] それに対してここでは、分析＝綜合の概念の運動が明らかにされて、理念の方法である弁証法と、その成果として、これまでのすべての規定の正しさとが、権利づけられることになる。

以上、狭義の認識すなわち「真」の理念について述べた。真の理念においては「主観的概念は客観的世界から規定された内容を取ってきて満たされる」（B277）のである。ところが、「意志の理念は自己自身を規定するものであるから、内容を対自的に［自分自身で］自分の内に持っている。」（B278）「意志の理念」とはカントの道徳律（良心）のことである。道徳律は理性の事実であって、客観的世界から取ってこられるものではない。その意味で意志は絶対的である。しかし、カントは意志の形式しか問題にしなかった。それに対して、いかなる意志も内容を持っており、その内容をこそ問題にすべきだと、ヘーゲルは考える。意志の内容は、内容であるからには規定されており、有限である。つまり、善そのものは形式としては完全であるかもしれぬが、それを実現しようとするとき、その衝動の内容（客観）が問題になり、個々の行為は有限であらざるを得なくなる。この意志の内部にある主観と客観との対立は、理論的認識と異なって、ともに現実的であるもの同士の関係である。意志は衝動であるから、外的世界が空虚であることを確信しており、客観を外界から取ってきて自らに与えることはできない。むしろ、外的世界を破壊して、自分の構想に客観性を与えようとするのである。そこで「行為 das Handeln の推論」（B281）は二つの現実、「透明な思想の純粋な空間の内にある主観の国」と「閉ざされた闇の国である、外的多様の現実というエレメントの内にある客観の国」（B280）、すなわち、透明の国と闇の国との両者を、「善なる目的」という主観的な衝動が結びつける推論となる。

この推論はすでに「六目的論」で述べた「外的合目的性の推論」と変わるところはない。「善なる目的―主観的現実」（「主語―述語」を表わす）の前提においては、目的が意志の内容を直接に、「透明に」あるいは「純粋に」支配している。これがカントの道徳律の世界である。第二の前提、「善なる目的―客観的現実」において、目的は、すでに第一前提において実現されている（主観的）現実性を「手段」として、闇の現実に立ち向かい、それを止揚することができるはずである。目的の実現を示すこの第二前提はすでに第一前提の内に含まれているからである。ただし直接的な在り方で。カントはこの第二前提、目的の実現を、「魂の不死」として要請するにとどまった。しかし、この二つの前提はカントのように相互に無縁のものとして放置するのではなく、媒介されねばならない。これを媒介するものが「行為 das Handeln」である。行為は純粋な目的を規定するものであるから絶対的善の否定であり（第一前提）、さらに闇の現実に立ち向かい自らを否定しつつ善を実現する（第二前提）のである。こうして行為を通して、善は否定の否定を体験する。善なる目的は単に主観的に実現されるのではなく、現実に実現されていなければならないのである。――前の客観篇における目的論の考察によって推論は破綻することが明らかになったが、ここでも行為の推論は破綻し、否定の否定と解釈し直され、推論に代わって概念の自己運動である弁証法が現れてくる。

若者は、世界は悪に満ちており、根こぎにされねばならないと考える。宗教人は、世界は神の摂理に支配されており、あるべき姿に一致していると思い込んでいる。しかし、善は絶えず自己を生み出していることによってのみ存在する。善を不断に今自らを実現している過程と見ること、これが絶対理念の内容である。

注

（1）例えば、ニュルンベルク・ギムナジウムでの授業「上級向け哲学エンチュクロペディー（1808年以降）」の§85-93を参照。G. W. F. Hegel Werke 4, Nürnberger und Heidelberger Schriften 1808-1817. 1970, Suhrkamp. S.30ff.

（2）「仮象と反省」（『序説』二一九ページから）及び「矛盾と言語」（同、二四一ページから）参照。

2 分析と綜合

分析 Analyse と綜合 Synthesis の違いは一見明白のようであるが、明確に規定することが難しい。学問の部門として見ると、アリストテレスにおいては真理の論理学が「分析論」と呼ばれるのに対して、虚偽の前提から出発するものが「弁証論」である。カントにおいても論理学は「分析論」と「弁証論」

に区分されており、綜合論という部門は存在しない。ヘーゲルもこの分析論と弁証論との区分を、彼独自の分析と綜合の理解の下に受け継いで、弁証法を主題とする「絶対理念」の前に、分析を扱う「認識」の章を置いたのである。

一方、学問の方法としての分析と綜合は、一般に分解と結合という証明の操作と見られてきた。例えば、ある哲学辞典には分析は「一つであるものを多数のものへ分解すること」[1]、「あるものをその諸部分へ解消すること」[2]とあり、それに対して、綜合は「多くのものを一つの統一へ結合すること」[1]、「多様なものを一つの全体へと結合し総括すること」[2]と記されている。ヘーゲルの同時代人、クルークは、「分析的方法とは証明におけるものであり、与えられた被制約物から出発すること、そうするのは被制約物が依存している諸原理を探究するためである（原理づけられたものから原理への背進）。それに対して、綜合的方法はその逆の操作である（原理から原理づけられるものへの前進）[3]」と説明している。クルークは、論理学と、形而上学（カントの超越論的哲学もその内に含まれる）とを厳密に区別する立場に立つから、分析と綜合は論理的証明における逆の二つの操作であり、それらはむしろ帰納と演繹の言い換えにすぎない。ヘーゲルも、ニュルンベルク・ギムナジウムでの授業「上級向け概念論（一八〇九／一〇）」では、大論理学とは異なって、上記のものと類似した内容を教科書風に次のように定義している（ただし、「同一的 identisch」と「異なっている Verschiedenheit」という語は彼に特有のものである）。

> 分析的認識はある概念あるいは具体的規定から出発し、その内に同一的に含まれている単純なあるいは直接

的な諸規定の多様を展開するにすぎない。それに対して、綜合的認識は、ある全体の、直接にはその内に含まれておらず、また同一的に次々と出てくることもなしに、互いに異なっているという形態を持っている諸規定を、展開するものであり、それら諸規定相互の規定された関係の必然性を示す。(4)

では、大論理学においてヘーゲルは分析と綜合をどのように考えているのであろうか。分析と綜合は理念の認識を可能にさせるものであり、理念とは自我のことであるから、両者は自我の活動の二つの在り方と考えるべきである。ヘーゲルはカントの根源的統覚 die ursprügliche Apperzeption を受け継ぎ、それを批判的に吟味して、分析と綜合の考えを獲得したのである。カントは『純粋理性批判』の「純粋悟性概念の演繹について」の章で「私は考える Ich denke」という自己意識がすべての表象に伴っているとして、これを「根源的統覚」と呼び、これによってすべての認識が、すなわち概念の形成が可能になるという。そして、「私は、直観において与えられた多様な表象を一個の意識において結合することによってのみ、これらの表象における意識の同一性そのものを表象できるのである。したがって統覚の分析的統一は何らかの綜合的統一を前提してのみ可能である(5)」と言う。

ヘーゲルは根源的統覚が概念を可能にするというカントの考えを継承する。概念とは先に述べたように、存在するに至った「自我ないしは純粋な自己意識」(B12)のことだからである。しかしカントのいう統覚「私は考える」はさまざまの表象に伴うだけの、それ自身は内容を持たないいわば空虚な現象にすぎない。重要なのはその「私」とは何か、自我の内容と構造である。

自我は何かを、自分かあるいは他の何かを、考えるのである。自我が自分を自分に対立せしめているこの二つの形式［自分と他者］は分離されえないものであること、これこそ自我の概念の、そして概念そのものの最も固有な本性に属するものである。（B231）

概念［自我］は抽象的に単一なものではなく、具体的に単一なものであり、また抽象的に自分に関係していると規定されるものではなくて、自分自身と自分の他者とが一つであるものである。（B232）

ヘーゲルにとって概念（自我）とはそもそもその内に他者を含むものであり、自分と自分である他者との統一にほかならない。カントは先に引用した文で、自我の単純な統一である統覚の分析的統一と、概念の他者すなわち（カントの場合は）感性的直観の多様を含む綜合的統一とを、異なったものと考えているが、ヘーゲルにとっては、そもそも自我は自分と他者との統一なのであるから、この二つ（分析的統一と綜合的統一）は合一されるべきものなのである。

ところで、カントのいう分析（したがって綜合も）には二つの意味がある。

分析的方法は綜合的方法と対置される限り、分析命題とは全く別のものである。分析的方法の主旨は求められているものをあたかも既に与えられているかのように見なして、この求められているものから出発してこれを可能にする唯一の条件にまで遡るところにある。この分析的方法においてはしばしば綜合的命題だけを使用することがある。(6)

ここでいう分析的方法とは解析的証明の操作のことである。これは分析命題（分析判断）と全く異なり、数学におけるように綜合的命題だけを用いる分析的方法があるというのである。このようにカントは方法と命題（判断）とを峻別するが、ヘーゲルはその必要を感じない。ここにおいて両者の明確な違いが現れてくる。では、カントは（方法ではなく）判断としての分析と綜合をどのように区別しているのか、またそれに対して、ヘーゲルにおけるその区別はどのようなものであろうか。カントは分析判断と綜合判断の違いを次のように定義する。

［判断における主語と述語との関係は］述語Bが主語Aに、この概念Aの内に（隠れた仕方で）含まれているものとして、属しているか、それとも、BがAと結合していても、このBが概念Aの全く外にあるか、いずれかである。私は第一の場合の判断を分析的判断と呼び、もう一つの場合を綜合的判断と呼ぶ。それゆえ、分析的（肯定的）判断は述語と主語との結合が同一性によって考えられているのに対して、その結合が同一性なしに考えられているものは綜合判断と呼ばれるべきである。(7)

カントの区別の根拠は述語概念が主語概念の内にあるか外にあるかである。分析判断は述語が主語概念の内にあるのに対して、綜合判断は概念の外にある。概念の外にあるものとはカントにおいては感性的直観であり、綜合判断は、述語の内容が直観から取ってこられたものをいうのである。これに対して、ヘーゲルは分析的認識（分析判断）を次のように定義する。

> 分析的認識は、概念の為す、未だ他者を含んでいない、直接的な伝達にすぎず、そこでは［概念の］活動はそれが有する否定性を放棄してしまっている。……分析的認識は一般に同一性［抽象的普遍性］を原理としており、他者へ移行すること、差異するものを結合することは、その認識そのものから、その活動から、初めから排除されている。（B241f.）

ヘーゲルにおいても概念の外あるいは概念の他者が区別の根拠となっているが、彼のいう「概念の他者」とは概念の内にあるのである。つまり、概念の外と内という区別を考えるときでも、そもそも「考える」とは概念による以外にはないのだから、概念の内でこそ考えられるべきなのである。

二人のこの違いを明確に示しているのが、カントの挙げる「7＋5＝12」という加算についての二人の解釈である。[8] カントはこの命題を綜合判断と考える。彼によれば、「7＋5」という主語概念には7と5と、そしてそれらを加えることしか含まれておらず、その概念から12という新たな述語概念が分析的に出てくることはない。12を求めるには与えられている7に、例えば「5個の点というような直観に頼って……7と5という概念を越えて外に出て über diese Begriffe hinausgehen いかなければならない。[9]」一方、ヘーゲルはこの例題を分析的認識と考える。なぜなら、「5＋7と12とは徹頭徹尾同じ内容である」からであり、「ここでは全く他者へ移行することがない。ここにあるのはただ続けること、つまり、5と7を数えたのと同じ演算を［12に至るまで］繰り返すことだけである。」（B246）

では、ヘーゲルは綜合判断をどのようなものと考えるのか。

綜合的なものの有する必然性と媒介は、単に肯定的同一性に根拠を持つのではなく、否定的同一性に根拠を持っている。（B272）

否定的同一性とは他者を含む同一性である。ヘーゲルが綜合的認識の本質とするのは、それが「他者」を含んでいることにある。したがってヘーゲルの場合、「統覚の綜合的統一」は概念が概念自身の他者（直観の多様ではない）を含みつつ一つであることを言うのである。「私は考える」という命題にはすでに私と「他の何か」が含まれている。「私は私である」という同一命題は単に分析的にすぎないのではない。そこには主語「私」と述語「私」の差異が現れている。いかなる同一命題の内にも、それが概念の活動（「考える」）を含む限り、差異が生まれている。大論理学の最も抽象的な命題においてもそうである。「有は有である」、ここには述語「有」は一つの規定されたものとなり、それは「無」との対立を呼び起こす。概念はこうして自分の他者へと移行し、そこで再び自己と合一するのである。これがヘーゲルのいう否定的同一性である。

したがって、分析的認識そのものは認識である限りそれにとどまりつづけることができない。その判断は自ずから差異を、他者を含まざるを得ず、綜合的認識に移って行かざるを得ないのである。この分析から綜合への必然的な移行、概念自身の内発的な運動（衝動）、これが弁証法にほかならない。

注

（1）J. Hoffmeister (Hrsg.von): Wörterbuch der philosophischen Begriffe. 2. Auflage. 1955, Meiner

（2）J. Ritter (Hrsg.von): Historisches Wörterbuch der Philosophie. Bd. 1, 1971, Wissenschaftliche Buchgesellschaft. und Bd. 10, 1998, Schwabe

（3）W. T. Krug (Hrsg.von): Allgemeines Handwörterbuch der philosophischen Wissenscaften. 1. Band. 1832, Brockhaus

（4）G. W. F. Hegel Werke 4. Suhrkamp. S.159

（5）I. Kant: Kritik der reinen Vernunft. B133

（6）I. Kant: Prolegomena. §5 Anmerkung. A42

（7）I. Kant: Kritik der reinen Vernunft. B10, A6f.

（8）カントの「7＋5＝12」の数式を、ヘーゲルは「5＋7＝12」と誤記している。おそらくヘーゲルの記憶間違いであろうが、穿った見方をすれば、ここに二人の理解の違いが無意識に現れているのかも知れない。カントでは直観を加算していくのだから、加える数（5）は小さい方が良く、ヘーゲルでは単調な繰り返しを強調するには大きい数の方が効果的であろうから。

（9） I. Kant: Kritik der reinen Vernunft. B15

3　弁証法

ヘーゲルが「絶対理念」と呼んでいるものは「理論的理念と実践的理念との同一性」（B283）である。絶対理念は「哲学の唯一の対象にして内容である」（B284）。絶対理念とは真（理論的理念）と善（実践的理念）を、両者の同一性の内で明らかにするものであり、「論理的なもの」、ロゴスにほかならない。ロゴスとしての絶対理念はすべてを「止揚しつつ包容し」、自分の内に「閉じこもり」、外に現れることなく、仮に現れたとしても「ただちに再び消滅してしまう」ものである。つまり、ロゴスとはヘーゲルが「根源語 das ursprügliche Wort」と呼ぶ言葉のことである。ロゴスは聞かれることによってただちに消えてゆき、現れることが消えることであるから、その内容は「無限の形式」すなわち形式の自己関係以外にあり得ない。そして、形式が内容であるもの、すなわち内容と形式とが一致しているもの、これが「方法」（以上、B284f.）と呼ばれる。

形式と内容が一致しているとは運動（衝動）の在り方を説明するものであろう。したがって方法とは「概念そのものの運動 die Bewegung des Begriffs selbst にほかならない」（B286）。概念の運動は自らが自らを規定し自らを実現しようとするものであり、いかなる制限も持たず、とどめるもののない「端的に無限な力 die schlechthin unendliche Kraft」（B286）である。

方法は理性の最高の力、いやむしろ、唯一にして絶対的な力であり、さらに自分自身を通してすべてのものの内に自分自身を見出し認識しようとする衝動でもある。(B286)

方法とはヘーゲルにおいては前提された内容に対して主観が外部から介入する行為のことではない。そうではなく、方法は概念自身の為す運動であり、存在するすべてを支配するロゴスの主権にほかならない。これに対してはいかなる客観的存在も「抵抗できず」(B286)、それに「浸透されざるを得ない」(B286) のである。

この方法の構造を考察することが大論理学の最終課題である。[1] 方法とは概念の運動であるから、考察の対象であるものは「概念そのものの諸規定とそれらの関係」(B287) 以外にはありえない。ただし、この理念の方法論で扱われるべき概念の規定は、そのような誤解がしばしば見られるが、普遍・特殊・個別の規定ではない。[2] これらは、ここ方法論の対象となるものではなく、すでに主観篇で考察された概念の主観的なモメントにすぎず、それらの関係が概念・判断・推論として明らかにされたのである。ここで問題になるのは概念の規定ではなく、理念の規定であり、概念の運動とその軌跡についての記憶(想起) である。つまり、これまでさまざまのカテゴリーと反省規定において現れてはただちに消えていったロゴスの否定の様態こそが考察されるのである。

ロゴスは規定性 die Bestimmtheit と他者 das Andere という自らの二つの様態においてこれまで自分の

否定的な力を行使してきたのである。ある概念が外ならぬ自分自身であること、その自己同一性はその規定性によって与えられるのであり、分析的認識はこの規定性を維持するのに与る。他方、綜合的認識は他者を含むものであるから、その規定性の内に他者を見出すものである。そして、ヘーゲルはロゴスのこの二つの否定の力をこれまでの論理的展開の二つの典型的な場面において、すなわち論理学の始原 der Anfang とそこからの進展 der Fortgang の内で明らかにしようとする。理念はこの二つの様態をもつだけであるから、方法を考えるにはこの二つで十分である。

(1) 始原

始原の本性については「有論」の初めにある「学は何をもって始めねばならないか」においてすでに克明に述べられていた。そこでは「始原」の語を分析することによって、それが「区別されたものと区別されていないものとが一つであること」及び「同一性と非同一性との同一性」(S63) であることが明らかにされた。(3) しかし、何が始原であるかという問いは本来、始まった後に、つまり何が始原であったか、と回顧するときに確実に答えうるものであろう。したがって、この最後の「方法論」においてこそ、始原の持つ意味が理解される。それは、始まること、そのことを促すロゴスの否定の力 (衝動) を明らかにすることでもある。

始原は「直接的なもの ein Unmittelbares」(B287) である。これは容易に分かる。もし始原が直接的でないならば、何かに媒介されているのであり、むしろその「何か」こそ本当の始原でなければならないであろう。しかし、始原は直接的なものではあっても、論理学では思考における直接的なものであるから、経験論の言うように感覚の多様・特殊なものであるのではなく、「単一にして普遍的なもの ein Einfaches und Allgemeines」(B288) である。ところが「単一にして普遍的なものであるということはそのように規定されていることにほかならず、その規定性のゆえに、始原は欠陥を有している mangelhaft」(B289)。

直接的であることすなわち規定されていないこととは、そのように無規定なものと規定されていることである。つまり、「論理的な始原が自分の唯一の内容としてもっている無規定性、これこそそれの規定性を形成しているものである」(B301)。そして、「方法は内在的で客観的な形式であるから、始原が直接的であることはそれ自身に即して〔外部から見てではなく〕欠陥を有していることにほかならない。そこで、さらに前進しようという衝動が〔それ自身の内部に〕授けられざるを得ないのである」(B289)。方法の第一段階である始原において、ロゴスの否定的な力はこのように前進を促す、概念に内在的な欠如すなわち衝動として現れるのである。

論理学の始原である最も単純な「有」の規定性を例に取ってみよう。これは直接的で無規定なものである。しかし(ここが重要であるが)無規定性も一つの規定性である。そこで「有は無〔規定を持たないもの〕である」という判断が生まれる。この判断は分析的である。なぜなら、「方法はその始原の普遍者〔有〕のより進んだ規定〔無〕を全くただその普遍者の内部に見つけた finden だけ」(B291) だからである。しかしまた、「その対象〔有〕は自分の直接性と普遍性そのものの内で有している規定性を介して、自分を他者〔無〕として示している」（B291）のであるから、この判断は綜合的でもある。

判断のこの綜合的であるとともに分析的でもあるモメントによって、始原の普遍者は自分自身で自分を自分の他者であるとして規定する。このモメントが弁証法的モメントと呼ばれるべきものである。（B291）

分析的認識と綜合的認識との統一が弁証法であり、それは自分を自分の他者として示す運動のことである。ここに方法の第二段階（進展）におけるロゴスの第二の否定的な力が現れてくる。つまり、他者である。

(2) 進展

ヘーゲルは、弁証法の進展を、三重法 Triplizität、四重法 Quadruplizität、推論すなわち三段論法 das Dreifache、以上、三つの型によって表そうと試みている。最終的に彼は三重法で弁証法を定式化することになるが、四重法を排除し、また推論の欠陥を指摘するところに、彼の考える弁証法の特質が浮かび上がってくる。三重法は次のように描くことができる。

a「最初の直接的なもの」―b「その他者（第一の否定的なもの）（＝「第二の否定的なもの」）」―c「第二の直接的なもの」

a―bの判断（「最初の直接的なもの」―「その他者」）は、上に挙げた「有は無である」がその例になろう。ヘーゲルは、「有限者は無限者である」、「一は多である」、「個別は普遍である」を例示している（B295）。この判断が分析的であるとともに綜合的であることは先に指摘したが、この判断形式によっては、主語の「有」がどこまでも存続するかのような錯覚に捕らわれており、「有」は判断の内で発声されて（そして消えて）自分の他者である述語の「無」に移ること、すなわち概念の運動が表せない。最低限、この肯定判断には「無は有でない」のような換位された否定判断が必要となろう。

つまり、無（他者）とは、有（直接的なもの）が否定されたものであり、媒介されたものであるが、それは同時に媒介するものでもあることを表す必要がある。それを表現しているものがbの内部にある命題、「（第一の）否定的なもの――（第二の）否定的なもの」である。この命題が表しているのは否定的なもの同士の「関係 Beziehung あるいは相関 Verhältnis」（B295）である。

ヘーゲルは、この命題が「弁証法の魂」（B296）である、と言う。しかし、それが「（自己）関係」であるか「相関」であるか、決めかねている点に、ヘーゲルの迷いが見て取れるだろう。もしこれを相関と見れば、二つの否定的なもの・他者はいずれも自立したものとなり、形式論理でいう対当を形成する。ヘーゲルは言う、「第二前提［否定的なもの—否定的なもの］は、さしあたっては互いに排除しあい、互いに異なる対自的なもの［自立したもの］として関係しあっている個別性によって規定される」（B297）、と。そのような対当はたしかに大論理学でも考えられてはいる。例えば、「有限なもの」の下に「或るものと他のもの Etwas und ein Anderes」として相関（AとB）が形成されている場合である。けれども、そもそも相関の思想はフランクフルト時代におけるものであり、私は、相関を克服する過程のなかで、

弁証法が成立した、と考える。(4)

対当として見られれば、他者は概念の単なるモメントではなく、実在的で人格的な他者として対立することになろう。「この場合、否定的なものあるいは区別されたものは二つのものとして算えられている」(B298)から、相関は四重法として次のように定式化される。

a「最初の直接的なもの」―b「第一の否定的なもの」―c「第二の否定的なもの」―d「第二の直接的なもの」

しかし、四重法は先の引用文にあるように「さしあたって」の考えであり、ヘーゲルはもはや大論理学ではこれを採ることはなかった。相関は他者関係を相互的に reziprok 理解するものであるが、関係はそれを自己反省的に reflexiv 概念把握しようとするものである。(5) 相関ではなく関係の視点からすれば、第二命題(「第一の否定的なもの―第二の否定的なもの」)は「それ自身における他者 das Andere an sich selbst、他者の他者 das Andere eines Anderen であり、それゆえ自分自身の他者を自分の内に含んでおり、そこで矛盾するものとして、自分自身が措定されている弁証法である。」(B296)この「自己への否定的関係 die negative Bezhieung auf sich」(B296)こそ、生命と精神、すなわち衝動をもつものの活動の源泉にほかならないのである。ここにおいて、弁証法の運動は「折り返し点 Wendungspunkt」(B296)に達し、この否定的自己関係が現れた時点で、始原である直接性へ帰るのである。

直接性とは、否定の運動とは別の、何か存在するものを意味するのではない。ヘーゲルの三重法からすれば、他者の他者、否定的なものの自己関係が、その自己関係性のゆえにそれ自体直接性にほかならないのである。こうして媒介（否定）と非媒介（直接性）は同じものであり、非媒介の様態で、すなわち姿を隠したままで媒介するものとして、理念はすべてのものを支配する無限の力であることが明らかになる。(6)

ところで、ヘーゲルは弁証法の第三の型として推論を挙げていたが、彼はその可能性を即座に否定する。

一方では推論はそもそも内容の本性を規定しない単に外面的なだけの形式と見なされてきたのであり、また一方では推論は［単に同等であるという意味での肯定的な］同一性という悟性的規定においてのみ、形式だけの意味で、進行するだけであるから、それには弁証法に本質的なモメントすなわち否定性が欠けている。(B298)

推論は内容と否定性を欠いているのである。したがって弁証法と推論とは同じものでないばかりか、両立することもあり得ない。弁証法は方法（オルガノン）であるのに対して、推論は限られた領域（肯定的同一性が通用する領域）における論理的規則（カノン）にすぎない。規則は否定の力を持たず、矛盾を避ける。そして、推論が矛盾に出会って破綻するところで、弁証法が現れて来たのである。言うならば、弁証法は形式的規則の整合性を否定することによって、自らを展開していく内容を持った否定的な規則となる。

絶対理念はゴールではない。ヘーゲルはエンチュクロペディー(§237補遺)で次のように言っている。

目標に到達すると、人は自分が望んでいたもの以外の何ものも見出さないのを不思議に思うものである。関心は運動の全体にあるのだ。……到達点には全生涯が総括されているのだ。

注

(1) したがってヘーゲル論理学は「方法論」で終わる。これは当時の論理学教科書の標準的構成であった。例えば、イェーナ大学以来、ヘーゲルのいわば宿敵であったフリースの『論理学の体系』(J. Fr. Fries : System der Logik. Mohr und Winter, 2.Auf. 1819)も方法論で終わっている。ただし、当時の他の教科書も同様であるが、フリースの方法論は、教師向けの「教授の方法 die Methode des Unterrichts」を説くものにすぎない。

(2) 先に引証したデュージングとシェファーが弁証法を推論と考えた誤りの原因は、「方法論」における理念の規定を普遍・特殊・個別の概念の三モメントと考えたからである。この三モメントによって構成されるものは、ヘーゲルの場合、三段論法(定在の推論)に限られる。

(3) 始原の分析については、拙論「始まり」(『序説』一八九ページから二一八ページ)を参照されたい。

(4) 拙論「ヘーゲル弁証法と他者の問題」(片柳榮一編著『ディアロゴス』、二〇〇七年、晃洋書房、五五ページから七三ページ)参照。

(5) 「相互的」と「自己反省的」との違いについては、拙論「弁証法とはどのような論理か」(『序説』五一五ページから五四五ページ、特に五二九、五三〇ページ)を参照されたい。

（6）　絶対理念の目に見えぬ「無限の力」は、エンチュクロペディー（§237）の次の文によってイメージできるであろう。

「[絶対理念の内では]移行することもなく前提することもなく、そもそもすべての規定性は流動し透明であるから、絶対理念は、その内容を自分自身だと直観している概念の純粋な形式にほかならない。……ここで形式として理念に残されているものはその内容の方法——理念の諸モメントの価値についての明確な知識、以外にはないのである。」

「理念の諸モメント」とはエンチュクロペディーでは「始原」「進展」「終わり」のことである（『大論理学』では「終わり」はない）。「価値」と訳したのはWertではなく、Währung、つまり通貨のことである。それはある事物に内在している本質ではない。貨幣はそれ自体が価値を持つものではないが、流通において価値を獲得するのである。世界の存在者は過程のなかで消えてゆくものであり、それ自体は価値を持たず、理念の「方法」の内で価値を付与されるのである。

八　実定性と愛と死——若きヘーゲルの共同体倫理

はじめに

ヘーゲルの思索がフランス革命の進展とともになされたのは歴史的偶然ではあるが、両者の思想的連関は必然的であった。

彼はフランス革命の衝撃を全身でもってうけとめ、その革命の意義を哲学的に明らかにしようとした。哲学における革命を企てること、それが若きヘーゲルの課題であった。彼の関心は実践知に、古い共同体原理にとってかわるべき新しい共同体の原理を発見することにあった。私は三十二歳までの若きヘーゲルの思索の跡を追うことによって、このことを明らかにしよう。そのとき注目すべきことが二つある。一つは、よく知られたことであるが、ベルン時代（一七九三年秋から）からフランクフルト時代（一七九七年一月から）への移行にともなう、彼の思想原理の劇的な転換である。そしてもう一つは、フランクフルト時代からイェーナ時代（一八〇一年一月から）にかけての、彼の研究対象の転換である。

宗教から国家へと、その研究対象の転換をもたらした、ヘーゲルの思索の動きについては、これまであまり論じられていないように思う。しかし、宗教と国家を通底する問題は根底的なものであった。その通底的問題の解決の鍵は、Positivität（実定性あるいは既成性）の概念にある、と私は考える。実定性とはヘーゲルが直面せざるをえなかった共同体の衰退の徴候を言い表わす語である。彼はまずそれに道徳性すなわち自律の倫理を対置した。しかしその不可能を知って、次に彼は、実定性に対して愛の倫理を対置する。しかし、彼は愛の倫理の限界を知って、実定性の革命をではなく、その解明を企てることになる。実定性を生むものが近代の市民社会にあることを理解したのである。こうして彼は研究対象を宗教から国家へと移す。市民社会の原理を把握し、それを国家へ取り込まんとするのである。無論その際、国家も古き政治的・倫理的共同体 societas civilis にとどまることはできない。それゆえ、さしあたってイェーナ初期に、死の倫理によって試みられた、societas civilis としての国家 Volk を市民社会へ取り込もうとする試みは失敗に終わらざるえなかった。

1　イエス像

二十代後半にヘーゲルは二つのまったく異なったイエス像を描く。後に述べるように、共同体倫理をこのように過去の個人の内に探ることは、彼に致命的な混乱をもたらした。イエス像を描く前に、彼は、後にノールによって綜括的に「民族宗教とキリスト教 Volksreligion und Christentum」と名づけられた五つの断片を遺している。二十代初めのテュービンゲンの神学生のときに書いた（一七九二、三年）と思われる第一断片（Schüler32）[1]においてすでに、彼は理想的な宗教すなわち共同体の倫理を判定するための二対の尺度を提出している。一つは、改良主義神学による、主観的宗教 subjektive Religion と客観的宗教 objektive Religion との対であり、もう一つは、ルソーの宗教論に着想されたと思われる、私的宗教 Privatreligion と公共的宗教 öffentliche Religion（あるいは民族宗教）との対である。この内、ヘーゲルは主観的で公共的な宗教を理想の宗教すなわちあるべき共同体の紐帯と考えるのである。

宗教の概念の内には次のことが存する、宗教とは、神……についてのたんなる学問ではなく、ただ事象を集め理屈をこねまわす知識でもない。それは、われわれの心を魅惑し、われわれの感覚、意志決定に影響を及ぼすものである。（Nohl5）[2]

公共的宗教が云々されるとき、そこでは神と不死性の概念が理解されているのであろうが、しかしそれらの概念は、それらが民族の信念を形成し、民族の行動様式と思考様式に影響を及ぼすかぎりでのみ、公共的宗教と関係するのである。（*ibid.*）

このような理想の宗教はギリシャのポリスで行われていた、とヘーゲルは考える。断片2（一七九四年、Schüler38）と断片3（同年、Schüler39, 40, 41）では、ポリスとそこに生きたソクラテスに彼は共感を示し、他方、私的（個人的）宗教の唱導者であったイエスの教説と、客観的宗教になってしまったキリスト教およびルターの教説を厳しく批判するのである。

ソクラテスはひとりのギリシャ人として死んだ。（Nohl34）

ソクラテスは人を善に熟達させるのに回り道 Umweg など、教えなかった。……彼はまっすぐに正しい門を敲き――仲保者 Mittler なしに――人をしてその人自身の内へ導き入れたのである。（Nohl 34f）

「回り道」とは来世への信仰のことであるが、そのようなものや、神の子イエスという「仲保者」を必要とせずに、ソクラテスは彼の生きたアテナイにおいて、そのまま共同体の内に良く生きることができた、善を実践していたのである。

おそらくヘーゲルの前方にはこのとき可能な二つの思索の道が伸びていた。一つは、このソクラテスとアテナイの間に見られる、素朴な、否定を含まぬ共同体倫理、善へと進む道、そしてもう一つは、これが彼の実際にとった道であるが、イエスの宗教の内に、あるいはより厳密に言えば、イエスの宗教がキリスト教へと変わってゆく過程の内に、近代の共同性の回復を探る道である。彼には古代ポリスへの憧憬がとめどもなく後にもしばしば現れるのであるが、ここで彼がそれをひとまず抑制し、後者の道を選んだのは、近代の新しい倫理、カントの道徳性Moralität の考えに、共同体回復の可能性を賭けたことを意味している。この時の彼の思考の構図には、一方に理想、民族宗教すなわち主観的で公共的なポリスの宗教があり、他方に現実、神学に堕した客観的宗教、キリスト教がある。そして、問題はポリスに帰らずに近代において共同体の理想を実現するにはどうすべきか、ということであるが、その回答が断片4（同年、Schüler 42, 44, 46）においてなされている。

客観的宗教を主観的なものにすること、これが国家の大事業でなければならない。制度は心情の自由と調和し、良心や自由に強制を加えてはならない。（Nohl 49）

人間の最高の目的は道徳であり、それを促進させる人間の素質のなかでは、宗教の素質が最も優れたもののひとつである。（Nohl 48）

はたしてそれに対してキリスト教はどれだけの適性を持っているか。（Nohl 49）

この問いに答えるために採ったヘーゲルの選択は、客観的になってしまった現実のキリスト教を離れて、個人の育成・救済を目的としていた（とヘーゲルの考える）「私的な宗教」すなわちイエスの宗教に立ち還ることであった。キリスト教の教義は、「その目的からしても結果からしても、本来の道徳性を持っておらず、合法性 Legalität しか持っていない」(Nohl 54) のであるから、イエスに立ち還るといっても、イエスの教えにではなく、「イエスの事績 die Geschichte Jesu」(Nohl 56) に帰るのでなければならない。そして、イエスの行動がカントの道徳性・自律の思想と結びつけられ、第一のイエス像「イエス伝 Das Leben Jesu」(一七九五年五月九日から七月二十四日まで、Schüler Nr.50) が書かれた。

ヘーゲルは淡々とイエスの誕生から死までを描いている。いかに冷静な筆記者も及ばぬほど、感情を抑制した筆づかいである。彼は福音書のなかでイエスの事業を最も冷静に記録しているルカ伝に当たるのであり、そしてイエスのなした奇跡とされるものには一顧だにしない。イエスはカントの道徳性を宣べ伝える教師として描かれる。そのことを証明するヘーゲルの筆になるイエスの言葉を引いてみよう。

> ただ理性とその精華である道徳法則のみが支配している精神、これにのみ、敬神は基づかなければいけない。(Nohl 81)

> あなたがたが何を望むにしろ、それが人間のあいだで普遍的法則として妥当し、あなたがたにも妥当するような、そのような格率に従って行動しなさい。(Nohl 87)

> 私はただ私の心、良心の偽らぬ声にのみ従っている、……この内なる法則こそ自由の法則であり、この法則

に人間は自由意志によって従うのである。(Nohl 98)

この伝記を書く直前、ヘーゲルは家庭教師をしているベルンから、まだテュービンゲンの神学生であったシェリングに二通の手紙を送っている。

先達てから、ぼくはカント哲学の研究に再びとりかかっている。ぼくたちがまだ抱いている(君もそうだろう)いくつかの理念に、彼の重要な結論を適用することを学び、できればカントに従ってそれらの理念に手を加えてみたいと思っている。(一七九五年一月末、Hoffmeister16)(3)

カントの体系とそれを最高度に完成させることによって、ぼくはドイツで革命が起こると期待している。この革命はいくつかの原理から出発するだろうが、それらはもう現に存在しており、そして一般的に手を加えられて、これまでの一切の知識に適用されれば、もうそれで十分なのだ。(同年四月十六日、Hoffmeister 23)

「イエス伝」は、革命を起こすためにヘーゲルらが抱いていた理念に、カント哲学によって「手を加え」た成果にほかならなかった。ヘーゲルの意識の底では、イエスと彼をとりまくユダヤ教の世界とが、自分と自分をとりまく革命の起こるべきドイツの実定的な現状と並行して考えられていたのである。ギリシャのポリスへと直接に回帰するのではなく、客観的になった宗教を主観的なものに、民族宗教にすることを、国家に必須の革命と考え、それにキリスト教がどれだけ適性をもっているか、と問題を設定したうえは、イエスの事績をカントの道徳性によって描くことが、彼にとって可能な唯一の道だったのである。しかし、ここに困難な問題が現れる。はるかな過去に属する一人の個人に現実の共同体の変革の理想を見出すという錯誤である。たしかにキリスト教の理解を、イエスの事績において可能にしたことは一つの解決ではあったが、それが個体化され、時代を隔絶した理想としてとらえざるをえなかったがゆえに、彼の本来の理想である共同体として現れるべき民族宗教の理解とのあいだに、断絶が生まれてしまったのである。ユダヤ教の精神をフランス革命によって打ち倒された精神と同一に論ずる歴史意識の欠如、そしてカントの個人倫理によって共同体倫理を生み出そうとする根本的な倒錯、これらが「イエス伝」を支配しているのである。

ノールによって「キリスト教の実定性 Die Positivität der christlichen Religion」（Schüler 53、一七九五年十一月二日以前、ただし結論部は翌年四月二十九日）と名付けられた論文は、実定性の概念が持っている重要性からいって、次にふれる「キリスト教の精神とその運命 Der Geist des Christentums und sein Schicksal」（Schüler 77, 79, 83、一七九八年夏から一八〇〇年冬にかけて）に優るとも劣らぬ価値を持っている。この論文も、「イエス伝」と同様、イエスの宗教が扱われ、イエスは「純粋に道徳的な宗教の教師」（Nohl 155）として描かれるのだが、そのような人格であるにもかかわらず、あるいはむしろそうであるがゆえにこそ、イエスの宗教が実定的とならざるをえなかったゆえんが追究されるのである。では、実定性あるいは既成性とは何であろうか。先に引用したシェリング宛の第二の手紙のなかで、ヘーゲルは次のように言っている。

宗教と政治は一つ穴の狢だった。宗教は、専制政治の欲すること、人間性に対する侮蔑を、人間はこれっぽっちも善をなしえないこと、自分自身の力では何物でもないことを教えてきた。しかし、物事がいかにあるべきか、その理念が広まるにつれて、すべてのものは永遠にあるがままにある、と受け取ろうとする恬として恥じない人びとの怠惰は消えてゆくだろう。

実定性とは変革されるべき現実の在り方をいう。それは理想、理念と対をなしており、啓蒙主義の、自然と実定性との対立図式を、ヘーゲルが受けいれていることを示している。しかし、問題はその変革されるべき実定性が生じた原因は何か、ということである。その原因を、ヘーゲルはこの論文では、いまだイエスに凭りつつ、明らかにしようとするのである。カントと同じく近代に生きたヘーゲルは、実は「イエス伝」の執筆態度においては、まさに自ら実定性に陥るところであったのである。実定性は、彼の言葉を使えば、私的宗教の原理と公共的宗教の原理との混同によって、個人倫理と共同体倫理との交錯によって生まれるものにほかならないからである。このような混同の生じるのは必然である。二つの倫理のいずれもが、法 Gesetz と支配 Herrschaft を原理としているからである。（私的）宗教と国家とが容易に結託してきたのも、両者がいずれも支配の原理によって動いていたからである。

そこでヘーゲルにとって問題は、実定性を破棄すること、支配の原理に代わる新しい共同体の倫理を発見する点にあることになる。その新しい倫理を見る前に、ヘーゲルによる実定性の分析をこの「実定性論文」に従って見てみよう。

（1）フランクフルト時代までのヘーゲルの草稿には、Giesela Schüler の文献調査に基づく番号を付す。年代は彼女の推定によるものである。G. Schüler : Zur Chronologie von Hegels Jugendschriften (Hegel-Studien Band 2) S.128-133

（2）引用は Herman Nohl : Hegels theologische Jugendschriften (1907, Mohr, Tübingen) により、Nohl と略記する。

（3）Johannes Hoffmeister : Briefe von und an Hegel Band I : 1785-1812 (1952, Meiner, Hamburg) Hoffmeister と略記。

2　実定性

「実定性論文」の重要性は、イエスを、実定性を打ち破ろうとする道徳の教師として描きながらも、そのような人物が、そしてその模範となったカントの自律主義が、抑圧的な命令を下すものとして、それ自身実定的にならざるをえないことに、ヘーゲルが気づきはじめた点にある。そのような逆説をひきおこす共同体の機制を彼が意識し出した点にある。しかし、ヘーゲルはまだそれに代わる倫理を提出するには至らない。

この論文の前半において、ヘーゲルはイエスの教えのなかに、もっと正確にいえばイエスの言葉とそれを受け入れようとする彼の弟子たちとの共同性のなかに、実定性を生み出すにいたる、悔やむべき必然性を指摘している。たとえば、イエス自身の気質は、そしてまた彼の教えは、自律的な道徳宗教でありながらも、道徳的に頽廃しているユダヤ民族のなかでそれを教えるためには、どうしても自らを権威者として、命令を下す者として示さねばならなかった（Nohl 158f）。あるいは、イエスと弟子たちとの関係は、ソクラテスの友人たちが彼の徳と哲学のために彼を愛したのであって、彼の人物のゆえに彼の徳と哲学を愛したのではなかったのに対して、イエスの弟子たちは師を愛するがゆえにその教えを愛したにすぎなかった（この二つの集団の相違をヘーゲルは、「哲学的宗派」と「宗教的宗派」という名前を与え区別している）（Nohl 162f）。またイエスが弟子を十二人に限定したことは、「信望者を一定の人数に限定したことによって、個人崇拝の基を作ってしまった」（Nohl 164）のである。

> 徳の教えTugendlehreすら実定的に、すなわち自分自身のためのものとしてではなく、イエスの命令として遵守すべきものとなり、その必然性を判定する内的基準を失ったものとなる。……イエスの宗教は実定的な徳の教えとなったのであった。（Nohl 165f）

一見すると、実定性を生む原因は教えの内容にあるのではなく、その宣教の仕方に由来するように見える。しかし問題は、カントに擬せられたイエスの教えが自律的徳論、個人倫理でありながら、それが一つの集団の倫理とされた点にある。そのとき自律的な倫理は必然的に他律的な倫理に変わり、イエスの攻撃する倫理と異ならなくなるのである。

さらに論文の後半では、倫理の交錯が共同体間において指摘されている。ヘーゲルはまず三つの異質な権利—義務関係から成る共同体を明らかにする。

(1)「まず他人の権利を認めねばならず、そのうえで私にとっての義務が生ずる。」(Nohl 173) このような共同体は、「市民的秩序体制 bürgerliche Verfassung」ないしは「国家 Staat」[1]とよばれる。

(2)「他人の権利に由来するのではない義務」(Nohl 173) たとえば慈善の義務。これは「道徳法則の名において要求される道徳的行為」(Nohl 174) である。ヘーゲルにとっては「国家は国家としてではなく、道徳的存在としてのみ自分の市民たちに道徳性を要求しうる」(Nohl 175) のであるから、この二番目の共同体が、彼にとっての理想的国家すなわち道徳国家である。

(3)「自由意志で私が自分に課した義務」(Nohl 174)。これは「共同体 eine Gesellschaft」、国家の内にある法共同体、特にここで問題になるのは宗教的集団の成員の義務である。

当時のヘーゲルは、後に発見した、国家とは別の共同体倫理によって動くもの、市民社会をまだ理解していない。

（1）の市民的体制とは市民法によって機能する支配機構であり、彼はそれを国家と呼びつつ、他方で（2）のように理想の国家を道徳的共同体として考えている。この道徳国家は（1）のように合法性によって人びとを支配するものではなく、宗教（的心情）を喚起して施策を遂行するものである（Nohl 175）。そして本来、宗教は共同体を形成するとしても、（3）のように自由意志によるものであり、「その義務は他人の権利に基づかぬがゆえに、私は自由意志と、その義務と、そして同時に他人の権利をも破棄 aufheben しえた」（Nohl 174f）のである。この点では（2）の義務も同様であり、それゆえ道徳的共同体としての国家と宗教的共同体は葛藤なく両立しうるはずであった。しかし、イエスとその弟子、その発展たる原始キリスト教団においては、私的倫理と共同体倫理の混同の結果、共同体に加わる個人たちは、自らの判断を共同体に委ね überlassen、権利を譲渡し untertragen、放棄し entsagen てしまった（Nohl 177）。こうして第四の共同体、すなわち宗教的共同体（3）の退廃形態である教会 Kirche あるいは教会国家が生まれる。元来（3）と（2）は同じ権利―義務関係によって成り立っているのだから、教会の倫理が国家の倫理になるのは容易でかつ必然的であった。

このようにしてキリスト教が拡がるにつれて、道徳性の涵養についてきわめて重要な変化が生じた。教会が私的共同体から国家へ移行することによって、国家の業務が私的業務から生ずることになったのである。本性上自由意志によるものであり、かつそうであったものが、義務となってしまい、しかもそこから教会の外面的権利が一部分生まれてきたのである。（Nohl 205）

自由意志による権利—義務関係を破棄した教会という私的共同体が、国家になるということは、道徳国家を変質せしめ、命令による国家となることである。それは（1）の市民領域の事柄から（2）の良心の事柄にまで支配を及ぼすことになる。

キリスト教徒は以前ユダヤ人がそうであった状態に陥っている。ユダヤ人の宗教を特徴づけた事柄、律法への服従、これから自由になったことをキリスト教徒は幸せと思っていたのであるが、しかしその同じことがキリスト教会に生じているのである。（Nohl 208）

いやキリスト教徒の現状はユダヤ教徒よりなお悪いと言わねばならない。ユダヤ教においては「行為」のみが命じられたのに、キリスト教においてはさらに「感情」まで命じられている。キリスト教徒は命じられた感情を、自分の心から素直に発した感情だと信じ込む「自己偽瞞」（Nohl 209）に陥っている。

「イエス伝」に見られた、ユダヤ教の他律主義対イエスの宗教の自律主義という対立図式はここではもはや通用しない。両者はともに実定性として批判される。しかしヘーゲルはそれらに代わる共同体倫理をまだ発見できないでいる。彼は動揺する。その動揺はしかしまだカント主義を打ち砕くまでにはいたらない。彼は六ケ月ほど後に（一七九六年四月二十九日）「実定性論文」に新しい結論を付け加える。キリスト教に厳しい批判を加えながら、ここでもまだ彼はカント主義者にとどまり、カントの道徳哲学によってキリスト教の実定性をキリスト教自身が「別の仕方で」破棄する可能性がまだあるのではないかと考える。

唯一道徳的な動機、道徳法則への尊敬、これは自らがこの法則の立法者であり、自らの内面からその法則そのものが生ずるような主体においてのみ働くことができる。ところがキリスト教は、道徳法則はわれわれの外部にあり、与えられるものだと言う。そうだとすれば、キリスト教は道徳法則に対する尊敬を別の仕方で生み出すことに努めねばならない。（Nohl 212）

注

（1）この国家 Staat は近代市民社会と対立する近代国家ではなく、societas civilis として、古典的な意味での市民社会即ち国家である。後に（イェーナ時代に）ヘーゲルはこの国家観を棄てる。

3　愛

ベルンからフランクフルトへの移住（一七九七年一月）の際にみせたヘーゲルの冬の憂鬱、その真の原因はわからない。しかし当時、彼は彼の思想を根本から揺さぶる選択に立たされていたことは確かである。このままカント主義者として、しかも「別の仕方で」現実を理解してゆくか、それともカント哲学そのものを棄てるか（少なくともその共同体倫理を放棄するか）、しかしそれに代わるものはどこにあるだろうか。ヘンリッヒによれば、(1) この第二の道は哲学者としてのヘルダリーンの思想、そして近代においては哲学的傍流であった和合 Vereinigung の哲学に見出された。ヘーゲルは哲学的主流（カント主義）から傍流に飛び移るのである。友人ヘルダリーンのヘーゲルへの影響はもちろん否定しえない事実であるが、それを全幅的に受け入れたヘーゲルの思想情況も十分注意されなければならない。私は、実定性批判の行き詰まりがヘルダリーンを受け入れる素地となった、と考える。

では、それはどのようになされたのか。行き詰まりの解決は次のように行われた。「実定性論文」の改稿（一八〇〇年九月二十四日）を企てるまでの三年ばかり、ヘーゲルは実定性を直接のテーマとすることを避ける。実定性は個人倫理と国家倫理との交錯によって生ずるのだから、ひとまずそれを避けるとは、別の共同体倫理によって、望ましい共同性を追究することを意味した。その模範となったのが家庭 Familie であり、イエスをとりまく信徒の集団であった。ここにヘルダリーンの愛 Liebe、和合の倫理を受け入れる素地があった。むろん和合の倫理は、限定された親密な共同体にのみ通用するものであるがゆえに、実定性の根本的解決にはならない。しかし、錯綜した実定性の姿はこの倫理との対照でよりすっきりしたものになるであろう。

フランクフルト時代のもっとも注目すべき仕事は、第二のイエス像を描いた「キリスト教の精神とその運命」であるが、ヘーゲルは第二のイエス像を描くに先立って、テーマに従えば二つに分けられる草稿群を執筆している。一つは「ユダヤ民族の精神」に関する草案であり、もう一つはより広い視野に立って、道徳、宗教、愛という倫理的原理を思弁したものである。ここで初めて、ヘーゲルは旧約聖書によりつつユダヤ民族の精神史を描こうとしたのであるが、そのことは何を意味しているであろうか。それは、イエスが出現した、その歴史的必然性を明らかにするためであり、イエスを歴史に生き、ある特殊な情況において傷つき死んでいった者として描くことであった。つまり、イエスはもはや、時代を超越して、以前ヘーゲルが理想としていたカントの道徳哲学を唱道する者、理想の操り人形ではなくなったのである。それに応じて、ヘーゲルのユダヤ民族観も変化してくる。彼はユダヤ民族の精神的特質をすべて「アブラハムの精神」に還元し、それがさまざまの形態をとって歴史において繰り返して現れる、と言う。では、アブラハムの精神とは何か。以前のようにカント主義的な道徳的自律の放棄、律法への服従としてではなく、それは「共同生活と愛の絆を引きちぎり、それまで人が人間や自然と結んで生きてきた関係の全体を引き裂いてしまう孤絶」(この部分は一七九八年、Schüler 82, Nohl 245)、すなわち愛を拒否する精神である。このようにユダヤ民族を批判するイエスは、それゆえもはや道徳の教師ではない。彼は愛の説教者として現れる。

ヘーゲルは愛を神と人との間のように存在が隔絶するもの同士の愛や、人類愛という抽象的なものとして構想したのではなかった。それはエロース eros、男と女の性愛をモデルに考えられたのである。

そうでなければ、たとえ愛とは言っても、そこには支配の関係が介入してきてしまうからである。本文に先立って書かれた、ノールによって「愛 die Liebe」(Schüler 69、一七九七年十一月頃)と題された草案に、そのような愛の倫理が語られている。それを見る前に、われわれはヘンリッヒが記念碑的断片と言う(2)「道徳性、愛、宗教 Moralität, Liebe, Religion」(Schüler 67, 同年七月以前)を見てみよう。

この断片は明らかに異質の思考によって書かれた二つの部分からなっている。後半は「宗教、ひとつの宗教を創設すること」というタイトルを持ち、ここに初めて、愛、和合が語り出される。しかし前半は、実定性をカント的な概念によって整理するものであり、シェリングがフィヒテに従ってすでに到達していた(その時ヘーゲルはベルンにいた)絶対自我の立場によって、実定性を克服できるのではないか、と考えるものである。しかし、ヘーゲルはそれが不可能性であろうことも予感している。カント、フィヒテ、シェリングの道を辿るべきか、それとも別の道があるだろうか、ヘーゲルの動揺が表現されているのである。それは、例えば次の文に現れている。

> 実定的とよばれるのは、実践的なものが理論的なあり方をしている——根源的に主体的なものがただ客体的なものとしてのみある、そのような信仰であり、主体的になりえぬ客体的なものについての観念を生活行動の原理として掲げる、そのような宗教である。(Nohl 374)

道徳の概念とは何か。道徳的概念は、理論的概念が客体を有する意味では客体を持っていない。道徳的概念の客体はつねに自我であり、理論的概念の客体は非＝我である。（*ibid.*）

実定的な道徳的概念は、それが表現する活動によって自ら展開される力を得るならば、実定性の性格を棄てることができる。しかし普通に実定的と呼ばれるものは、われわれ自身の反省された活動ではなく、客体的なものであって、そしてその性格を決して棄却することのできないような性質をしているのである。（Nohl 375）

この動揺が、おそらくほんの数日をおいて、後半の叙述の内で劇的な解決をみる。ヘーゲルはカントに発した実践哲学の流れとここで永久に訣別するのである。そして愛を原理とする宗教を創設しようとする。

理論的綜合はまったく客体的となり、主体と端的に対立させられる。――実践的活動は客体を否定するものにほかならず、ただただ主体的なものである。――唯一愛においてのみ客体と一つになりうるのである。客体は支配することも支配されることもない。……主体が主体の形式に、客体が客体の形式に固執しつづけるならば、和合は成し遂げられないであろう。（Nohl 376）

実定的信仰とは、信仰の対象を所与として、客体として持つことであり、一方、実践的活動は、それを到達不可能な無限の努力、主体の実践的課題とすることである。そしてそのいずれもが客体と和合することができない、前者は客体によって支配されそれに依存し、後者は客体を支配しそれから逃避している。客体との和合は支配によらぬ新しい倫理、愛によってのみ可能となるのである。

ヘーゲルの思索の動揺は、支配 Herrschaft すなわち法 Gesetz の倫理から和合 Vereinigung すなわち愛 Liebe の倫理へと転換することによって、劇的に終熄する。

倫理学は共同体の三つの位相、国家・家族・個人を通じて、法《ノモス》による支配を共通の原理としてきた。個人（道徳学）においては、理性が道徳法則によって感情を支配すること、これが人格の完成である。家族（家政学・経済学）においては、家父長が妻子、僕婢を支配する。国家（国家学・政治学）においては執政者が自由人を支配する。ヘーゲルはこの支配・法の倫理そのものに疑いをもったのである。第一のイエス像は、カントの自律性 auto*nomia*・道徳性（自分で自分を支配する）によって、ユダヤ民族の他律性 hetero*nomia*・実定性を批判した。しかし、いずれも法 *nomos*（道徳法則と律法）を原理としている点で、変わるところはない。いや後者は自分の外部に支配者を持つのに対して、前者、カントの自律性は自分が支配者でありつつ同時に被支配者でもあるのだから、その分裂は律法よりははなはだしいと言わざるをえない。それゆえ、ヘーゲルはカントの自律性に対していうならば、自足性 autarxeia の原理を提出するのである。

しかし、和合・愛の倫理は共同体の三つの位相のすべてに適用しうるものだろうか。ヘーゲルは注意深くこの倫理の範囲を家族と小さな友誼的集団に限定する。彼が最初に愛の倫理を思弁したのは、イエスの活動においてではなく、家族においてであったが、その断片（「愛」）で、彼は実定性を克服する愛の機制を分析しつつ、そのことを通してさらに愛によっては越えられぬ新しい実定性の在り方、すなわち市民社会の姿にも気づかざるをえなかった。そのことを見る前に、次の事実を指摘しておかなければならない。われわれの興味をひくのは、ヘーゲルの家 Haus の概念のもっている現代性である。彼は、いまだカントすらそれにとらわれていた古代・中世の支配倫理による家族概念を払拭して、夫婦と子供の、愛によってのみ結ばれる親密家庭 Familie のもとに家を考えている。このことは重要な意味をもつ。つまり、彼は支配倫理による家族から愛の倫理による家庭を引き去ることによって、元来家族のもっていた経済的側面が市民社会の原理であることを洞察することが可能になったのである。愛の倫理の発見は、必然的に市民社会の理解をもたらした。

断片「愛」は、愛による和合を阻害する人間の持っている二つの自己性、つまり身体と財産を指摘する。このうち身体は羞恥の感情を通して乗り越えられるが、財産は愛の和合の限界を示すのである。身体を開くことに対する羞恥はふつう個体性への執着、愛を妨害する働きだと考えられる。しかしヘーゲルは、愛する者が、自分は愛においても自分の個体性に執着するのではないかと思う不安こそが羞恥だと解する。だから羞恥はむしろ愛を促進させる。「愛が〔自らの〕個体性に対して示す焦立ちが羞恥である」(Nohl 380)。個体性を消そうとする者たち、恋人たちこそもっとも羞恥を感じ合い、そうして愛を促進させる。羞恥は愛の証しである。個体性に執着する者、春をひさぐ女たちがむしろ羞恥をもたないのはそのためである。こうして羞恥を介して愛する者たちは和合する。

愛は、限りない区別を求め合い、限りない和合を見つけ出し、お互いの生命から愛の美酒を飲まんと自然の多様性のすべてに向かい、心の思いを交わし合い、心のひだを交わし合いながら、生命の豊かさを学びとる。もっとも私的なものが触れ合い、重なり合って、没我、一切の区別の破棄にまで至る。可死的なものは分離可能という性格を拭い去り、不死性の萌芽、それ自身で展開し生まれてゆく者の萌芽、一人の生ける者、胎児が誕生するのである。(Nohl 380f.)

この愛の和合において男と女は個体性を破棄し、互いに「一つの生命の器官」(Nohl 381) になっている。「愛において、生命は自分を二つのものとなし、そして自分をそれらの合一として見出す」(Nohl 379)。愛は瞬間であるから和合した者も再び離れる。しかし、和合の事実は胎児、子供として持続する。

この愛の分析の内に、われわれはヘーゲル弁証法の論理の最も初期の素朴な形態を見出すことができる。しかし、愛の倫理は限られた共同体にしか通用しない。第二の阻害物、財産は愛の倫理によっては超克できないものである。「彼らはなお財産と権利の多様な取得、占有の仕方に応じて多様な対立に陥らざるをえない」(Nohl 381)。財産は、身体のように生命の宿るものではなく、死せる物、客体である。「客体に対する関係は支配以外にありえない」(Nohl 382)。ヘーゲルはここで筆を擱く。愛の倫理による実定性の克服の思索は、むしろある新たな支配倫理の領域を浮かびあがらせたのである。それが財産と権利の体制、すなわち市民社会にほかならない。

「キリスト教の精神とその運命」の本文で語られる「道徳性を越えたイエスの精神」(Nohl 266) も、このエロースとしての愛と同じ構造を、そして同じ限界を持っている。エロースが男女の倫理であったように、イエスの説く愛は彼をとりまく信徒の友誼的小集団の倫理としてのみ妥当するピリア philia (友愛) である。羞恥が個体性に執着しているように見えながら実は生命の働きであったように、「運命 Schicksal において人は自分自身の生命を知る」(Nohl 282) のである。あるいはヘーゲルによって抹消されたテクストであるが、「運命とは自分自身についての、しかし敵対するものとしての自分自身についての意識である」(Nohl 283) を読めば、運命とは羞恥が身体について抱いた意識と同じ構造をしており、両者の共通性が理解される。そうして性愛の高まりが羞恥を消したように、「愛のなかで運命は和解される」(*ibid.*) に至る。

ヘーゲルは山上の垂訓のイエスの教えをこのように愛の教えと理解することができた。イエスの説いたことは「律法の尊敬ではなく、律法を満たし erfüllen ながら律法としては破棄 aufheben すること」(Nohl 266) であり、「律法の解消 Auflösung ではなく……律法の欠陥の充足 Ausfüllung」(Nohl 267) であった。契約に密接に関連するこのような法律用語によって、そして矛盾をも辞さない言い方によって、ヘーゲルは何を述べようとするのであろうか。彼が求めたのは、「心の傾向性と律法との一致であり、これによって律法は律法としての形式を脱ぎ捨てる。このように傾向性と一致することが、律法の成就 pleroma、有 Sein であり、普通の言い方をすれば、可能性の補足 Komplement である」(Nohl 268) ことであった。(3) すなわち倫理が必然的に負わざるをえない欠陥、内容と形式との矛盾(イエスですら愛の教えを「愛せよ」という命令の形式で表現せざるをえなかった)、これを単にイエスの教えの解釈によってではなく、イエスの現実存在において解消しようとするのである。

第二のイエス像は、第一のそれのように他律主義に対抗して自律主義を対置するものではない。ヘーゲルはそのいずれもが法・支配の原理に基づくことを理解している。そして法の形式が倫理にとって本質的な制約であることにも気づいている。それゆえ、彼は律法を自律道徳によって廃棄するのではなく、それを愛によって成就するのだ、と言う。しかし、彼はそれをどのようにして成就するのか。彼のいわば強いられた選択は、愛による律法の成就をひとつの小集団に、生命の通い合った共同体に限定することであった。イエスと彼をとりまく信徒たちの共同体においては律法も、互いの友誼的生命によって、その形式を失う。しかし、イエスの説く愛によって和解されるべき運命と、彼自身が蒙った刑死という現実の運命とはあまりにも隔たっている。そこに愛の倫理の限界がある。エロースとしての愛が財産という死せるものに突きあたったように、ピリアとしての愛はイエスの死に直面する。最も内面的な共同性がもっとも外面的で苛酷な運命に出会わざるをえない必然性に、ヘーゲルは気づく。愛の不完全さについてヘーゲルは次のように言う。

道徳は、意識にもたらされたものの領域で支配を破棄し、愛は道徳の領域の制限を破棄する。しかし、愛そのものはまだ不完全な本性である。幸せな愛の瞬間に客体性の入る余地はないが、反省のたびに愛は破棄され、客体性が再び立ち、反省とともに制限の領域が始まる。(Nohl 302)

イエスは自らを襲う運命に対して、「魂の美しさ」(Nohl 285) をもって、それに忍従し、「空虚へ退避」(Nohl 286) する。全的な生命を維持するために自分の生命を棄てる。運命に対するこの忍従の態度は、後にヘーゲルはこれをもはや省りみることはないが、運命に対する第三の態度である。第一の、死をも辞さずに自分を守るために運命と戦う攻撃型は、自由人＝主人の態度であり、第二の、外部の力に全く自分を委ねる屈服型は、非自由人＝奴隷の態度である。後にヘーゲルは、攻撃と屈服との相克を通して、運命を歴史へと表現し直してゆく（精神現象学）のであるが、このときこの第三の態度を彼が選択したことは運命を抽象的なものにしてしまったといえる。

注

（1） Dieter Henrich : Hegel und Hölderlin (in "Hegel in Kontext", 1971, Suhrkamp, Frankfurt a. M.) 参照。
（2） 同じ著者の同じ著作に収められた Historische Voraussetzungen von Hegels System 参照。
（3） この「有」について、ヘーゲルは「現実性 Wirklichkeit」と注を付けている。「有」はヘルダリーンの形而上学の根本概念であった（「九狂気と絶対知」参照）。

4　死

実定性はユダヤ教の他律においてのみならず、カントの自律においても指摘された。いずれも法・支配の倫理に従っているからである。そして、そこにおいては個人倫理と国家倫理が容易に交錯することになる。実定性とはこのような交錯によって生ずるのである。「キリスト教の精神とその運命」はこの実定性問題に対する批判的回答であるよりは、その問題の回避であった。ヘーゲルは二つの倫理が交錯することのない領域、すなわち愛によってのみ結ばれる家庭と友誼的な運命共同体の内に、実定性を免れる生命・愛の倫理を見出したのである。この発見、視点の転換には十分積極的な意義を与えなければならない。しかし、この転換が限界をもち、問題の回避であることにも十分な注意をはらう必要がある。愛の倫理の限界は、そもそも実定性問題を回避したがゆえに、生じたものであるからである。もはやヘーゲルはイエス個人を通して共同体倫理を模索することをやめなければならない。個人を通して共同体倫理を描くかぎり、彼自身が倫理の交錯、混同に陥らざるをえない。彼はイエスを自分の理想像として描くことをやめ、イエスのなかに自分を忍び込ませることをよさねばならない。イエスを突き離し、歴史のなかに投げ入れてゆかねばならない。そうすることで初めて、イエスに襲いかかる死、男女の仲を引き裂くものが、次に主題になりうるのである。

生命は和合や関係としてのみならず、同時に対立としても考察されねばならない。(Nohl 348)

生命は結合と非結合との結合である。(*ibid.*)

生命ある全体の内には同時に、死、対立、悟性が措定されている。(*ibid.*)

「一八〇〇年の体系断片 Systemfragment von 1800」(Schüler 93、一八〇〇年九月十四日) に見られる上掲の文は、ヘーゲルの解決されるべき課題の衝迫を示している。十日後、彼は「キリスト教の実定性」の改稿を企て、その方法に関する序論と本論冒頭の一部を書きかえるが、その試みを根本的に放棄する。これ以後、彼はイエスやキリスト教を問題の中心に据えることをやめる。

ヘーゲルは「偶然的なものども Zufälligkeiten」(Nohl 145 など) という新たな概念を、この改稿において、実定性の積極的理解のために導入する。

実定宗教の概念は近代の啓蒙主義によって自然宗教と対比して用いられるようになった。しかし、宗教の実定性を判定する基準としては、人間の自然すなわち人間本性は十分なものではない (これまでのヘーゲルはこの啓蒙主義の線上にあったのだが)。人間本性は時代によって民族によって変容し異なるものである。したがって、実定性問題はキリスト教の教義がそもそも実定的であるかどうかではなく、それがいかにして実定化したかを理解することにこそ、その要点がある。人間本性ではなく時代の自然すなわち時代本性が実定性を裁くものとなるのである。ヘーゲルはこのように歴史において生起するものを偶然性とよび、そこに有限と無限の関係の反映を見て、その偶然性の変容の内に実定性の根拠を探ろうとするのである。イエスの行動と言説にまとわりつく偶然性は何であるか、そしてそれが信徒たちに受けとられるに際してどのようにして実定化していったのか、このように、問題は新しい局面で立てられる。しかし答えはなお見えてこない。

　われわれはここで問題の対象領域を変えなければならない。宗教から国家へ、過去の事実の解釈から現実の課題の解決へ、である。しかしこの変更はわれわれの研究上の便宜によるものではない。ヘーゲルはフランクフルトからイェーナへの移住とともに、このように問題の領域を変更するのである。そして、それとともに、彼に初めて実定性の全貌が姿を現してくる。われわれはイェーナ初期の二つの政治論文「ドイツ国制論 Die Verfassung Deutschlands」（大部分は一八〇一年三月から八月の間に書かれた。Kimmerle 44, 10, 12）[1] と「自然法論」によってそのことを見てみよう。

「ドイツはもはや国家ではない」（JH 23）[2] という、ドイツの実定性に対する強い時局感覚と批判をもって始まる「ドイツ国制論」は、しかし一方で時局の興奮に終らずに節度をもって、「現に在るものの諒解 das Verstehen dessen, was ist」（JH 25）を進める。「現に在るもの」、これこそが実定性であるが、彼はそれを単に否定するのではなく、また回避するのでもなく、「諒解」しようとするのである。実定性は哲学による革命の対象ではなく、哲学の諒解すべきものとなる。

国家ではなくなったドイツとは、二回にわたる対仏同盟戦争の敗北、それによるライン左岸の領土の喪失（リュネヴィユの和約、「ドイツ国制論」執筆の数ヶ月前の一八〇一年二月）を指しているが、その原因が遠くヴェストファーレンの和約（一六四八年）による体制、すなわち領邦国家に由来することが指摘される。それゆえ、ヘーゲルがここに提案する国家の改造案は、領邦国家の形態を廃し統一国家を形成すること、そのためには「共同の防衛軍と国家権力」（JH 32）を持つことが唯一必要である、という単純なものとなる。

一つの人間集団が国家と呼ばれうるのは、それが財産の全体を共同して防衛するよう結合されているときのみである。（JH 31）

それ以外の事柄、政体・行政組織・徴税体系・言語・教育・司法、そして宗教は、国家にとって必須の事柄ではない。それらは「国民の社会的結合 die gesellschaftliche Verbindung eines Volks」（JH 43）にとってこそ必要なことであり、国家はそれらを「市民の自由 Freiheit der Bürger」（JH 41）に委ねるべきである。

われわれは、後のヘーゲルの国家観とも異なり、当時のフィヒテの国家理論とも異なる、この単純な国家理論をどのように評価すべきであろうか。防衛軍 Wehre を国家の唯一の属性とする軍事国家をそこに見るであろうか。しかし私はそうは思わない。私は、ヘーゲルがここで国家からそれと異なる社会的結合すなわち市民社会を分離したこと、そしてそれを市民の自由に委ねたことに、積極的な意義を見出したい。彼がこれほどまでに市民の自由を言うことは、これ以後もはやないであろう。

実定性の本来の姿がこうして彼の眼に明らかになった。実定性が個人倫理と国家倫理との交錯によって生ずるものならば、市民社会こそ実定性そのものにほかならないのである。市民社会という実定性は哲学によって革命されるべきものではなく、まさに歴史の内で生まれた革命そのものにほかならない。市民社会は革命の産物そのものなのである。国家の属性を防衛に限り、家族を愛による和合、出産に限ることにより、ヘーゲルは市民社会の独自な構造を発見する機会が与えられたのである。それは支配でも和合でもなく、別の新たな倫理によって組織される、個人（家庭）と国家との中間に位置する共同体である。実定性の諒解とは、イギリスのように議会主義によって、あるいはフランスのように政治的革命によって、国家と市民社会との調停を行うことを閉ざされていたドイツで、すでに進行していた社会的革命を哲学的に諒解（概念化）することを意味したのである。そこで、ヘーゲルは市民社会を国家へと吸収すること、これを試みねばならない。

「自然法論 Ueber die wissenschaftlichen Behandlungsarten des Naturrechts, seine Stelle in der praktischen Philosophie und sein Verhältnis zu den positiven Rechtswissenschaften」（Kimmerle 41, 一八〇二年十一月以前）は、そのような市民社会の国家への組み込みの、最初の、そして失敗に終った試みである。

自然法に対するヘーゲルの態度は両面的である。近代自然法が旧来の市民社会・政治的倫理国家societas civilis の解体（三十年戦争などに特徴的に現れる）に際して、国家の新たな合理的基礎づけを行うのを課題としているかぎり、ヘーゲルもその線上にある。その解体が実定性を生み出し、近代的意味での市民社会として現象しており、国家となじまぬ存在となっているからである。国家の合理的基礎づけは、近代自然法においてもヘーゲルにおいても、結局市民社会と国家との和解を目的とすることになる。近代自然法においてはこの和解は「契約」によって考えられた。契約によって国家が基礎づけられるとは、国家を人為的な構造物として理解することを意味する。これに対して、ヘーゲルは、国家を、プラトンの言う「神的自然」（GW 462）[3]として、およびアリストテレスの言う「ポリスは家よりも個人よりも自然においてより先である」の意味で、自然的なものと見なすのである。すなわち「自然法論」においてヘーゲルはポリスの理想へ立ち戻っている。近代自然法の意図を受け継ぎつつ、古典政治学の立場に立つ、この両面性が、この論文を見透し難くしている。ヘーゲルにとって自然法の課題は、古代の理想的国家（ポリス）すなわち自然的国家を法制化・実定化すること、つまり近代的現実へ適応させることにほかならない。「真に実定的なもの」あるいは「人倫的自然」すなわちポリス的理想を近代において法的に構成することにある。

そのとき特に問題になるのは、国家と市民社会との関係、両者の和解の仕方である。ヘーゲルは、時代錯誤と思われるのだが、市民社会を古代の身分論と結びつけて、犠牲ないしは悲劇の論理によって、すなわち死の論理によって、その和解を達成しようとする。彼は、近代自然法の論理、契約を介して自然状態から法状態へと移行することを避け、逆に国家の働きかけによる市民社会の取り込みをはかる。つまりこの時点では、市民社会そのものは国家への上昇力を持っていないとみなされている。この視点はしかし、直後に書かれた「人倫の体系 System der Sittlichkeit」（一八〇二年冬か一八〇三年春）では徹回される。そこにおいては労働の論理によって市民社会から国家への上昇の可能性が探られるのである。

市民社会をヘーゲルは「自然法論」において、次のように特徴づけている。

［市民社会は］物質的欲求および労働と蓄積という点から見られた普遍的な相互依存の体系 System der allgemeinen gegenseitigen Abhängigkeit であり、学問としてはいわゆる政治経済学 politische Oekonomie の体系を形成する。（GW 450）

あるいはまた市民社会は「占有 Besitz の体系」（GW 451）、「実在性 Realität の体系」（GW 453）とも呼ばれる。厳密に言えば、占有と実在性は市民社会の前段階である。占有は、当時ヘーゲルが論理学を関係論理（イェーナ論理学 Jenenser Logik がそれである）として構想していたのに対応して、単なる一方的関係 Beziehung にすぎないとされる。そこから承認・契約によって双方の合意が形成され、相互関係 Verhältnis が生まれ、市民社会の領域となる。そうして占有は所有 Eigentum として認められ、実在性は観念性 Idealität すなわち双方の同一性の側面を含んでくる。しかし、市民社会のこのような普遍性、法的側面はただ平等性をのみ根拠としているのであり、ところが平等性は不等性と裏腹であるから、絶対的な平等性はありえない。それゆえ市民社会における立法は根本的に矛盾している。つまり市民社会は立法能力をもたない、市民社会から国家への途はつかないのである。

ヘーゲルはそこで国家（ポリスの意味の Volk の語を使っている）の側から、市民社会との和解を企てる。彼は国家が国家であることの条件を、現実感覚に促されて、第一に他国からの侵略の経験を克服すること（このことはすでに「ドイツ国制論」の防衛軍の構想に現れていた）、第二に国家内部の敵を抑えること（ここで初めて出された思想）、すなわちいずれにしろ死の経験を通してのみ、国家は具体的な個体として形態を持ちうる、という考えの内に探っている。第二の国家内部の敵こそ市民社会にほかならない。ここにまたイェーナ初期特有の概念、「形態 Gestalt」が使われている（この概念は特に「イェーナ自然哲学 Jenenser Naturphilosophie」で用いられている）。市民社会を特徴づける相互関係は、一つであるところの形態（Ge-stalt の ge が一つであることを意味する）が二つの側面に分離し、固定してしまった抽象的な在り方とされる。そこで、市民社会においては対立している抽象的二側面を、国家における一つの形態の二つの要素としてとらえ直すことによって、国家と市民社会との和解を探る論理が必要となる。それが身分論である。この論理が有効ならば、国家による市民社会の取り込みが達成されよう。

古典政治学に範をとって、身分は、（1）自由の身分 Stand der Freyen（兵士、死をも厭わぬ身分）、（2）非自由の身分 Stand der nicht freyen（先の市民社会にあたる）、（3）第三身分 der dritte Stand（農民）に三分される（GW 455）。ヘーゲルはこの身分制に歴史的解釈を加える。問題は（1）と（2）

との相関の内に存在する。古代ポリスではこれが奴隷制 Verhältniß der Sclaverey（GW 456）としてあり、ローマ法の下では両者の差異がなくなり平等となる。この「形式的統一と平等の原理」（*ibid.*）、古典的自然法の支配する状態を、後にヘーゲルは「法状態 Rechtszustand」と言うが、ここでは「形式的法制das formale Rechtsverhältniß」（GW 457）と呼んでいる。これが先には相互関係の視点からみられた市民社会にあたることは容易に理解される。ところが、近代になって（2）は「ブルジョワの意味での市民Bürger, in den Sinne als bourgeois」「私人 Privatleute」（GW 458）として独自の役割を付与され、（1）と（2）との間に差異が出てくる。こうして近代はローマ法下に見られた悪しき平等性が破棄され、私人という非有機的なものが国家のなかに定立されており、そのことは近代に絶対的人倫（自然的国家）が再現していることの徴候である、と積極的に評価される。つまり、絶対的人倫が自らを非有機的なものの犠牲 Opfer に供しているのであり、そのようにして国家公民が私人と演じる国家の悲劇 Tragödieを通して、死を介しての国家の形態化、すなわち国家と市民社会との和解が探られるのである。アイスキュロスの『オレステイア』を典拠とするこの悲劇論は、しかし現実の市民社会の洞察から眼を逸らすものと言わねばならない。市民社会の解明は最も早く見つもっても次の「人倫の体系」を待たねばならないのである。そして市民社会の解明によって、つまり実定性の概念把握の完成によって、同時に彼の形而上学の礎石が据えられることになる。

注

（1） イェーナ時代の草稿にはキンマーレの整理番号を付ける。執筆年代は彼の推定によるものである。Heinz Kimmerle : Zur Chrnologie von Hegels Jenaer Schriften（Hegel-Studien Band 4）

（2） 引用は Jurgen Habermas : Hegel Politische Schriften（1966, Suhrkamp, Frankfurt a. Main）による。JH と略記。

（3） 引用は Hegel Gesammelte Werke Band 4（Hrsg.von Hartmut Buchner und Otto Pöggeler）（1968, Meiner, Hamburg）による。

九　狂気と絶対知――ヘルダリーンとヘーゲルの別れ

はじめに

「神の国」の「盟約」で結ばれ、「一にして全」の志を同じくしていた二人が[1]、なぜヘルダリーンは神に愛でられ狂気に陥り幽冥の世界に住み、ヘーゲルは神にも見紛う絶対知の立場に立ち得たのか。いったい何が二人をこれほどまでに隔てたのか。このことが私の積年の疑問であった。その答えはおそらく二人が親しく交流したフランクフルト時代に見つかるはずである。小論は、その時期とその後数年の二人の文章を読んで、その疑問に答えようとするものである。

ヘーゲルがヘルダリーンの推輓でゴーゲル家の家庭教師としてフランクフルトに赴任したのは一七九七年一月七日のことである。二人はテュービンゲンの神学院で五年間文字通り起居を共にし、その後三年、ヘルダリーンはヴァルタースハウゼンで家庭教師の職に就き、さらにイェーナ大学でフィヒテを聴講し、一方ヘーゲルは異国スイスのベルンで家庭教師を勤めた。三年ぶりに再会した二人の喜びはいかほどのものがあっただろうか。(2) フランクフルトの二人は毎日のように会い、「兄弟のように」語り合った。そしてヘーゲルは、ヘルダリーンとズゼッテ・ゴンタルトの愛とその破局（いや愛の成就と言うべきか）のすべてを間近で見守った。(3) ヘルダリーンがズゼッテと別れ、近郊のホンブルクに去ったのは一七九八年九月二十四日か二十五日であるから、二人の哲学者がこの「不幸な」(4) 街で親交を深めたのはわずか一年半のことである。しかしこの短い間に、ヘーゲルはヘルダリーン哲学の圧倒的影響を受け、カント主義者から全一（和合）の哲学を説くいわば汎神論者へと劇的な転回を遂げるのであるが、しかし同時に、この点を特に強調したいのだが、ヘーゲルはその影響を脱し、彼独自の哲学とその方法の基盤を見出したのである。

ヘルダリーンが狂気の兆候を示したのは、フランスのボルドーでの家庭教師職を放棄し（わずか半年ほどしか勤めなかった）、一八〇二年五月十日帰国旅券を交付され、六月十日すぎにシュトゥットガルトかニュルティンゲンに帰国したころであった。ズゼッテは彼の帰国を知ることなく、その月の二十二日に亡くなっていた。狂気の様子はシェリングの手紙から知られるのだが、(5) 最もよくヘルダリーンを知る一人であったヘーゲルは沈黙を守っている。しかし私は、ヘーゲルの精神現象学（一八〇五年頃から書き始められたであろう）の「心の法則と自負の狂気」の章が、ヘルダリーンの狂気を、あるいはヘルダリーンの造形したヒュペーリオンの狂気を描いているのではないか、と思うのである。(6) 狂気は、この変革と閉塞の時代が行動的人間に強いた近代的人間の一類型であり、ヘーゲルもまた同じ時代を親しく生き、彼自身も可能な生き方として経験したものであったのだから、この記述は決して友人を貶めるものではなく、彼と自らの生き方を時代の記憶としてとどめようとするものであったに違いない。

ヒュペーリオンは祖国ギリシャをトルコの支配から解放しようと戦いに身を投じる。しかし戦いの結果、彼が見たものは、高邁な理想を掲げながらも、その現実は略奪に走る惨めな戦友の姿であった。ヘーゲルの言う「心の法則」とは、それに従って行動する人間は、どれほど高邁な目的を掲げようとも、それがもともと「心」すなわち個人の特殊な欲望から生まれたものである限り、その目的を直接に社会変革の普遍性に結びつけようとするとき、その行動は自らの意図に逆らう結果を生み出さざるをえない、その必然性を指摘するものである。仮にその目的が実現されたとしても、個人はその現実が自らの目的の完全な実現であると認めることはないであろう。それを認めれば、私のこのかけがえのない「心」の独自性が失われてしまうからである。行動的人間は「自分の本質と思っていたことが直接に本質ではないことを知り、現実としていたことが直接に非現実であることを知り、意識の狂乱状態に陥る」(PhG248) のである。意識が狂気に陥る原因は、自分の個別性を直接に（無媒介に）社会という普遍性と結びつけようとしたからであり、それゆえまた私の行動の結果生まれた普遍性が直接に私の個別性を裏切り、意識を狂乱に追いやるのである。

ヘーゲルは、狂気の本質がこのように意識の個別性と現実の普遍性との直接的な結合にある、と見ている。この結合の直接性こそ、ヘルダリーン哲学の中心概念である親密性 Innigkeit にほかならない。

私はこの親密性の概念を軸にして、ヘルダリーン哲学の展開と、初めはそれを受容しながら次第にそこから離れてゆき、この直接性の論理に代えて、後に媒介の論理となるものの基盤を作り上げて行くヘーゲルの思考の展開を辿ることにしよう。

注

（1）「神の国 das Reich Gottes」については、一七九四年七月十日付、ヘルダリーンからヘーゲルに宛てた次の手紙にある。

「愛する友よ！

僕たちが神の国の合言葉で別れて以来、時々僕を思い出してくれたと思う。僕たちは互いにどんなに変わっても、この合言葉で再び相手を見分けることができると思う。……君はしばしば僕の守護神 Genius になってくれた。」（ヘルダリーン書簡集85番）

ヘルダリーンの書簡は、Friedrich Hölderlin Sämtliche Werke und Briefe, Band 3. Hrsg. von Jochen Schmidt (1992, Deutscher Klassiker)（この全集は DKF と略す）に依る。このテクストはその一四六ページ以下。なお、このヴァルタースハウゼンから出された書簡にはさらに、「僕は今かなり集中して仕事をしている。カントとギリシャ人が僕のほとんど唯一の読書だ。批判哲学の美術部門に特に親しもうと努めている」(DKF3-147）とある。

また、「神の国」の言葉は、一七九五年一月末の、ヘーゲルからシェリング宛ての手紙にもある。「ヘルダリーンが時々イェーナから手紙をくれる。……神の国よ来たれ。僕たちは手を拱いていてはならない。」

ヘーゲルの手紙は、Briefe von und an Hegel, Band I. Hrsg. von J. Hoffmeister（1952, Meiner）S.18f.（このテクストからの引用は、BrI-18f. のように記す。）

「盟約 das Bund」については、ヘーゲルが、一七九六年八月、「ヘルダリーンに寄せて」書いた詩『エレウシス』（Schüler Nr.58）にある。

「かつての盟約の誠　揺るがず、さらに熟れたるを確かむる

その盟約、宣誓の証しを要せず」

G. W. F. Hegel Werke 1 Frühe Schriften. Redaktion E. Moldenhauer u. K. m. Michel（1971, Suhrkamp）S.230f. このテクストからの引用は SK1-230f. のように記す。

（2）ヘーゲルにゴーゲル家の家庭教師採用を知らせ、再会できる喜びを綴った、ヘルダリーンの一七九六年十一月二十日付け手紙（ヘルダリーン書簡集120番、DKF3-244f.）。

「懐かしい友よ！　僕たちは兄弟のように苦楽を共にしようではないか。ありがたいことに、フランケンからついてきた地獄の霊［ヴァルタースハウゼンの家庭教師生活で味わった疎外感のこと］や、イェーナから運んできた形而上学の翼をした大気の霊［フィヒテ哲学との格闘から来る齟齬感のこと］は、フランクフルト到着以来、僕から離れ去った。だから、僕はまだ君の役に立つ。君は今まで少し不運だったから、持ち前の快活な気質を失くしたようだね。……一昨日、君の夢を見た。君はまだスイスをぐるぐる旅をしているので、僕は死ぬほど腹を立てるところだった。夢から覚めて、僕はこの夢が心から嬉しかった。」

（3）ヘルダリーンがゴーゲル家を去った数日後、ヘルダリーンの教え子、ヘンリー Henry Gontard がヘルダリーンに宛てた手紙がある（一七九八年九月二十七日付）。

「親愛なるホルダー［ヘルダリーンのこと］！　僕は先生が行ってしまわれたことに我慢できそうにありません。僕は今日、ヘーゲルさんのところに行きました。先生はだいぶ前から行ってしまわれるおつもりだった、とヘーゲルさんは言いました。」

ズゼッテ・ゴンタルトの手紙（「ディオティーマの手紙」）の例えば４（一七九九年一月）には次のようにある（DKF3-549）。

「私たちの愛の運命が私を怒らせたり、すっかり私を押しつぶしてしまうなどと、どうかお考えなさらないでください。しばしば、つらい、つらい涙を流すことはあります。けれども、この涙こそ、私を支えているものなのです。あなたが生きている限り、私は亡びたくありません。私が何ももう感じることがなくなりましたら、私から愛が消えてしまいましたら、愛のない生活など、私に何の意味があるでしょうか。私は夜のなかに、死のなかに沈んでゆくことでしょう。あなたが愛してくださる限り、私が悪くなることはありません。あなたは私を高みに保ち、美への道に導いてくださるのです！　……来月はきっとおいでくださいますね［この月は、来客があって二人は会えなかった］。その時私が一人になっているかどうかは、Ｈ［ヘーゲルのこと］様からお聞きになれるでしょう。」

（４）　後年、ニュルンベルクのギムナジウム校長となったヘーゲルは、一八一〇年十月二十七日付けの手紙草稿に、かつてフランクフルトでともにヘルダリーンと親しく付き合っていたホンブルクにいるシンクレーア Sinclair に宛てて、次のように書いている（BrI-333）。このときヘルダリーンは、恢復不可能と診断され、テュービンゲンの指物師ツィンマーに引き取られてから、すでに五年が経っていた。

「私が不幸なフランクフルトからよく見上げていたあの高いフェルトベルクとアルトケーニヒ［いずれもホンブルクを取り巻く山の名］にもよろしく。私はあの山麓で大兄を知ったのですから。」

（5）一八〇三年七月十一日付、シェリングのヘーゲル宛書簡（ヘーゲル書簡集38、BrI-71）「当地［カンシュタット］滞在中に見た最も悲しむべき光景はヘルダリーンの姿だった。……あの運命的な［ボルドーへの］旅以来、彼の精神はすっかり損なわれてしまった。ギリシャ語の翻訳［ソポクレスの翻訳、後述］など多少の仕事はある程度まではできるが、全般的に彼は完全な放心状態にある。彼の姿を見て身震いした。彼は、吐き気を催すほど身なりを疎かにしており、話すことは狂気の様をほとんど見せないが、そういう状態にある人間の外観を完全に帯びている。——当地では、彼を恢復させる望みは全くない。もし彼が行きたがっているイェーナに行くことになったら、君に、彼を引き受ける意思があるかどうか、尋ねてみようと思ったのだ。」

（6）Phänomenologie des Geistes. Neu hrsg. von Hans-Friedrich Wessels u. Heinrich Clairmont（Philosophische Bibliothek Bd. 414, Meiner）S.244ff. 以下、このテクストからの引用は PhG と略記する。

1　美、親密性

ヘルダリーンはしばしば Innigkeit という語を用いるが、適訳が浮かばないので、とりあえず「親密性」と訳しておこう。親密性とは個別と普遍との直接的な結合の状態を言い、二人の合言葉であったスピノザの「一にして全」を指す。ヘルダリーンはこの語によって、無限なるものを極限の論理を使って理解しようとしたのである。無限は『ヒュペーリオン *Hyperion*』においてはプラトン的な「美 Schönheit」の語で呼ばれている。ディオティーマに体現されている美を、「私は一度見た」ことがあり、それが今「私に近づいて nahekommen」来る。

> 常に最高最善のものを求めている君たちよ。知識の底に、行動の喧噪のなかに、過去の密室に、未来の迷宮に、墓に、天上にそれを探ねてやまない君たちよ。君たちはその名を知っているか。一にして全であるもの das Eins ist und Alles の名を。
> その名は美だ。(DKF2-62)

一七九五年四月から五月にかけて、ヘルダリーンはイェーナでフィヒテの講義に触発され、『存在、判断、…… *Seyn, Urtheil, ……*』(『判断と存在』*Urteil und Sein*)[1] という断片を書き残している。彼は、主観と客観とが合一しているものを「存在 Seyn」と呼ぶ。「存在(有)」とは、「私は私である」という判断の「である seyn」の表現する「同一性 Identität」とは異なる。同一性は主観(主語)の私と客観(客語)の私との分離が措定されて初めて可能となるものであり、分離される以前のヘルダリーンの言う原初の「存在」と同じものではない。そして、この分離の働きが「判断 Urtheilung」と呼ばれる。

> 判断とは最も優れた最も厳密な意味では、知的直観において最も親密に合一している innigst vereinigt、主観と客観との根源的な分割のことであり、主観と客観というものを初めて可能にする分割であって、原=分割 Ur=Theilung である。(ThS7, DKF2-502)

ヘルダリーンの言う「存在」は、フィヒテの措定的な意識でも、シェリングの多様なものを演繹する絶対自我でもない。しかしまた、それは超越論的意識に対して前提されているカントの物自体でもない。「存在」とは主観と客観との親密な在り方、直接的な関係そのものをいうのである。同一性も関係概念ではあるが、AとBとが同一であると言うには、先にAとBとの差異を前提せざるを得ない。差異を前提する限り、同一性は「判断」の後に現れるものであり、判断以前の「存在」をつかむことはできないのである。しかし、親密性という関係概念が二者の規定的な差異を含まないのであれば、代わりに二者の間の距離を含まざるを得ないであろう。主観と客観との親密な合一である「存在」は、無限に接近し合う、両者の間の距離の縮まりの極限としてのみ現れてくるのであり、したがって、この距離が克服されない限り、「存在」はつかまれることがない。しかし、この距離は解消しうるものだろうか。

同じ年の九月四日、ヘルダリーンはシラーに「体系」樹立の意欲を語っている。

すべての体系に対して必要不可欠な要請、すなわち、絶対的な――自我、あるいは別の言い方もできるかもしれませんが――における主観と客観との合一は、確かに美的に、知的直観において可能かもしれませんが、理論的には、円の面積を求めるために［長方形を重ねて円周に］接近するように、無限の接近 eine unendliche Annährung によってのみ可能であること、また思惟の体系を作り上げるためには、行為の体系と同様に、不死性が必要であることを、示すつもりです。（書簡集105番、DKF3‐203）

しかし同年に書かれた『ヘルモクラテスからケパロスへ *Hermokrates an Cephalus*』には、不死性は人間には望むべくもないのであるから、「体系」の完成は不可能である、と書く。

僕はいつも思うのだが、人間は、限界のない理想に近づくためには、行為のために無限の前進が必要とされているように、知のためには限界のない時を必要とするのだ。いずれは学が完成されるであろう、あるいはすでに完成している、という考えを、僕は静寂主義と名づけたが、この意見はどちらも誤りだろう。それらは、自分が立てた限界で満足してしまっているか、かつては限界があったが今はないとして、限界そのものを認めようとはしないのだから。……はたして双曲線が漸近線と合一することがあるのだろうか。(ThS9, DKF2-498)

ここには後に明らかになるヘルダリーンとヘーゲルとの、学に対する姿勢の違いがすでに現れている。絶対知の立場に立って体系を完成させるであろうヘーゲルと、学の完成を、人間の努力を軽視する静寂主義として却け、あくまでも「存在」を極限と考え、そこに近づいてゆく無限の努力の内に哲学の意義を見出そうとするヘルダリーンとの違いが示されている。しかしこの点は後に詳述すべきことである。ここで述べておきたいことは、ヘルダリーンが、親密性の概念を、詩的に「美」として描いていると同時に、円の求積問題や双曲線という二次曲線の形象を思い浮かべつつ考えていることである。彼は「最高最善のもの」、「一にして全なるもの」を、数学の無限の概念によって考えていこうとするのである。無限をとらえるとは、意識の措定作用ではとらえられないものを意識化すること、無規定のものを規定すること、その矛盾を論理化することである。ここに、カント、フィヒテ、シェリングとは異なった問題設定が、矛盾を積極的なものと認める態度が見られるのであり、この点にこそヘルダリーン哲学の最も重要な意義を認めるべきであろう。無限と矛盾の論理は、ヘルダリーンを経て、ヘーゲルによって、ヘルダリーンの論理とは異なった仕方で、完成されるであろう。ヘルダリーンにとって無限は、かつて一度 einmal 見たものであり、したがって今は仮象として現存しているそれを想起しつつ、「限界のない時」のなかで接近してゆくべき対象であるが、後に述べるように、ヘーゲルにとっては、時そのものを抹殺することによって、無限は時間を超えて現存しうるものとなる。

さて、ヘルダリーンは次に「存在」の理念を、美や生命として、また宗教的経験の内で、具体的に考えようとする。それが、フランクフルトに移ってすぐ書かれた『哲学書簡の断片 *Fragment philosophischer Briefe*』（『宗教について *Über Religion*』）（ThS10ff., DKF2-562ff.）（執筆は一七九六年頃か）である。すでにノイファー宛書簡（一七九四年十月十日付、89番）で、「この論文の主眼は美と崇高の分析である。それによってカントの分析は簡素になるとともに、他方では多方面にわたるものとなる。これはすでにシラーが優美と尊厳についての論文で部分的には試みたものだが、僕の意見では、彼はカントの限界からの踏み出しが足りなかったと思う」と予告されていたものが、この断片であろう。

「カントの限界」とは実践理性の定言命法の形式を指しており、それを「踏み出」すとは、ニートハマー宛ての書簡（一七九六年二月二十四日付、118番）にあるように、実践理性の代わりに、生命に満ちた宗教とそれを感得する「美的感覚 ästhetischer Sinn」（DKF3–225）を持つことである。「アンティゴネーが公の厳しい命令に逆らって兄を葬ったときに語った書かれざる神々の掟」のような、「生命の無限な融合を規定するより優れた掟」（ThS13, DKF2–563）こそが定言命法に代わるべきなのである。この掟は、第一に、すべての人に一律に妥当するようなものではなく、人びとが共に生き互いに感じ合う「共同の神性」すなわち「精神」（「機械的歩み以上のもの」とも表現される）（ThS10, DKF2–565）から生み出される「宗教的関係」（ThS13, DKF2–564）を作り上げている。第二に、そのような宗教的なものをつかみうるものはもはや実践理性ではなく、「人間が自らの巡り合わせを想起し、自らの生命に感謝しうる」（ThS11, DKF2–562）存在であることを「感じ取る」ことである。「想起」とは大きな時の流れのなかでそこに生きている自分を今取り戻すことであり、「感謝」とは共同性のなかで自分もその一部である生命をここで知ることである。これらはカントの実践理性では解き得なかった共同性の生きた原理となるべきものであろう。しかし、『哲学書簡』はここで中断し、その後には、「宗教的なもの」について、それが神話的に描写され、本質的に詩的であるべきだ、という覚書が残されているだけである。

　このヘルダリーンの『哲学書簡』と酷似しているヘーゲルの文書が、一七九六年か翌年初めに書かれたとされる「ドイツ観念論の最古の体系プログラム *Das älteste Systemprogramm des deutschen*

Idealismus」(シューラー番号58番)である。この文書がどのような経緯で書かれたかは不明であるが、ヘーゲルの筆になるものであれば、次の引用文にある最高理念としての美、知的直観に代わるべき美的感覚、哲学に対する宗教と詩の優位、新しい神話、これらの思想は、紛うかたなく『哲学書簡』にあったものであるから、ヘーゲルがこの時点では完全にヘルダリーンの影響下にあったことを確認すれば十分である。この「体系プログラム」は、これは頭部の欠けたトルソーであるが、まず倫理学から始まり(その前にはおそらく理論哲学があり、散逸したのだろう)、自然学について簡単にふれた後、人間の作ったものすなわち国家について、国家は「機械的なもの」であり、そこに自由の理念を見ることはできない、したがって「われわれは国家を超えていかねばならない!」と宣言する。「最後に、すべての理念を合一している理念、プラトンの言う優れた意味での美の理念が現れる。」「美的感覚なしには――ひとは何ごとに関しても豊かな精神を持ち得ない。歴史についてさえ豊かな精神でもって論じることはできない。」(SK1-234ff.) このように体系の頂点に美の理念があり、そこからいわば二つの系、詩と宗教が導かれる。哲学がなくなっても、詩は生き残り、それが人類の教師となり、また、民衆を真に啓蒙するためには「新しい宗教」、「感性的な宗教」を打ち立て、民衆と哲学者を繋ぐものとして「新しい神話理論」、「理性の神話理論」を持たねばならない、とされるのである。

注

(1) "Seyn, Urtheil, ..." Ch. Hölderlin : Theoretische Schriften. Mit einer Einl. hrsg. von Johann Kreuzer (PhB

Bd. 509, Meiner) S.7f. ヘルダリーンの哲学論文からの引用はこれを底本とし、ThS と略し、その後に先述した DKF のページ数をも記す。タイトルが異なる場合は、先に ThS のタイトルを、その後に DKF のタイトルを記す。この論文の DKF のタイトルは Urteil und Sein であり、他の論文もそうであるが、両者のテクストの編集は異なっている。

2 愛、親密性の過剰

美はただ近づいて来るものであるが、愛 Liebe は近づきつつ、離れ去るものである。ヘルダリーンはこの愛を通して無限についての最初の論理化を試みる。近づいて行くことは同時に離れることである、これが彼の考えた愛の逆説的な論理であり、この愛のダイナミズムを、彼は「親密性の過剰 Übermaas der Innigkeit」と表現する。

『ヒュペーリオン』第二部第一巻の初めで、ヒュペーリオンが独立戦争に参加する決意を語ると、ディオティーマは彼を引き留めずに、決然と、「あなたは出て行くべきです Du sollst gehen、……いちばんよいことは、出て行くことです Das beste ist, du gehst」と言う（DKF2-109)。「出て行く」こと、別れることは、ディオティーマにとって愛の終わりではなく、愛を完成させるものなのである。参戦がきっかけとなったとはいえ、二人が愛の生活にとどまることは、愛が無限なもの（規定され得ぬもの）である限り、愛そのものを消すことになってしまう。別れは、愛という親密性には避けられえぬ内的必然であり、むしろ愛を完成させるものとなる。現実のヘルダリーンとズゼッテとの別れに関しても同じことが言える。主人ゴンタルトの嫉妬と邪推がきっかけとなったとはいえ、それがなかったとして、はたしてそのまま二人の愛は持続されうるものであろうか。むしろ単なる持続は愛を変容させ、消してしまうのではないか。

ヘルダリーンの描く愛の優れている点は、二人の別れの原因が愛の外部の第三のものにあるのではないことにある。「存在」が「判断」（根源分割）を含まざるをえないように、合一はその内に分離を含んでおり、愛そのものが別れを生むのである。もし第三者が別れの原因であるならば、ある種劇的なものとなるとはいえ、『ヒュペーリオン』の持っている二人の人物の清澄な緊張感を殺いでしまうであろう。あるいは、われわれは、原因と結果を取り違え、原因を外部のものに置き換える思考の性癖から抜け出せないのかもしれない。別れのきっかけとされるものは原因ではなくむしろ結果なのであろう。愛は自らの否定を内に含んでいてこそ初めて愛と呼ばれうるものである。「親密性の過剰」とヘルダリーンの言うものは、愛の一体感情が嵩じて過剰になるというのではない。親密性にはそもそもその否定、すなわち内的軋轢が含まれており、それが「過剰」と表現されているのであって、過剰とは、愛が愛の否定によって完成されるものであることを表現している。愛は互いに近づいて行くという合一の極限を目指す動きであるが、極限に近づくことには、双曲線とその漸近線のように、その内には互いに離れ去ることが含まれているのである。

フランクフルトでヘルダリーンと再会したヘーゲルは、ヘルダリーンの「愛」の思想を知って、カント的な道徳の立場から愛や宗教の内に合一の可能性を探る立場へと、劇的に転回する（「八実定性と愛と死」参照）。と同時に、愛をめぐって思索を重ねるうちに、ヘーゲル独自の媒介の論理の基礎を見出し（これはまだ基礎にすぎぬが）、ヘルダリーンから離れ、彼とは異なった道を歩み始めるのである。その過程を、一七九七年から翌年にかけて書かれた以下の四つの草稿（タイトルは通称）に従って見てゆこう。

「道徳性、愛、宗教 Moralität, Liebe, Religion」（シューラー67番、一七九七年七月以前に執筆）
「宗教、愛 Religion, Liebe」（同68番、一七九七年夏に執筆）
「愛 Die Liebe（初稿）」（同69番、一七九七年十一月頃執筆）
「愛 Die Liebe（第二稿）」（同84番、一七九八年秋から冬にかけて執筆、このテクストからの引用は、初稿と第二稿を対照している Christoph Jamme : Hegels Frankfurter Fragment "Welchem Zwekke denn" in Hegel-Studien Band 17（1982）により、その三ページは HS17-3 のように記す）

ヘーゲルは依然としてキリスト教の実定性をいかにして克服すべきかというベルン以来の懸案に思考を集中していた（「八実定性と愛と死」参照）。ベルン時代の『イエス伝』では、イエスの人となりをカントの道徳性の概念に従って描くことによって、キリスト教の実定性を克服しようとしたのであるが、かえってその自律道徳の内にこそ抽象的法則による支配という、より厳しい実定性（人間を束縛するもの）を見出すことになった。上記の最初の草稿、「道徳性、愛、宗教」はこの実定性のテーマを継続して追究しようとしたものである。ところが、途中で論旨は一転し、実定性の克服は道徳性によってではなく、自然信仰としての宗教に委ねられ、そしてこの宗教との関連で初めて、ヘーゲルは「愛」の概念を、ただしここでは、万有に対する愛、人間の自由と自然とを合一するものとしてのいわば宇宙的な愛を、語り出す。

愛は、想像力によって実在するものとされるとき、神となる。（SK1－242）

次の「宗教、愛」では、ヘーゲルは、実定性の根拠を、以前のように法則の支配にあるとする考えを完全に脱して、実定性をヘルダリーンの合一哲学（「自然」の理念）の枠組のなかで明確にとらえることになる。

自然の内に永遠の分離があるところに、合一され得ぬものが合一されているとき、そこに実定性がある。（SK1－244）

しかし、その実定性をいかにして克服すべきか、その解決はこの草稿にはまだ見出されない。この文に続く次の文には、ヘーゲルのその苛立ちと、そして解決への予感のようなものが語られている。

したがって、この合一されたもの［合一され得ぬものの合一］、この理想は客観であって、その内には主観でないものがある。理想をわれわれはわれわれの外部に措定することはできない。外部に措定すれば、客観になってしまうだろうから、――内部に措定することはもちろんできない。そうしたら、それは理想でなくなってしまうだろうから。／宗教と愛は一つである。愛されるものはわれわれに対立せず、われわれの実在と一つになっている。われわれは愛されるもの［われわれが愛しているもの］の内にただわれわれを見る、それでもやはり愛されるものはわれわれではない――これは、われわれの理解できない不思議である。（SK1 – 244）

宗教において達成されている合一という理想をどこに見出すべきか、われわれの意志の内にか、それとも外部にか、そこから生まれるディレンマ、このことが、（筆者が引いた／を境にして）「宗教と愛は一つである」ことを根拠に、突然、私と他者との同一と区別との矛盾の問題、すなわち、男女の性愛の「不思議」に転じている。ここでヘーゲルの思索は大きく転回した。ヘーゲルにとって、主題は実定性ではなく、愛となる。しかも、隣人に対する愛でも自然に対する愛でもなく、性愛としての愛が彼の思索の対象となる。しかし、これは理解しがたい不思議である。では、ヘーゲルはこの不思議をどのようにして論理化するのであるか。

「愛（第二稿）」は一年後にその「初稿」にわずかな修正を加えたものである。重要な加筆箇所については後に指摘するが、両稿とも上述の愛の不思議を解明しようとするものであることに変わりはない。

真実の合一、真の愛は生命あるもの同士の間でのみ生まれる。(HS17-13)

愛は無限の区別を探り出し、そして無限の合一を見出す。……最も私的なものが触れ合いながら合一［合体］し、没我に落ち、区別はすべて止揚される。死すべきものは分離し得るという性格を脱ぎ捨て、不死性の萌芽［胎児］、永遠に自らを展開し生み出していくものの萌芽が、生命あるものが、生まれている。(HS17-18)

「死すべきもの」と言われるのは私のこの肉体のことである。ヘーゲルは愛の合一を阻止するものを二つ挙げている。いずれも私の「所有物 Eigentum」であって、人が他人に譲らず私のものとして固執するものである。まず私の肉体であるが、これは、普通には自分の肉体を防御する感情と一般に見なされている「羞恥心（die Schaam）」(HS17-16) によって、かえって逆説的に乗り越えられる。ヘーゲルの考えでは、羞恥とは自分を守ろうとする感情ではなく、むしろそのように我性に執着している自分に対して抱く私自身の苛立ちの（反省的な）感情であり、羞恥はかえって愛を促進させる媚態を生むのである。ところが愛を阻害するもう一つのもの、財産は、肉体のように「［いつか］死すべきもの」ではなく、「［すでに］死んでいるもの（das todte）」、生命を持たない物体であるのだから（上述のように、愛は「生命あるもの同士の間でのみ生まれる」のだから)、それは互いに共有されることは不可能である。男女の合一の可能性はここで絶たれ、この草稿の筆もここで折られる。

「愛(第二稿)」において加筆されたのは次の文である。

愛の内で、生命そのものは、自分が、自分の自己が二つでありかつ一つであることを知る。生命 das Leben は未展開の一如 unentwikelte Einigkeit から出発し、形成を経て、完成した一如へと至る円環を廻ったのである。この一如が完成した生命であり、それが完成したものであるのは、ここで反省[分離]も充足されているからである。未展開の一如には反省の可能性、分離の可能性が対立していたのだから。(HS17-14)

このように第二稿には「生命」の視点が現れている。愛の不思議、すなわち、私と他者との合一と分離は、愛をその一要素として含む生命の視点からして初めて解消されるのである。この文ではもはや愛は主体(主語)ではない。主体は生命であり、愛と分離(死んだもの)は生命の円環の一つの項として生命のなかに吸収されている。

ヘルダリーンとヘーゲルはともに、愛によって無限性(全一なるもの)を論理化しようとした。しかし、二人はそれが不可能であることを知った。ただし、異なった視点からである。その違いは、全一を「親密性」ととらえるか、「一如」ととらえるか、にある。そしてこの相違がこの後二人に異なった道を歩ませることになる。ヘルダリーンはあくまでも愛を二人の関係の直接性のなかで考え抜こうとする。愛は近づくことだが、近づくことは離れることを抜きにしては考えられない。愛は別れを必然的に含む。別れることによって愛の純粋さ、愛の直接性は生き続けるからである。一方、ヘーゲルは愛をリアルに肉体的合一と考え、それが実現された後にも、その愛が持続しうるものかどうかを問題にする。彼にとっては、愛は直接的関係にとどまらず、第三のものを含む間接的関係となる。ただし、この段階ではまだ、後の論理におけるようにその第三者は否定を伴った媒介物とは考えられていない。ここでは、第三者は両極（男と女）を反撥させるもの（肉体、財産）であるか、あるいは両極の単なる産出物（子）という、実在物であるにすぎない。ヘーゲルも、ヘルダリーンと同じように、愛の直接性、ヘーゲルの用語では「未展開の一如」の内に、分離の可能性を見出している。しかし、ヘルダリーンの「親密性」のようにその直接性の内部に分離を見出そうとするのではなく、ヘーゲルは分離の契機を「一如」の外部（肉体と財産）に措定する。そして、生命というものを考え、そのなかで愛と分離（反省）との対立を克服しようとするのである。

さて、愛による合一の不可能であることを理解したヘルダリーンは、次に親密性をその内的過剰においてではなく、対立の、しかしあくまでも内的な対立の形式で展開する必要を理解するのである。

3　犠牲、親密性の交換

ヘルダリーンは悲劇『エムペドクレスの死 *Der Tod des Empedokles*』の第二稿を一七九九年初めには書き始め、九月に新たに第三稿の執筆に取りかかっている。その間の八月か九月に、悲劇論『悲劇的な頌歌……（エムペドクレスのための根拠）*Die tragische Ode……*（*Grund zum Empedkles*）』（ThS79ff.）（『悲劇的なものについて *Über das Tragische*』）（DKF425ff.）を書いている。彼は「親密性」の概念を、今度は古代の都市国家アクラガスに実在した哲学者、愛と憎を存在の二つの対立する力と考えたエムペドクレスを借りて、悲劇における対立のなかで表現しようと試みるのである。「親密性」は「過剰」あるいは充溢という近づくことと離れることとの相即不離な愛の直接性としてではなく、ここではエンペドクレスが経験する「自然と人為 Natur und Kunst」という対立の形式において考えられることになるのである。

エムペドクレスは自然と人為とが激しく対立していたアクラガスに生き、その時代を代表する人物として設定されている。彼は宗教改革者として、また優れた政治家として、民衆のために行動し、誇るべき献身を示し、彼らに賞賛されていた。したがって、自然と人為との対立という時代の運命は、完全なる人物エムペドクレス個人の内で解消されているかのように見えた。

> 自然と人為は純粋な生命［エムペドクレス］の内では、その対立は調和している sich harmonisch entgegengesetzt。(ThS82, DKF2‐428)

「自然」とは「非組織的 aorgisch なもの」（ヘルダリーンによる造語）とも呼ばれ、「限定されていないもの das Unbegrenzte」のことであり、「人間世界の根底にあるいわば混沌を指している」(ThS82, DKF2‐429)。他方、人為とは「組織的 organisch なもの」と呼ばれ、人間世界とその時代を指す。この両極の対立は「純粋な生命」すなわちエムペドクレスの内では調和に達している。しかし、「このような［純粋な］生命はただ感情の内にあるだけであって、認識に対してあるのではない。」(ThS82, DKF2‐429)。もし時代の運命というものが一人の人間の内で解消されてしまうようなものにすぎないならば、時代は個人の内に呑み込まれ、それ独自の意味を持たないであろう。したがって、エムペドクレスに見られる調和は「瞬間的な合一 augenblikliche Vereinigung であって、その合一はそれ以上のものとなるために、解消されざるを得ない。」(ThS85, DKF2‐432)

以上のことを確認したうえで、この悲劇は始まる。エムペドクレスは、自分が民衆と一体であると感じていた親密性の感情が自己欺瞞であったことに気づく。彼が親密なもの（純粋な生命）を民衆に示せば示すほど、つまり民衆に近づけば近づくほど、民衆は誤って彼を神のごとく崇めるようになり、エムペドクレスは自分自身との齟齬を感じ、民衆から離れてゆき、彼の没落は確実になる。感情によってとらえられただけの純粋な親密性は消えざるをえず、そこに分裂がもたらされる。親密性は認識（対立）にもたらされねばならないのである。では、エムペドクレスはいかなる行動を取るか。ヒュペーリオンがディオティーマのもとを去ったように、離れることである。彼は民衆に対して冷淡になり、彼らから離れ、隠遁する。エムペドクレスは、このようにして民衆と対立するに至ったエムペドクレスの感懐を描くものだが、これが「自然と人為との区別の極限」というには、その対立がエムペドクレスの主観内部に限定されており、劇的構成に欠ける憾みが残る。そこで、自然と人為の対立は、エムペドクレス自身が直接に自然と合一すること、彼がエトナ山の火口に身を投げる犠牲 Opfer によって、「［過剰にならない］慎ましやかな親密性」（ThS79, DKF2-425）に復帰する。以上がこの悲劇の予想された筋であった。

感じられただけの親密性、その内から出て民衆（人為）と対立し、最後に自らを犠牲にすることによって自然と人為とが合一する、というこの筋には、ヘーゲルの生命の円環に似た循環の論理の可能性が予感される。しかし、ヘルダリーンの選んだ論理はそれとは異なる。彼はあくまでもエムペドクレスという一人の個人の内部においてその対立を解消させようとする。その論理が交換 Tauschen、直接的転換とも言うべき論理である。やや長いが引用しよう。

> エムペドクレスは自然との合一を求めて苦闘した。かくて彼の精神は最高の意味で非組織的な［自然的な］姿を取らざるを得なかった。……その結果、彼は客観のなかで、深淵のなかにあるかのように、自己を喪失し

> た［客観となった］。反対に、対象の生命全体［客観］は……この無限に受容的になった心情［エムペドクレス］のもとで個性的［主観的］なものとならざるを得なかった。……かくして、客観が彼のなかで主観的な姿となり、彼は客観の客観的姿で現れることになった。……そして、人為すなわち形成という人間の性格が持つ秩序化すなわち思惟と、意識を欠く自然との、対立は［エムペドクレスの内部で］解消され、最高の極限において一つとなり、両者を区別していた形式を交換するまでに、合一したように見えた。（ThS88f., DKF2-435f.）

主観と客観、人為と自然との対立は、エムペドクレスという稀有な個人の内部でその形式が交換されて合一される、すなわち、主観が極端に主観化する（自己に敏感になり苦闘する）ことによって直接に客観に転じ（自己を喪失し）、それに応じて、対する客観（自然）の方も主観に転換する（個性的に迫ってくる）というのである。もちろんこれはそう「見えた」だけにすぎず、対立の構造は、ヘルダリーンの言い方を借りれば、「認識にもたらされ」てはおらず、残されたままである。ヘルダリーンはまた、主観そのものを自然の内部に没しせしめる（エムペドクレスがエトナ山に身を投じる）ことで対立を解消させようともするが、しかしそれはそれで、その合一は認識する主観までをも消してしまうことになろう。

結局、悲劇『エムペドクレスの死』は完成しなかった。その一因は今挙げた交換の論理の不十分さにあったであろう。そこで、第二稿では初稿に比べて神官ヘルモクラテスが圧倒的な存在感を獲得し、エムペドクレスの合一思想に対する「敵対者」として造形されることになる。

彼の敵対者［ヘルモクラテス］は生来の素質からしてエムペドクレスのように偉大であるが、時代の問題を別のやり方で、否定的な仕方で、解消しようとする。(ThS91, DKF2-438)

「否定的な仕方」とは何であろうか。

ヘルモクラテスは二つの極限［自然と人為］を合一するのではなく、それらを制御し、それらの相互作用を、固定的に持続するものに結びつけようとする。それは二つの極限の中間に置かれ、両極限を我がものにするために、それらをその限界の内に押しとどめる。(*ibid.*)

したがって、ヘルダリーンは自然と人為との対立を解決する仕方、その論理を二つ考えていたのである。一つは、上述のように、主観内部での交換の論理である。もう一つは、ヘルモクラテスのように、中間に第三者を措定する「否定的な仕方」である。ヘルダリーンの考えるには、ヘルモクラテスにおいては「客観性の過剰 ein Übermass von Objectivität、自分の外部に在ること、そして実在性が、……活動し形成するもの［主観］の代わりに登場してきて、人為と自然とが合一される」(ThS92, DKF2-439) のである。先に述べた、第三者を措定するヘーゲルの「愛」の論理こそ、まさにこの否定的な仕方にあたるであろう。

ヘルダリーンの脳裏には、親密性の過剰と交換という二つの直接性の論理のみならず、「客観性の過剰」すなわち実在的な中間者を措定する媒介の論理もまた可能的には存在していた。しかし、彼はこれを採らず、交換という直接的転換の論理に固執しつづける。その結果、『エムペドクレスの死』は完成されず、合一の論理を仕上げることができなかった。なぜなら、交換と犠牲による合一は持続的なものではなく、瞬間的なものにすぎないからである。そこで次に、ヘルダリーンはこの「瞬間」の概念の内に合一の可能性を探ることになる。

4　瞬間、親密性の転移

ヘルダリーンは一七九九年末から翌年初めにかけて『亡びる祖国は……*Das Untergehende Vaterland*……』(ThS33ff., DKF2-438ff.)を書いている。彼はシュトゥットガルトに計画していた私的講義のためのこの覚書によって、ギリシャを題材にした悲劇の制作をひとたび離れ、「現代」(「亡びる祖国」の後に現れる新しい世界)の誕生を歴史哲学的に根拠づけ、かつ、この時代における芸術活動の可能性を見出そうとするのである。これまで問題にしてきたこととの関連から言えば、先に一個体の内における対立項の交換として考えられた親密性が、ここでは(古い時代の没落として)時間の内における移り行き Übergang として捉えられることになる。つまり、交換の基盤であった二項対立のいわば空間的な並立の関係が、時の継起として、そしてそこにおける瞬間として、改めて考え直されるのである。

> 常にいかなる時にも存在しているもの、そして一切がこの存在から見られねばならないもの、この一切の世界の世界、全の内なる全、これはただ一切の時の内でのみ現れる――言い換えれば、亡び Untergang において、あるいは瞬間 Moment において、あるいは発生的に見れば、瞬間の生成するとき、時と世界の始原においてのみ、現れるのである。（ThS33ff, DKF2-446）

全の全、一切のものを包括している一、すなわち、親密性が今度は、「存在と非存在との間 zwischen Seyn und Nichtseyn」（ThS34, DKF2-447）、つまり瞬間において、亡びゆく姿として、すなわち否定的にのみ現前してくることになる。祖国の亡び、「解体 Auflösung」とは、実在的には今在る一切が無に帰すことである。ところで、時代の解体を人びとが解体として実感するのは、全一なるものが存在しており、それを人びとが予感するからである、あるいはかつてあったのであり、そして一度見たその全一を人びとが想起するからである。さもなければ、そもそもそれは解体とは気づかれぬであろう。この想起 Erinnerung こそ新しい時代を生み出す力なのであり、それは、先の実在的解体に対抗して、「観念的解体」と呼ばれ、芸術活動の本質とされるのである。

存在と非存在との間という状態にあっては、至る所、可能的なものが実在的になり、現実的なものは可能的

になる。これが自由な芸術模倣における、恐るべきしかし神的な夢となる。(ThS34, DKF2-447)
瞬間が「恐るべき」ものであるのは、時は取り戻すことのできない不可逆の流れであるからであろう。そして瞬間が「神的」であるのは、神が時そのものにほかならないからである。こうして、祖国と時代に無をもたらす実在的解体(祖国の亡び)を救うものは、瞬間においてのみ現出する親密性(全一としての神)を想起し、それを芸術的に模倣することによってである。

さて、この歴史と芸術についての論考を書き上げ、ヘルダリーンは次にそれを基盤にして、一八〇〇年の前半に、詩の実践論とも言うべき『詩人がひとたび精神を……*Wenn der Dichter einmal des Geistes mächtig ist*……』(『詩的精神の方法について *Über die Verfahrungsweise des Poëtischen Geistes*』)を書いている(ThS39ff., DKF2-447)。彼の論文のなかで最も大部でしかも破格構文が連綿と続くすこぶる難解なこの詩論の全体を、的確に理解する能力が、私には欠けている。そこで、これまで問題にしてきたこととの関連で、「調和的な転移 der harmonische Wechsel」(ThS39, DKF2-527)という概念に注目し、ヘルダリーンの時間意識についてのみ論じたい。先に『エムペドクレスの根拠』において自然と人為がエムペドクレスの内部で「調和的な対立」の状態にあることを見たが、ここではそのいわば空間的であった対立を、「存在と非存在との間」(過去から未来への流れの瞬間)における転移として、すなわち時間の相において、解消することが試みられるのである。

ヘルダリーンによれば、詩学の課題は、「詩的精神 der poetische Geist」が「詩的個性 die poetische Individualität」をいかにしてとらえるか、その方法を探求することにある。「詩的精神」とは「あらゆる人に共通しかつそれぞれの人にとって固有である共同の魂」（ThS39, DKF2‐527）である。また、「詩的個性」とは「天才〔自然〕でもなく、人為でもない」（ThS49, DKF2‐537）ものであり、それは「一であるものを単に対立させるものでも、対立し転移するものを関係づけて一つに合一するだけのものでもない。対立したものと一なるものはこの個性の内では分かたれていないのである。……それは決して自分自身によって把握されることも、自分自身が客観になることも、不可能であり、またそうすることを許されていない。」（ThS49f., DKF2‐538）つまり、詩的個性とは、引用文の後半にあるように、主観性の内にとどまっている反省哲学の自我ではない。また自らを対象として措定する絶対的な自我でもない。そしてまた、詩的個性は、以前造形されたエムペドクレスの人となりのように、自然でも人為でもあって両者が調和的に対立しているような個人のことでもない。それが自然とも人為とも規定されないのは、親密性である個性がここでは、規定の対立としてではなく、「調和的な転移」つまり時のなかで移りゆくもの、規定を超えるものとして考えられているからである。

かかる個性にのみ、霊感〔精神〕の同一性が、天才と人為〔文化〕の完成が、無限なるものの現前が、すなわち、神的瞬間 der göttliche Moment が、与えられているのである。（ThS49, DKF2‐538）

詩的精神は詩的個性に対して瞬間的に現前するものだから、詩的個性はその瞬間に全一なるものを想起し、それを詩として表現することが要請されているのである。これが詩作の方法となる。

　詩的精神の究極の課題は、調和的転移のなかに、一本の糸、想起を持つことである。（ThS49, DKF2-537f.）

調和的転移とは時の移りゆきのことであり、精神はそこにおいて止揚されるべき差異の形式として現出してくる。想起はこの瞬間的に措定される差異のなかで全一であるもの（精神）をつかむ。つまり、想起を介して詩的個性は無限なるものにふれうるのであるが、同時にそれは無限なるものを他のもの（言葉）との関係において、言葉に表現することによって自分を認識するのである。このような詩作の方法は、他者を媒介とする自己認識であるから、単なる反省的な自己把握でも、自己の絶対的措定でもない。ヘルダリーンはこの詩作の究極を、「認識［自己］が言葉［他者］を予感するように、言葉は認識を想起する」（ThS58, DKF2-548）と表現している。

しかし、詩的個性に無限なるものが現前するのはあくまでも瞬間的である。全一なるもの、親密性が、反省によって固定的に規定されることはありえないからである。したがって、親密性はただ消えてゆくもの、無なるものとしてのみ現れる。「一なるものは……実定的な無、無限の静止という性格においてしか姿を見せない」（ThS50, DKF2-538f.）のである。「性格」と訳した Karakter を「役柄」と訳せば、次に問題とするギリシャ悲劇の「中間休止 Cäzur」すなわち悲劇の進行における間《ま》を指すことにもなろう。

ヘルダリーンはギリシャ悲劇における中間休止こそ神の現れる極限の瞬間であるとして、それに重要な役柄を与えているからである。

さて以上、親密性を詩学における時の問題に関連づけて考えてきたが、ヘルダリーンの脳裏には（先にふれたように）もう一つの形象があった。上の引用文に続けて詩作の方法について、「詩的精神がその方法を試みるとき、根源にある詩的個性、詩的自我をつかむことこそ、詩的精神の最も大胆かつ究極の試み、双曲線中の双曲線 die Hyperbel aller Hyperbeln である」（ThS50, DKF2–539）と書くとき、ヘルダリーンは親密性を直観的に二次曲線のグラフを頭に浮かべながら考えているのである。「双曲線的なもの das hyperbolisch[e]」とは「最も激しく矛盾するものを等しくするもの das [das] Widersprechendste vergleicht[e]」（ThS48, DKF2–532）であり、「最も無限なものは、最も感覚的に、最も否定肯定的に am negativpositivsten、そして、双曲線的に、描かれる」（ThS48, DKF2–537）のである。この数学的無限論の視点からすれば、親密性について挙げたその諸性格、近づく、離れる、調和的対立、交換、変移は、より具体的に理解されるであろう。存在と非存在とが接するところ、瞬間は、双曲線と漸近線との接点として理解できる。ヘルダリーンとヘーゲルは当時としては二次関数について豊富な知識を持っていたが、ヘーゲルが「学の体系」を円によって表象するのに対して、ヘルダリーンが「親密性」を円より複雑な双曲線によって考えていることは、二人の哲学の違いを知る貴重な視点を与えてくれるであろう。

5　時の抹殺、絶対知

ヘルダリーンはボルドー滞在中の一八〇二年から、ソポクレスの『オイディプス王 *Oedipus der Tyrann*』と『アンティゴネー *Antigonä*』の翻訳を開始し、一八〇四年に出版する。同時に、彼はそれぞれについての『オイディプス注解 *Anmerkungen zum Oedipus*』(ThS94ff.,DKF2-849ff.)、『アンティゴネー注解 *Anmerkungen zum Antigonä*(ThS101ff., DKF2-913ff.)』を書いている。これを読みながら、彼の最後期の哲学を考えてみたい。

まず彼は悲劇の「法則的計算」を行っている。悲劇を構成しているある表象群の勢いが頂点に達するとき、そこに「中間休止」が現れ、別の表象群と交替すると考えて、それがどこにあるかを計算するのである。中間休止は「破局 Katastrophe」(“*Löst sich nicht*……”[ThS64]、“*Wechsel der Töne*”[DKF2-524])とも呼ばれ、その箇所で、消極的には劇の進行が静止し、時の流れが切断されるのだが、積極的には、上述したように、そこは神が顕現してくる瞬間でもある。彼の言うには、『オイディプス王』では後半の表象群の方が優勢なので、中間休止は前方(第一エペイソディオン中の300行目／1530行)に置かれ、反対に、『アンティゴネー』は前半が優勢なので後方(990行目／1350行)に置かれ、こうして劇の均衡は保たれている。この箇所はいずれも盲目の予言者テイレシアスが登場してきて秘密を明かす場面である。しかし、なぜヘルダリーンはこのあまりにも形式的な計算にこだわるのであろうか。悲劇の本質である神と人間との葛藤が現出してくるのは、時の切断（中間休止）である瞬間においてである、と一応は答えることができようが、形式への偏執は精神耗弱の兆しでもあろうか。

『オイディプス注解』においてヘルダリーンは次のように書いている。

> 悲劇的なものは次のことに基づいて描かれる。神と人とが一体になりsich paaren、自然の力と人間の内面とが怒りのなかで無際限に合致する、この途方もないこと、この無際限の一体化が、無際限に分離されて浄化されることを通して、理解されてくるのである。（ThS100, DKF2‐856）

「無際限の一体化」とは、オイディプスが絶対知を誇り自らを神に擬するまでに至った彼の高慢《ヒュブリス》を指すのであろう。それは先に「親密性の過剰」と呼ばれたものに通じる。したがって、分離は避けられない。ただし、ここでは分離は時を切断するものとして姿を現す。「無際限の分離」は、「神と人とが……一切を忘却するという不実な仕方で互いに自らを伝え合う」（ThS101, DKF2‐856）ときに、出現してくる。人びとが時に対する惰性的な信頼に耽っている「無為の時代」に、忘却という「不実」が突如、時を切断するのである。この瞬間、人も神も自らを忘却する。オイディプスは自らの出自を忘却した。そして、神が時の切断の瞬間に自己を忘却するとは、時の切断は時の消失であるから、結局、神が時そのものにほかならないことを意味しているのである。

悲劇がこのように時の経過を表現するものであること、これが、『アンティゴネー注解』の主題である。

時の経過すなわち芸術作品の最も敢為な瞬間は、時と自然の精神すなわち人をつかむ天上のものと、人が関心を寄せている［地上の］対象とが、最も荒々しく対立する瞬間である。（ThS102, DKF2-914）

この対立する二つの性格、天上のものと地上のものを代表しているのが、アンティゴネーとその叔父であるクレオン王である。

その性格の一方は神に抗うもの Antitheos であり、これは神の意を知りながら神に反抗するごとくに振る舞い、この至高者の精神を定めなきもの gesetzlos として知る。他方は運命に対して敬虔な畏れを抱き、神を定められたもの eines gesetzten として敬う。（ThS105, DKF2-917）

どちらがアンティゴネーで、どちらがクレオンであろうか、神に抗うものと神を敬うもの、と。ここで、われわれは、ヘルダリーンによる対立者の性格規定と、ヘーゲルが精神現象学の「人倫」章で行っている性格規定とを比較しなければならない。二人の性格規定は正反対である。ヘーゲルがヘルダリーンの翻訳と注解を読まなかったと考えることは、その親しい関係からしても時期的にも、当を得ない。ヘーゲルはこの『注解』を読んだうえで、自分のアンティゴネー論を展開したに違いない。そうであると、ここに二人の哲学の違いが明瞭に現れているのである。

ヘーゲルは、アンティゴネーが「神々の掟」を代表し、クレオンは「人の掟」を代表するものと考えている。そのように対立の両極を固定した上で、「運命」という第三者を導入し、それによって両者がともに没落し、さらに両者の基盤であったギリシャの人倫的精神そのものも解体してしまい、新たにローマの法による支配が始まる、と言う。この解釈は、先に『エムペドクレス』において、ヘルダリーンが敵対者ヘルモクラテスの立場としてその可能性を考えた、自然（神々）と人為（人間）との二極対立の構造と同じである。しかし、ヘルダリーンのアンティゴネー解釈はこれと異なっている。

ヘルダリーンの解釈は、ヘーゲルの解釈とは逆に、神に抗うものはアンティゴネーであり、神を敬うものはクレオンである。しかし、そう言い切ってしまえば、その解釈もまた二極対立の構造に収まってしまうだろう。そもそもヘルダリーンは、ヘーゲルのように神と人とが対立するとは考えない。両者は一体のものであり、一体であるがゆえにこそ、その過剰によって両者は分離するのである。クレオンが人をではなく「神を敬う」のは、クレオンが神を「定められたもの」と見なす、そのような人間的な見方をしているからだと言えば、ヘルダリーンの解釈をヘーゲルの解釈に近づけることができるかもしれない。しかし、ヘルダリーンには神と人との対立という考えはない。では、ヘルダリーンにとってアンティゴネーとクレオンとの違いはどこにあるのか。違いは、アンティゴネーが神を「定めなきもの」と知るのに対して、クレオンは「定められたもの」と見る点にある。つまり、反形式と形式との相違なのである。先に若いヘルダリーンが、カントの道徳律を超えるものとして、アンティゴネーの「神々の書かれざる掟」を挙げたことを指摘したが、このことは「神に抗う」という性格規定と矛盾するものではない。アンティゴネーが神を「定めなきもの」と知るのは、その掟が「書かれざる」ものだからである。彼女が抗うのは定められたものとしての神に対してである。ヘルダリーンは言う。

> 両者は互いに釣り合っている gleich gegen einander abgewogen のであって、ただ時において異なるのである。その結果、一方［クレオン］は主として先に立つがゆえに敗北し、他方［アンティゴネー］は後に続くがゆえに勝利する。（ThS109, DKF2-920）

いったいこの文で、ヘルダリーンは何を言わんとしているのか。ヘーゲルはおそらくヘルダリーンのこの文を念頭に置きながら、精神現象学で次のように書いている。

> 一方の力とその性格が勝利して他方が敗北するというのでは、為されたことは半分にすぎず、完結していない。事柄は両方が平衡 Gleichgewicht に達するまでとどまることなく進むのである。両方が等しく屈服したとき初めて、絶対正義は完成し、両者を呑み込む否定的な力としての人倫的実体が、言い換えれば全能で公正な運命が、現れてくる。（PhG311）

ヘーゲルはアンティゴネーとクレオンとの対立を実在的な力の対立と考える。それらが釣り合うのは、同じ強さの力であるか、あるいは零となるときである。同じ強さでは事態は進行しないのであるから、両力がともに零となって、それらにとってかわって新しい力が現れるとき、平衡に達するのである。それに対して、ヘルダリーンにとっては、対立するものは、対立している限り、調和しているのである。両力はともに神を内容としているからである。違いはただ、形式に固執して神を規定的に見るか、それとも無規定的なもの、無限なものとして、神を見るかにある。そのことをヘルダリーンは「時において異なる」と言う。彼は『アンティゴネー』の悲劇を「[先に立つ者が] 息切れして負ける」(ThS109, DKF2-920) 徒競走にも譬えているのであるが、では、後の者が勝つとはどのような場面で考えられるであろうか。私は、この後手必勝とは時にほかならぬ神の支配をいっていると考える。クレオンは時としての神を定められたものとして固定して考える。アンティゴネーはその固定を破壊し、神を定めなきもの、無限の時と見なすのである。後手必勝であるのは、無限の時においては後手の方が極限により近づきうるからである。より大きい数を言い合う遊戯のように、アンティゴネーは、先に数を言う(神を規定する)クレオンに必ず勝つのである。神は極限にあるから、いかなる規定も追いつかない。

しかし、このように定められたものが定めなきものに必ず敗北するのであれば、人は休むべきところを持たないであろう。

だが　私たちは定められている、
どこにも足をやすめることができないように。
過ぎてゆく　落ちてゆく

悩みを負う人の子は、
ひとときまたひとときと。

（『ヒュペーリオン』の「運命の歌」）（DKF2-157f.）

時は、ヘルダリーンにとっては神そのものであった。そして「限界を持たない知の理想に近づくには限界のない時が必要である」が、人は時の内で極限に到達することはできず、ただそこに近づいてゆくことができるだけであるから、彼にとっては絶対知、学は不可能なものとなる。もしそうであるならば、人が神に到達するには、絶対知を獲得するには、どうすべきか。時そのものを消せばよい、ヘーゲルはそう考えたのだろう。

時は概念［精神］にほかならない。しかし、時は定在し、空虚な直観として意識の前に現れてくる。それゆえ、精神は時の内に現れざるを得ない。自分の純粋な概念をつかむに至らないとき、つまり、時を抹殺して tilgen いなければ、精神は時の内に現れるのである。（PhG524）

これは精神現象学の最後の「絶対知」にある文章である。それまで時の内に定在していただけの未完成の精神が、自分の概念をつかんで絶対知の立場に立つには、自分を育んできた時を抹殺する必要がある、と言うのである。時間は、カントにとっては、概念とは区別されて、直観の形式と考えられた。ところが、ヘーゲルにとっては時間は概念である。ただし「直観されているだけの概念」（PhG525）としてある。したがって、この直観性、時間のなかに現れ、外的なものにまとわりつかれている自分の姿を抹殺するとき、「その時間を止揚する」とき、概念は自分をつかみ、絶対知となる。人が神にとってかわりうるのである。

ヘーゲルはさらに時について次のように言う。

> 純粋な区別であると同時に自覚的な自己にとっては対象的なあり方をもしている区別、これは時と言われるべきものである。……この自分自身に浸りきっている区別、休むこともとどまることもない時は、むしろ自分自身の内で萎んでいくものであり、延長という対象的安定を獲得することになる。（PhG526f.）

なぜ休むことのない時は萎んでいったのか。「萎む」の語にはヘルダリーンの狂気が結びつけられていたのであろう。こうしてヘーゲルは、ヘルダリーンにとっては神であった時を抹殺し、流れ去らぬ永遠の内で、人間が概念を通してすべてを知り得るという絶対知の立場（大論理学）を築き上げた。さらにまた、休みなき時に「延長」という足場を与え、つまり、時を算え得るものとなし、その時間の内に外化される精神を、歴史哲学として語ることになる。

＊ヘルダリーンの翻訳については、『ヘルダーリン全集』Ⅰ-Ⅳ（手塚富雄責任編集、河出書房新社）と、上記ThSの翻訳書、『省察』（武田竜弥訳、論創社）を参照した。

あとがき

私は学生のころからヘーゲルを学びながら、手強い概念の密生する昏く深い森のなかに取り残されたようで、道に迷い、光を失うことも、稀ではなかった。言葉を言葉によって考えるという難しさがあった。どうしたらよいのだろう。概念は、物のように、私がつかむべき対象としてあるではないのだから、むしろ私が概念になりきって、ヘーゲルの叙述に素直に乗ればよいのではないか、と考えた。こうして、「有」から「無」へ、「無」から「有」へと進む、概念の足取りが見えてきたように思う。

概念自身が歩む道、これが存在論の（道《ホドス》の意味をもつ）「方法《メトーデ》」であり、ヘーゲルはそれを弁証法と呼んだ。弁証法とは概念と存在が自ら歩む、その道筋のことである。そこで、私は『大論理学』を、概念と存在が歩む旅路として、一幅の絵巻物を繙くように、描いた。

ヘーゲルはおそらく、自分の弁証法が「正‐反‐合」というダンスのステップのように解釈されているのを知ったならば、私はダンスの教師ではないと苦笑することだろう。少なくともヘーゲル自身、このような図式で弁証法を説明したことは一度もない。この形式的な解釈は、概念と存在がはらむ「否定的なもの」(「弁証法的なもの」)、概念と存在が持っている生命を見失い、それを生命なき干涸びた対象にしてしまっている。

どんな概念も、規定されている限り、有限であり否定的である。どんな存在も、生命が死を含みつつ生命であるように、否定を内に含み、傷を負っている。そして、この「否定的なもの」こそ存在を歩ませる力(「衝動」)であり、それが概念の進展を促すのである。

では、「否定的なもの」(「弁証法的なもの」)は『大論理学』のなかではどのように働いているのか。それは、「有論」ではあるカテゴリーを別のカテゴリーへと移行させる力であり、「本質論」では存在の内部に閉じこもり反省規定同士の間に対立を生み出し、そして「概念論」では理念が自らを自由に展開させる力となる。一匹の虫を見てみよう。葉っぱを貪り食っていた芋虫が、蛹となって閉じこもり変化を止め成虫となる準備をして、そしてとうとう蝶になって大空を自由に飛び回るように、存在は描かれるのである。

ヘーゲルが弁証法という方法に気づいたときすでに三十歳を超えていた。本論の八で述べたが、神学徒の彼がバレット帽とともに神の重石を取ったのは、イエスの三つの像を描く試みに挫折したことによってであった。それによって同時に、ヘーゲルは、彼らが理想としていた「神の国」の対極にあった現実、息の詰まる閉塞状態を意味する「実定性」を、「直接性」と読み替えて、論理化することができたのである。この世に、まったくの直接的なもの、純粋なものがありうるはずはない。直接的なものは論理的にはすでに媒介を含んでいる。媒介の内にあるその否定性を見抜けば、現実の存在を、在るべきように（理想として）描くのではなく、在るべくして在るもの（必然にして自由なもの）として描くことができる。『大論理学』はそのようにして描かれた、現実についての存在論である。

私は以前『対話・ヘーゲル大論理学』（二〇一二年）と『哲学書概説シリーズ・ヘーゲル大論理学』（二〇一四年）を書いた。本書はこの二つの概説書の母体である諸論文を集めたものである。私は四十三年間の哲学教師に別れを告げるが、今これを書き上げて、さらに考えねばならないいくつかのことが心に浮かんできたように思う。

著者

二〇一六年　立春　　　豊橋にて

87, 150, 157, 173, 186f., 190f., 203, 209, 220, 223, 225, 266, 278, 283, 289

否定的 negativ、否定性 Negativität *ii, 22, 24, 27-30, 33f., 37f., 43, 48, 50-52, 54-60, 62- 66, 68-70, 79, 87f., 98, 105, 110, 120, 131, 143, 146-148, 151-155, 163, 168, 173, 176, 191-194, 199f., 203, 205f., 209, 215f., 219-225, 277, 288, 290, 294, 299*

弁証法的 dialektisch、弁証法 Dialektik *i-iii, 5-7, 10, 23f., 27-30, 32-34, 60, 71, 73, 78, 108, 133f., 146-148, 154, 174, 176, 184, 192f., 197, 200, 202f., 208, 210f., 217-226, 249*

方法 Methode *4-6, 8, 25-27, 29, 31, 50, 71, 73, 104, 146, 174, 197f., 200-203, 211, 213f., 218-221, 226f., 264*

ま　行

無限な unendlich、無限 Unendlichkeit *iii, 32, 35-38, 41-71, 80, 85, 88f., 91, 93-95, 98, 100f., 103-107, 109-124, 126-128, 130f., 143, 147, 162, 190-192, 194f., 218, 225, 227, 255, 269, 271-273, 276, 281f., 287, 292-294, 296, 300*

ら　行

ロゴス logos *ii, 17, 42, 218-222*

事 項 索 引

（質、量などのカテゴリー、原因、結果などの本質規定、これらは、目次から推測できるので省き、概念と存在の運動を表現する語を引く。5f. は5ページと6ページに跨がるの意。）

あ 行

愛 Liebe *41, 144, 182, 205f., 229, 238, 243-251, 253, 257, 264, 268, 276-284, 288*

か 行

悲しみ Trauer *71, 83f., 143, 146, 269*

苦痛（痛み）Schmerz *83f., 141, 143, 146f., 205*

形而上学 Metaphysik *ii, 5-7, 10, 17-26, 31-33, 44, 57f., 61, 71, 133f., 142, 144, 146, 158, 211, 252, 261, 267*

言葉（言語）Sprache *ii, 12-16, 70-73, 75, 145, 150, 158, 218, 238, 293*

さ 行

死 Tod *38, 42, 48, 52, 65, 69, 72, 87, 141-143, 145, 171, 206, 229, 253f., 249, 258, 260f,. 268, 281f.*

実定的 positiv、実定性 Positivität *7, 44, 132, 138-140, 144, 173, 229, 234-239, 241-243, 245-247, 249, 253-255, 257-259, 261, 278-280*

自由 Freiheit *7, 9-12, 14f., 25, 29, 32, 52, 76, 134f., 171, 180, 184, 198, 232f., 241, 256f., 260, 275, 279, 291*

純粋学 die reine Wissenschaft *5-7, 11f., 14, 17, 20f., 24f., 28f., 30, 32f., 71f., 200, 202, 204*

衝動 Trieb *ii, 36, 43, 198f., 205-209, 217-221, 224*

生命 Leben *30, 38, 41-46, 48, 65, 69, 100f., 137f., 144, 174, 176, 184, 194f., 201, 203-206, 224, 249-254, 274, 281f., 285-287*

存在論 Ontologie *ii, 5, 17f., 20f., 69, 71f., 74-77, 79, 86f., 149, 151, 158, 167, 178*

た 行

他者（他のもの）das Anderes *14f., 28-30, 53f., 59, 61-63, 65-69, 87, 89f., 93, 128, 147, 151-153, 155-157, 159-161, 164f., 173-175, 178, 181, 192, 194, 199f., 207, 213, 215-217, 219-222, 226, 293*

直接的 unmittelbar、直接性 Unmittelbarkeit *18, 37f., 51, 53f., 56, 59, 64, 67f., 70, 77-81, 87, 94, 97f., 153, 156-161, 163, 172f., 176f., 182f., 186-191, 194f., 204-206, 209, 211, 215-217, 220-225, 234, 265f., 269, 271, 283f., 286f., 289*

は 行

媒介 Vermittelung *51f., 68f., 74,*

著者紹介

海老澤善一（えびさわ　ぜんいち）

1945（昭和 20）年 8 月、生まれ。

1964（昭和 39）年 3 月、都立戸山高校卒業。同年 4 月、京都大学文学部入学。

1968（昭和 43）年 3 月、同哲学科（宗教学専攻）卒業。同年 4 月、京都大学大学院文学研究科入学。

1973（昭和 48）年 3 月、同研究科博士課程満期退学。同年 4 月、愛知大学教員となり、哲学と論理学を教え、現在に至る。

主な著書
存在・論理・言葉（1981 年）、ヘーゲルの「ギムナジウム論理学」（1986 年）、論理について（1986 年）、ヘーゲル批評集（1992 年）、ヘーゲル批評集Ⅱ（2000 年）、ヘーゲル論理学研究序説（2002 年）、哲学講義（2002 年）、人はなぜ暴力をふるうのか（共著）（2003 年）、続・人はなぜ暴力をふるうのか（共著）（2010 年）、哲学講義増補版（2012 年）、対話ヘーゲル『大論理学』（2012 年）、ヘーゲル・生涯と著作（フルダ著・翻訳）（2013 年）、ヘーゲル『大論理学』（2014 年、晃洋書房）（出版社名記載なきはすべて梓出版社刊）

ヘーゲル論理学と弁証法

2016 年 3 月 31 日　第 1 刷発行　〈検印省略〉

著　者© 海 老 澤 善 一
発行者　本 谷　高 哲
制　作　シナノ書籍印刷
東京都豊島区池袋 4-32-8

発行所　梓 出 版 社
千葉県松戸市新松戸 7-65
電話・FAX 047(344)8118

乱丁・落丁本はお取り替えいたします。

ISBN 978-4-87262-037-5 C3010